黄冈教育名人传录

屈银安 曾跃进 沈爱平 ◎ 副主编

蔡新职 南东求 刘东山 ◎ 主编

王梓林 ◎ 主审

中国出版集团

世界图书出版公司

广州·上海·西安·北京

图书在版编目（CIP）数据

黄冈教育名人传录 / 蔡新职，南东求，刘东山主编.
-- 广州 ：世界图书出版广东有限公司，2013.10
ISBN 978-7-5100-7097-6

Ⅰ．①黄… Ⅱ．①蔡… ②南… ③刘… Ⅲ．①教育家
—列传—黄冈市 Ⅳ．①K825.46

中国版本图书馆 CIP 数据核字(2013)第 253565 号

黄冈教育名人传录

策划编辑	刘锦宏	
责任编辑	汪再祥	
出版发行	世界图书出版广东有限公司	
地　址	广州市新港西路大江冲 25 号	
编辑邮箱	uyling@163.com	
印　刷	虎彩印艺股份有限公司	
规　格	787mm×1092mm　1/16	
印　张	15.5	
字　数	208 千	
版　次	2013 年 11 月第 1 版　2014 年 3 月第 2 次印刷	
ISBN	978-7-5100-7097-6/G・1495	
定　价	42.00 元	

序

"致天下之治者在人才，成天下之才者在教化。"民族兴盛，国家富强，人才为要。而人才的产生赖于教育。早在两千多年前，管子（管仲）就道出了育人的重要，他说："一年之计，莫如树谷；十年之计，莫如树木；终身之计，莫如树人。"孙中山先生则指出，"人既尽其才，则百事俱举；百事举矣，则富强不足谋也。"这句名言，已广为人知，言人才的重要，言教育的重要。所以，当代著名学者张中行先生说："一个社会，诸种建设之中，育人应该是首要的。"

论及教育，黄冈教育可谓闻名古今中外。在这里诞生了许多杰出的人物。四大发明之一的活字印刷术，其发明者毕昇；被誉为"医圣"的著名临证医学家万密斋；被世界东方奉为药物学宝典、被西方奉为博物学百科全书的《本草纲目》，其作者李时珍被世界公认为杰出的科学家；被世界植物学者称之为植物界"明星"、"水杉之父"的著名科学家干铎；被《大英百科全书》誉为"中国当代哲学的杰出人物"熊十力；被世界公认为"中国冰川之父"的著名科学家李四光，等等，他们都是这块土地养育的杰出人才。黄冈人才辈出而功在教育。因为，在他们成才的背后，有一大批辛勤耕耘的杰出教育者。

鉴于此，本书的六位作者蔡新职、南东求、刘东山、屈银安、曾跃进、沈爱平等，在教学之余，细心搜集资料，认真阅读有关书籍，寻找黄冈教育的历史轨迹，探索黄冈教育的发展规律，以黄冈职业技术学院人文社会科学研究课题《黄冈职教名人研究》为基础，从研究黄冈教育名人入手，完成了《黄冈教育名人传录》。本书的编写团队，热爱教育事业，辛勤耕耘在黄冈这块神奇的土地上。多年来，他们潜心于教育，努力工作。南东求、屈银安、曾跃进三位作者，是《黄冈教育志》的直

1

接参撰者，南东求是《黄冈教育志·人物志》的主笔撰稿人。主编蔡新职，在兰州大学历史系就读期间，即发表史学研究论文。由于他们的参与，增强了本书编写团队的实力，提供了有利条件，从而使这本书能够顺利完成。

黄冈历来是人才荟萃之地。人才的成长，源于教育者的辛勤浇灌和培育。如何探索个中的发展规律，以利当代和未来，这是本书编写的目的和大旨。《黄冈教育名人传录》正是从这一点出发，以史为主要线索，将历代黄冈教育名人集于一起，从而展示其教育的发展轨迹和规律。从入传者个体而言，述其生平简历、主要业绩贡献及其著述，既可为后来研究者提供依据，亦可供广大读者阅读，从中吸取营养。全书收录的教育人物，对《黄冈教育志·人物志》有所增补，如选入了在世界文明发展史中起到巨大推动作用和深远影响的四大发明者之一毕昇、贬谪黄州在文学上取得巨大成就的苏轼、自晋以来至明清在医学史上具有独特地位的鄂东五大医学家，等等。尤其是本书收录对象遍及文、艺、理、工、农、医等领域对文化、技艺传承有突出贡献者，没有局限于传统的教育人物范围，作者们用更开阔的眼光看待他们心中的教育人物。也许有人以为，书中收录的有的只是著名人物，而不是职业的教育者，但细研他们的努力和成就，却可以看出他们对于黄冈教育的发展，起到了不可估量的作用。教育者，不仅仅是学校的教师，他应是家庭、学校、社会三者合一的集中体现者，此可谓之大教育。正如法国启蒙思想家查理·路易·孟德斯鸠所说的，"我们接受三种教育：一种来自父母，一种来自教师，另一种来自社会。第三种教育与前两种完全背道而驰。"尤其是在现当代，更突现了这一教育特点。由此，我们可以看出本书作者们选择收录人物的良苦用心。他们的教育视角，在传统教育思想的基础上，放得更宽，着眼更远。这是应该值得肯定的。

教育是民族振兴之基，是立国之本。强国兴邦是教育的神圣使命，而实践这神圣使命者，当然是教育者。而本书所写的是教育者，因此，本书应具有广泛的社会作用。我认为，**首先是其楷模作用**。黄冈名师荟萃，为成就黄冈教育，颇具奉献精神，堪称楷模，值得钦敬。如南宋的毋制机分教黄州时，主张"教人必明体适用"，遂开黄冈教研的先河；

明代的耿定向敢于学术争鸣，从而推动了当时的讲学运动；清代的陈诗，被誉为"国士"、"楚北大儒"，主讲江汉书院20余年，状元陈沆、探花陈銮，皆出其门下，是当之无愧的一代名师；清末的李卓侯，为了让贫民子女能受到教育，他倾其家财，开设私塾，创办新式学堂，林育南、林育英、林育容和其子李四光均受其启蒙。五四运动之后，董必武、陈潭秋、林育南等革命先驱，克服重重阻碍，发展平民教育、创建列宁小学，兴办工农夜校，以教育为阵地，宣传马列主义，培植革命力量，为黄冈大别山"三十年红旗不倒"奠定了思想基础。正是因为有了这样一批黄冈教育先驱们的共同努力，不息的奋斗，一代代传承下来，他们秉承红烛精神，燃烧自己，点亮他人，才育得桃李成荫，满园春色。**其二，具教化作用。**一本好书，就是一盏明灯。它可以驱散灵魂的黑暗，可以点亮思想的光明。这本书，写的是教育，选的是名师。师者，为人师表。学高为师，德高为范。名师，既是学生的好老师，也是我们作为教育者的学习楷模。所以，它具有多重的教化作用。**其三，具有存史作用。**本传作为一本带有史学意义的书，书中所收集的教育人物，达五百多名，其中入传者达一百四十多名。所集资料丰富，多据史志之载，且语言简洁凝炼，既可供阅读，获得启迪，也便于查考有关资料。可见，这是值得一读的书。

正因如此，作者们在付梓之前，将书稿送我，恳切要求我能提出意见，并为之作序。我欣然为之。我希望我们广大教育者，学习黄冈教育先驱们可贵的红烛精神，为我们的教育事业，奋力追求，努力创造，为人民奉献更加满意的教育。

是为序。

陈年友

2013 年 4 月 16 日

前　言

黄冈，是一方神奇的土地。从这里，走出了许多神奇的人物，涌现了许多神奇的事迹，创造了许多惊人的业绩，撰写了许多不朽的篇章。而所有这些，都是源于这方神奇土地的养育。于是，我们有了想探求个中奥秘的愿望。而这些神奇的出现，离不开一个重要话题，即历代的黄冈教育。论及教育，离不开教育的耕耘者。这无数的耕耘者里，有出色的学生，更有杰出的良师。对此，我们把视角定在名师名生上。这就是我们要为之立传的教育人物。

然而，黄冈教育人物，晋以前，惜其史料极其有限，文字亦记载甚少，令人不无遗憾。直至晋代王叔和，因连年战乱，几经周折而终徙居于麻城，著书立说，传承医学，成为鄂东五大医家之首，遂开黄冈医药文化之先。复历数百年，时至唐初，教育人物方有简约记载。会昌二年（842）七月，杜牧出任黄州刺史，任间崇文重教，以致教化渐开，遗风久远。故本书收录人物，始于晋之王叔和。自唐宋以降，迄今千余年，教育人物之多，竟如雨后之春笋，逐代而增，纵呈宝塔之形。

回溯黄冈教育，之所以久盛不衰，兴学之风，代代相传，究其个中原因，众所公认者有二：其一，有史以来，黄冈重教兴学，既成官规，亦成民俗。善政必先善教，兴教必先兴学。唯有兴办教育，方能启发民智，培养人才，发展经济，社会才不断走向文明。官绅乡民，集资办学，世代弘扬，多渠道，多形式，多门路，上下数千年，已成优良传统。其二，教育名师，代代辈出，且享有盛誉，德高而望重，为生之楷模，为世之景仰。他们视富贵如浮云，以传道为己任，授业解惑，兢兢业业，终身为业，清贫自守，甘为孺子牛，乐为乡梓培育人才。正是感于历代名师的高尚品德、高贵人格和感人事迹，我们希望编写此书。

黄冈教育人物，出类拔萃，其特点尤为鲜明。述其特点，大抵有五。

其一，尊师重教，劝学兴教，有贡献突出者。如王禹偁知黄州事时，督工役，修孔庙，扩州学，劝学不已；毋制机分教黄州，立言"为国育英料可乎？"百姓得欢心而鼓舞，子孙皆愿立于讲下；知府英启劝捐重葺黄州府试院，使之成为鄂东最大人文景观建筑群。

其二，学识渊博，学高为师，有影响深远者。如程颢、程颐创立理学，为一代宗师；耿定向学宗王守仁，自成一派，时云"天台先生"，一时从学者云集。白鹿洞书院有"海内第一书院"之誉，而耿定向、耿定力、顾阙等皆位列于其间讲学，名噪一时，享誉四方。黄侃师事章太炎，创"章黄之学"，世称"国学大师"，蜚声海内外。

其三，诲人不倦，教学有方，有门徒显赫者。如顾问授业于李时珍，时珍成为一代医圣；陈诗授业于陈沆、陈銮，一为状元，一为探花；熊十力以济天下为之己任，故所教之学生，如徐复观、吴林伯、谢石麟等，皆各有建树，名重学林。李卓侯，其子李四光，同乡林育南、林育英等均受其启蒙。

其四，终生从教，爱生如子，有声望遐迩者。如黄安陈逵九，历任黄安县高等小学堂堂长、黄州府中学堂监督、武昌启黄中学校长，一生致力教育，直至病卒，桃李满天下，著有《从教摘录》遗世；蕲春田又青，育子田桐，执教乡间，素有大义，以怜才济贫著称。黄梅石美玉终其一生，组建医院，创办学校，行救死扶伤之德，倡医学教育之广，誉满海内外，竟终身不嫁。

其五，投身教育，献身革命，有成就卓越者。如董必武、陈潭秋、林育南等，以教育为阵地，传播马克思列宁主义，宣传鼓动革命，为创建鄂东革命根据地，培养一大批优秀人才；闻一多崇尚光明，怒对黑暗，临死不屈，红烛精神垂千古；成仿吾投身鄂东教育，创建工农教育及儿童教育新模式；王亚南致力于大学教育及经济学研究，所译《资本论》，成为红色经典。

我们编撰此书，其目的，就是为使后人，学有楷模，行有方向。所撰人物，均以正面为主，采用传、录两种体裁。凡所收录人物，或官员于教育有功者，或终身致力于教育，且教而卓有成就者，或民间慷慨解囊以助教育者，或以平生德行、感人业绩以励教育者，我们择其优者，列于书中。凡入传者，为教育事迹突出或影响深远者。我们旨在砺其气节，垂其式范，树其师表，杜其丑恶，辨其正伪；入录者，多记其简历，或仅载其籍贯、所任官职、职务及其著述。所感遗憾者，亦有成就卓越者，却惜其资料缺乏，故只好屈列其中。入书人物，分类虽曰简约，亦经斟酌，仍难免有不妥之处，留有诸多遗憾。人物排序，皆以卒年先后为序，同年者则以生年先后为序。凡不知生卒年者，则至之于后。凡未言女性者，皆为男性。

本书收录人物与撰用资料，以《黄冈市教育志》为主。以单行本面世，旨在方便资料查阅、读者阅读。基于原志，所收人物，亦略有增加，如鄂东五大名医，既是继承者，亦是教育者。全书所列教育人物，入传者141人，其中入传略者晋1人，唐1人，宋元10人，明11人，清22人，民国44人，中华人民共和国成立后51人。入录者共411人。共计552人。

黄冈教育人物门类齐全。有医学教育者，如明代万密斋，三代为医，依其家教，代代相传，皆成名医；明代李时珍亦是三代为医，至时珍成一代医药大家，泽披人类；有戏剧教育者，如余三胜，一家三代，皆献身于艺术教育；有体育教育者，如蕲水状元陈沆曾孙陈微明，文武双全，开一代武术教育先河，传杨氏太极，健国人体质，生徒遍及上海、苏州、广州、香港，享誉海内外。

"吾黄人文，号为冠楚"，"惟楚有才，鄂东为最"。黄冈教育培养人才之多，且涉及面亦广。诸如政治、军事、哲学、文学、经济、植物、地质、方志、历史、戏剧等领域无所不在，无所不有，且皆功及千古，事列史册，赫赫有名人物。如董必武、林彪、熊十力、闻一多、叶君健、秦兆阳、王亚南、干铎、李四光、还有"楚国以为宝，今人失所师"之方志大家王葆心等，宛若繁星，光灿千古。

南东求

2013 年 3 月 29 日

目 录

上卷 共和国成立前教育人物

3

下卷 共和国成立后教育人物

6

上卷 共和国成立前教育人物

第一章 传 略

王叔和

王叔和 （201？~280？），名熙，晋代高平（今山西高平县）人。一说今山东省邹县人。据晋皇甫谧《针灸甲乙经·序》中称，王叔和为"近世太医令"，表明王叔和与皇甫谧生活年代较近。王叔和出身名门，与"建安七子"之一王粲（字仲宣）为同族。幼好学，博览群书。其"性度沉静，通经史，穷研方脉，精意诊切，洞识养生之道"，（唐·甘伯宗《名医传》）。因战事频仍，时局动荡，为避战乱，举家随族人王粲移居荆州，因其医术精湛，选任王府侍医、皇室御医，后升为太医令。因战事之需，为随军之医，转战南下，流徙黄冈而定居麻城。致力于医学典籍整理，将医圣张仲景《伤寒杂病论》遗稿，细心梳理、编次、校订、补充，去芜存精，并补入《辨脉》《平脉》《伤寒例》三篇，析为《伤寒论》与《金匮要略》二书。并吸取扁鹊、淳于意、张仲景诸先贤有关脉诊理论，结合平生临证经验，著成《脉经》，于脉学理论作系统、全面论述，开脉学研究之先河，使脉学基础得以奠定。尚撰有《脉诀》《脉赋》《张仲景药方》。王叔和整理医学典籍，为后世留下了宝贵的文献资料，推动了医学教育传承。

杜 牧

杜牧 （803~852），字牧之。京兆府万年县（今陕西省西安市）人，宰相杜佑之孙。唐太和二年（828）进士及第。会昌二年七月（842）出任黄州刺史，任上事必躬亲，审察案情，制裁污吏，关心民生疾苦。制止向农民收取丝、谷等苛捐杂税，并革除官吏趁夏、冬祭祀"公取于民"之牲酒费及乡正村长搜括之费。会昌三年（845），黄州久旱，杜牧引咎自责，在其《祭城隍神祈雨文》中写道："刺史性愚，治或不至，厉其身可也，绝其命可也！吉福殃恶，止当其身。胡为降旱，毒彼百姓？"

杜牧在《黄州刺史谢上表》中自谓："独能不徇时俗，自行教化，唯德是务，爱民如子，废鞭笞责削之文，用忠恕抚字之道。"任间，积极劝学，提倡尊师重教、文武之道，并创作大量诗歌、策论，计有诗歌 33 篇，策论 13 篇。著名诗歌《赤壁》："折戟沉沙铁未销，自将磨洗认前朝。东风不与周郎便，铜雀春深锁二乔。"尚有《齐安郡晚秋》："柳岸风来影渐疏，使君家似野人居。云容水态还堪赏，啸志歌怀亦自如。雨暗残灯棋欲散（欲散：一作散后），酒醒孤枕雁来初。可怜赤壁争雄渡，唯有蓑翁坐钓鱼。"即在黄州所写。据史载，唐文宗太和五年（831 年），黄州州治由南安（今武汉市新洲区城关镇）迁至今日黄州城址。此后，黄州城作为州府所在地，一直沿袭未变。黄州古属齐安郡，故称齐安，始于南朝齐时。杜牧任黄州刺史，正好州治在今黄州。杜牧任黄州时，尚有《兰溪》诗："兰溪春尽碧泱泱，映水兰花雨后香。楚国大夫憔悴日，应寻此路去潇湘。"兰溪，即今浠水河，至兰溪镇汇入长江。杜牧离黄州后，尚有《忆齐安》之作，使当时偏远小州——黄州于国内声名鹊起。

王禹偁

王禹偁 （954～1001），字元之。济州巨野（今山东巨野县）人。出身寒微，自幼刻苦求学，少即才显。宋太宗太平兴国八年（983）进士。真宗咸平初（998 年），预修《太祖实录》，直书史事。宰相不悦，贬为知黄州事，咸平二年（999）三月到任，作《三黜

4

赋》以见志，结尾有："屈于身而不屈于道兮，虽百谪而何亏"之句。当年，督工役，重修孔子庙，以兴教育。咸平三年（1000），鉴于武备不修20余年，乃上疏真宗，谓"今江淮诸州大患有三：城池堕圮，一也；兵仗不完，二也；军不服习，三也。"并陈述："今黄州城雉器甲，不及滁、扬。万一水旱为灾，盗贼窃发，虽思御备，何以枝梧。"建议按城池大小与民户多寡，配备军士，练习弓剑，完善甲胄，修缮城垣，增强武备。真宗嘉纳其意见，命先在黄州施行。并重修月波楼；建竹楼，作《黄冈竹楼记》；建书斋，名为无愠斋。当年十一月，黄州长圻村两虎夜斗，一死，被吃殆半；次年八月，群鸡夜鸣，经月不止；冬雷暴作。王禹偁上书自责。真宗怜其才，令迁知蕲州。任上曾写《岁暮感怀》诗："岁暮山城放逐臣，老从霄汉委泥尘。公卿别后全无信，兄弟书来祗说贫。眼看青山休未得，鬓垂华发谪空频。文章气概成何事？沾惹虚名误此身。"惜赴任不一月即病逝，年仅48岁。临终遗表称："岂斯游岱之魂，遂协生桑之梦。"讣闻朝廷，厚加抚恤。

毕 昇

毕昇 （？～约1051），淮南路蕲州蕲水县（今属湖北英山县草盘镇五桂村）人。布衣出身，以工坊印刷为业。时行雕板印术，毕昇以其工序繁琐，耗费巨大，遂苦思改进之法。至宋仁宗庆历（1041～1048）年间，毕昇以胶泥刻字，火烧令坚，为个体活字，用于印刷，其工效之巨，时效之快，远胜雕板印术。时翰林学士沈括（1031～1095）撰《梦溪笔谈》，即载其术："庆历中有布衣毕昇，又有活版。"后此法公诸于世，旋广传之，遍及海内，于政治、经济、文化、教育之发展，产生巨大推动作用；复经诸种途径，传至西方，于世界文明发展，产生巨大影响。世称毕昇活字印刷术。为我国古代"四大发明"之一。

毕昇以布衣终身，未曾仕宦。娶本邑女子李妙音为妻，生嘉、文、成、荣四子，有孙文显、文斌、文忠。

程颢、程颐

程颢 （1032～1085），字伯淳，18岁中举人，19岁登进士，历任县主簿、县令、太子中允、监察御史里行。40岁以后，退居洛阳讲学，54岁去世。世称明道先生。

程颐 （1033～1107），字正叔，太学出身，长居洛阳，从事学术与教育活动。53岁为宋哲宗讲授经学。60岁后，两度主管西京国子监。世称伊川先生。

程颢、程颐祖居中山博野，后迁洛阳，祖父程遹知黄陂（时属黄州）县事，娶妻孝感张氏，生子名珦。宋仁宗天圣年间，程珦为黄陂县尉，任满未回洛阳，遂居黄陂滠源乡程乡坊（今红安二程乡）。明嘉靖时建黄安县，此地划归黄安。据《黄安县志·二程山记·羽叔考功诗后》："滠之东陵有山曰大程、小程，父老以明道、伊川两夫子名也。"

程颢、程颐为亲兄弟，合称二程，早年受业于周敦颐。据《黄州府志·学校志》载，南宋孝宗乾道间，黄州郡守李沈于黄州府学宫内立二程先生祠。朱熹专此作《黄州州学二程先生祠记》，记述二程生于鄂东。二程为理学奠基人。认为"道"是形而上者，"器"是形而下者，"天"即"理"即"心"，"天人本无二"，"天地之用，皆我之用"。主张"去人欲，存天理"。竭力维护"三纲五常"。宣扬"气禀"说，认为人有"贤"、"愚"之分，"才禀于气，气有清浊，禀其清者为贤，禀其浊者为愚"。二程之学，经谢良佐而下流于陆九渊，开陆王（王阳明）心学之先河；经杨时而下流于朱熹，启程朱理学之端倪。朱熹继承并发展二程之学，遂成"程朱学说"。

程颢讲学洛阳十余年，肯定教育于社会进步、于人之发展，均有促进作用，肯定精神生活、道德教育，于人皆尤为重要，重视气节操守与意志磨练，重视早期教育与教育方法创新。主张社会教育，倡导"教本于民","改革时弊"当以"教化为先"。并以崇尚教育，培育人才为己任，凡任职之处，"择子弟之秀者，聚而教之。"程尚认为振兴教育，应从尊师开始，并建立学校教育体系，使之渐趋完善。其弟程颐讲学达三十年，门人甚多。其教育活动与教育思想，南渡之后，影响益盛，南宋学术流派峰起林立，大抵出自程门。

庞安时

庞安时　（1042～1099），字安常。蕲水（今浠水县）麻桥人。出身医学世家，曾祖名慥，祖名震，父名庆，号高医，三代未仕。安时幼时读书，过目辄记。及长，父授以脉诀，安时不以为足，"独取黄帝、扁鹊之脉治之……通其说，时出新意，辩诘不可屈。"（《宋史》）年长博读《太素》《灵枢》《甲乙经》诸书，后患耳聋，愈专心钻研医学，尤精伤寒、针灸，曾说："世传所谓医书，予皆见之，惟扁鹊之言深矣。盖所谓《难经》者，扁鹊寓术于其书，而言之不详，意者使后人自求之欤？予之术盖出于此。"

安时为人治病，愈者十有八九。登门求治者，则设坊留诊，亲视汤药，并安排饮食。病愈始遣归，活人无数。"有民家孕妇将产，七日而子不下，百术无所效，安时之弟子李百全适在傍舍，邀安时往视之。才见，即连呼不死，令其家人以汤温其腰腹，自为上下抚摩，孕者觉肠胃微痛，呻吟间生一男子。其家人惊喜，而不知所以然。"（《宋史》）问其故，安时说："儿已出胞，而一手误执母肠不复能脱，故非符药所能为。吾隔腹扪儿手所在，针其虎口，既痛即缩手，所以遽生，无它术也。"取儿视之，针痕犹在。皆赞叹不已。

苏轼、张耒居黄州时，与安时交往甚密。苏轼称庞"精于伤寒妙得长沙（即张仲景）遗旨"。张耒言"淮南人谓庞安常能与伤寒说话"。黄庭坚与庞安时亦交谊深厚。庞有医著《补仲景〈伤寒论〉》（即今《伤寒总病论》），黄亲为其著作序，序中赞庞"自少时善医方，为人治病，处其死生多验，名倾江淮诸医"。"人以病造，不择贵贱贫富，便斋曲房，调护以寒暑之宜。""爱其老而慈其幼，如痛在己也，未尝轻用人之疾尝试其所不知之方。""轻财如粪土而乐义，耐事如慈母而有常。""起人之疾不可缕数。"

安时 58 岁发病，其弟子请自视脉，安时笑道："今予胃气已绝，死矣。"拒饮汤药，数日后，与客坐语而卒。后世医家论庞安时"医能启扁鹊之所秘，元化（华佗）之可法，使天假其年，其所就不在古人下。"安时遗著甚多，其《伤寒总病论》言前人之所未言，奠后世温病学之基。1957 年由商务印书馆重印，推为中医学经典著作。1987 年，浠水县卫生局与湖北中医学院曾出版《伤寒总病论释评》一书。

安时弟子甚众，计有 60 余人。以李百全、张子充医名最著。李百全，舒州桐城名医，师侍庞安常，尽得其传，尤以针术为著。张子充，是《医说》著者张杲之伯祖，少时喜医方，受业于安时，尤得安常喜欢。史载尚有王寔、魏炳、胡道士、栾仲实之父、屠光远等，皆得安时之传，为一方名医。张耒曾向庞氏请教脉学，庞论脉学，娓娓谈来，使听者如沐春风，张曰："听其议博而不繁，妙而易晓。"

朱载上

朱载上 （生卒年不详），一名载，舒州桐城人。曾任黄州教授，官终司农卿。逝后，靖康元年（1126）八月十九日，诏赠徽猷阁待制。

北宋元丰年间（1078~1085）出任黄州教授。任间，劝教兴学，颇有作为。时苏轼谪居黄州，初不识司农公。某日，苏轼有客人来访，诵朱载上之诗："官闲无一事，蝴蝶飞上阶。"轼闻之，愕然问何人所作？客以公对。轼称赏再三，以为深得幽雅之趣。后公往见，二人遂为知己。自此时获登门。偶一日谒至，典谒已通名，而轼移时不出。欲留则伺候颇倦，欲去虑已通名，徘徊久之，轼始出，即愧谢久候之意，言"适了些日课，失于探知"。坐定，轼语毕，载上问："适来先生所谓日课者何？"轼曰抄《汉书》。载上言，以先生天才，开卷一览，可终身不忘，何用手抄耶？轼曰不然，某读《汉书》，至此凡三经手抄矣。初则一段事，抄三字为题。次则两字，今则一字。载上闻之，即离席请曰："不知先生所抄之书，肯幸教否？"轼乃命一老兵，就书几上取一册书至。载上视之，皆不解其义。轼言足下试举题一字。载上如其言。轼应声，辄诵数百言，无一字差缺。凡数挑皆然，深令载上叹服，曰："先生真谪仙才也！"他日以语其子塾曰："东坡尚如此。中人之性，岂可不勤读书耶！"后塾复以是诲其子辂（据《耆旧续闻》），辂亦有成。

　　附：朱翌（1097～1167），字新仲，号潜山居士、省事老人。为宋著名词人。政和八年（1118），同上舍出身。绍兴八年（1138），除秘书省正字，迁校书郎、兼实录院检讨官、祠部员外郎、秘书少监、起居舍人。十一年（1141），为中书舍人。秦桧恶其不附己，谪居韶州十九年。桧死，充秘阁修撰，出知宣州、平江府。乾道三年卒，年七十一。著有《潜山集》四十四卷，周必大为作序。《彊村丛书》辑有词集《潜山诗馀》一卷。

苏　轼

　　苏轼　（1037～1101），名长公，字子瞻，一字和仲。眉州眉山（今四川眉山）人，苏洵之子。宋嘉祐二年（1057）试礼部第二，殿试中乙科。"欧阳修以才识兼茂，荐之秘阁"。元丰二年（1079）八月，因"乌台诗案"遭陷害，逮捕下狱，十二月二十八日获释，"责授检校尚书、水部员外郎，充黄州团练副使，本州安置，不得签书公事。"元丰三年（1080）正月下旬，过麻城万松亭，作诗并序，留下黄冈境内最早种树记录。二月一日到达黄州，寓居城南定惠院。五月底，其弟苏辙送其家眷至黄州，迁居临皋亭，"廪入既绝，人口不少，私甚忧之。"生活极其节俭，每月初一日取钱4500文，分为

30 股，挂于屋梁，日以画叉挑下一份应用，尚需尽量节省，以待宾客。元丰四年（1081），黄州通判马正卿见其生计艰难，为其向州府求得黄州东门外东坡"故营地"50 亩，苏轼率全家开垦种植，"身耕妻蚕，聊以卒岁。"翌年正月，于东坡下废园建屋，大雪中落成，故自书其额为"雪堂"，自号东坡居士。

苏轼于黄州虽清苦如此，仍关心民间疾苦。初至黄州，即上书鄂州太守朱寿昌，建议禁止黄、鄂一带溺婴旧习；并自捐钱一千，加上募捐，在黄州创办育儿会，使其好友郭遘（兴宗）掌管出入。

轼居黄州葛衣芒鞋，与田父野老相从。元丰五年（1082）七月十六日、十月十五日，两次泛舟赤壁之下，作前后《赤壁赋》；同年八月，作《念奴娇·赤壁怀古》，皆其代表作。书法自成一家，在黄州书《寒食二首》，世人称为"天下第三行书"。轼自称"黄人"，作诗谓"便为齐安民，何必归故丘"。不意元丰七年（1084）正月"量移汝州"（今河南临汝），四月一日自黄州启程，好友潘大临、郭遘、古耕道送至磁湖，陈慥送至九江。轼谪居黄州 4 年又 4 月，是其一生文学创作巅峰时期，共作诗 214 首，赋 2 篇，文 27 篇，书信 250 封，小品 91 篇，共 621 篇。

潘大临

潘大临（生卒年不详），字邠老，原籍荥阳，祖辈迁居黄州。世代书香。祖革，终生"隐德不仕"。父鲠，字昌言，"生而隽警绝人，为儿时赋诗已有奇语"，宋神宗元丰二年（1079）进士，授蕲水县尉，两任江西瑞昌知县。著《春秋断义》十二卷、《讲议》十五卷、《易要》三卷。张耒为其撰墓志铭曰："其学正，其言文，其居家孝友，其为吏惠爱。"叔父丙、原，"皆中进士"。弟大观，有诗名于江西诗派。潘大临幼承庭训，有异才，二十岁时中秀才，后屡试不第，"无知其才而力振之于困者"，遂隐居黄州柯山，躬耕田亩，打渔卖酒为生，常以诗酒自娱，以布衣之身，驰名于时，后客逝蕲州，年未及五十，著《柯山集》。

元丰三年（1080）至七年（1084），苏轼谪黄州，时潘年二十余，其祖、父冀其有成，遂拜轼为师，习诗学书。轼惜其才，悉心传授，期以厚望。师生情谊甚笃。轼于黄州东坡处，垦有土地，筑有雪堂，离去黄州时，皆交与潘。潘勤以葺治，并与陈季常，于雪堂著述讲学，后雪堂书院，由此定名。

潘性豪爽，好交文士。崇宁元年（1102）至五年（1106），张耒以"元祐党人"罪，谪居黄州，时潘届中年，不避其逆境，识为知友，常与饮酒赋诗，同游黄州山水。耒为潘及其家人撰有《贻潘邠老》《与潘仲达二首》《闻子瞻岭外归赠邠老》《赠邠老》《乞竹赠邠老》《四月一日同潘何小酌》等诗。并为其父鲠撰《齐安奉议郎潘鲠墓志铭》。黄庭坚（字山谷）常至黄州，与潘相交谊深。潘曾作《送山谷贬宜州》诗："可是中州著不得，江南已远更宜州。"黄"极称赏之"（《紫微读诗话》）。时人誉之甚，黄评曰："潘邠老早得诗律于东坡，盖天下奇才也。"潘祖逝世，请黄庭坚撰墓志铭，黄欣而撰之，其《潘处士墓志铭》中曰："处士孙大临，有艺学，与予游，状处士平生，耒乞铭，曰：将刊石于墓前，遂为铭。"与晁补之、秦观，亦过从甚密。临川谢无逸，慕潘才名，曾与切磋诗文。谢曾以书问近新作诗否，潘答书曰："秋末景物，件件是佳句，恨为俗气所蔽翳。昨日清卧，闻搅林风雨声，遂起题壁曰：满城风雨近重阳。忽催税人至，遂败意，止此一句，奉寄。"后谢至黄州，潘已去世，谢悲之，遂以"满城风雨"为首，赋诗悼之。

毋制机

毋制机 （？～1270），名延瑞，字仁淑，生于成都。及进士第，世称平山先生。少时性善，见蜀人死于乱离，如痛入肌髓，收遗骸露骷，藏之丛冢者以万计。见流民饥寒，帑不留钱，廪不留粟，悉倾而施舍，以活民命。历任安化尉、衡阳令。日以六籍四书讲明，士皆笃文行。其善政与善教，深得士民爱戴，如敬父母。

宋理宗宝祐年间（1253～1258），出任黄州教授。谢枋得《平山先生墓志铭》中载毋："分教黄州，兼领雪堂、河东两书院事。教人必明体适用，文武无不能，功臣、贵将子孙皆愿立讲下。江淮湖右后进士经公讲画，有文明者尤多。沿江两帅借隆望，以精神一阃卫灵。公岂能知仲尼哉？际可耳，公养耳。后帅辟为干办公事，又辟主管机宜文字，虽不能悉心受教，公竭智殚虑，葺罅衲漏，犹能护一面风寒。叛胆敌心有所惮，不犯逼阃界。时宰颇知公，除礼架阁，仍赞军机，任改秩。襄围急，将相皆天夺其鉴，阳援而弃。公有策，可以解围，可以弭兵，可以使南北百万亿苍生全性命，知时宰必不用，忧愤成疾，竟以庚午（1270）闰十月十三日终于黄州官舍。"（陈诗《湖北旧闻录》，第四册）毋制机本素怀大志，欲济苍生，然时运坎坷，仕途不顺，未能遂志。至黄州任中，修建书院，教授生徒，皆殚思极虑，诲人不倦，深得黄州士民尊敬，终因积劳成疾，于咸淳六年（1270）逝于黄州官舍。时家无余财，军民悲悯，殓葬殡祭诸费，皆赖同仁邻友所给。咸淳七年（1271）正月十一日，其子孙奉毋公灵柩，葬于兴国军大冶县永丰乡白雉山。

龙仁夫

龙仁夫 （生卒年不详），字麟洲，号观复，原籍江西庐陵。初以学精文奇，享以盛誉。两度受南宋朝廷征召，至宋末，出任湖广儒学提举，来江夏。入元（1279），授陕西儒学提举，不就，而徙居黄冈，至县北九十里伍重乡（原属黄冈地区新洲县，今隶属武汉市新洲区旧街镇黄林乡）孔子山筑室讲学，教授生徒，勤勉不倦，兴一方教化，时称龙仁夫书院。为问津书院之始。

龙学识渊博，凡经史、阴阳、律历之学，无不穷究。所撰《周易集传》18卷，见解独特，论点新奇。晚年，常游阳逻（今属武汉市新洲区）山水，尝于江侧矶石镌"淮甸上游"四字。《徵略》录其诗作。逝后葬于阳逻华山，其子孙留阳逻居住。后人为记其功德，特建祠奉祀，以教化后学。

程 莹

程莹 （1381～1448），字汝昆，号伯玉。罗田县石源河汪家山人。程莹年少资质聪敏，刻苦好学，于程、朱理学研究颇深，且精通《易经》。年轻时，曾受罗田知县之聘任职。明永乐十年（1412），荐为朝廷候选官员。以上书论政而备受赏识，任礼部司务。永乐十三年（1415）出使日本，归国后迁任礼部主事，后升任员外郎、郎中。宣德十年（1435），受群臣推荐，出任琼州（今属海南省）太守。赴任后，废除原土司制度，实行州县制，史载：程莹"奏革抚黎士官，黎人自是总归于府，民黎称便"。鉴于该地盐多粮少，上书建议，以盐代粮纳税。并建仓储粮，拆毁寺庙，遣散僧尼，将寺庙田产，分给乡民耕种。还兴办学校，选用人才，使教风渐兴。在琼州任职14年，直至终老。程莹为官清正廉明，政绩显著。琼州人为莹建名宦祠，立遗像，颂其功，扬其德，以为楷模，教化民风。

万密斋

万密斋 （约1488～1580），名全，字密斋。罗田县大河岸人。

万氏祖籍豫章（今江西南昌），三代名医。祖杏坡，"以幼科鸣"，早卒。父筐，字恭叔，号菊轩，承父业。明成化十六年（1480），因兵荒而定居罗田大河岸，时菊轩幼科医术，远近闻之，皆诵之万氏小儿科。全自幼天资聪颖，8岁能吟诗。明嘉靖七年（1528）中县学廪生。后科场失意，乃随父习医。承父风，有高尚医德，医技精湛。行医50余年，足迹遍及鄂、豫、皖、赣、闽、陕诸省，医治者不计其数。

万全继承家学，注重临床实践，医学造诣甚深，尤精于切脉、望色。于疑难病症，善辨析诊断。儿科以家传13方为基础，归纳小儿病因有三，提出不滥服药、以预防为主，其见解独到；妇科则重阐明妇女生理、病理特点，强调培补气血，调理脾胃，于中医妇科史影响深远。发明"万氏牛黄清心丸"，治小儿急惊风，至今仍为良药。

万全重视祖国医学遗产，倾注毕生精力，勤求古训，博采众方，然不拘泥守旧，注重分析病情，探求病因，灵活运用古方。其诊断书，言简意明，其处方施药少而疗效佳，使许多疑难危证，起死回生，时称"神医"。

万全历数十年之久，上承祖辈之传，结合临证实践，撰《万密斋医学全书》。全书包括《痘诊心法》与《格证要论》23卷、《万氏家传片玉痘诊》13卷、《万氏家传痘诊歌诀》1卷、《万氏家传幼科指南》2卷、《万氏家传妇科发挥》2卷、《万氏家传育婴密诀》4卷、《万氏秘传片玉心书》5卷、《万氏家传广嗣纪要》1卷、《万氏家传女科要言》4卷、《万氏家传伤寒摘锦》2卷、《万氏家传保命歌括》35卷、《万氏家传养生四要》5卷。尚有《外科心法》《素问浅解》《本草拾珠》《脉诀约旨》等墨本18部，共100余卷，约150万言。

万氏医德高尚，医术精湛，故辞世后，乃用"京畿御葬"形式，安葬于家乡大河岸广家岗。乡民自愿筑祠于墓旁以为纪念。清康熙皇帝追封为"医圣"。清康熙四十七年（1708），罗田知县沈廷桢为之重建墓门，其墓碑文为："明授廪膳生国朝加封医圣万公沛密斋之墓。"

顾问、顾阙

顾问 （1511～1591），字子承，一字日岩。蕲州（今蕲春县蕲州城外熊化岭）人。明世宗嘉靖十七年（1538）进士。任寿昌知县。当地嫁女难，贫家生女多溺死或丢弃。顾严禁弃婴，违者问罪，并制定贫家嫁娶仪式。后升贵州道御史，旋调任邠州知州。设义学，供贫困者免费就读。设义仓，赈济鳏寡孤独疾病者。有政绩，后升任浙江按察佥事、参议。为人恬静清简，蔬食淡泊，人称"茹菜顾公"。因服父母丧，归里。隆庆二年（1568），起任徐州兵备。时黄河泛滥，水入邠州，顾问督民竭力捍卫堤防。一年后任福建左参政，不久辞归故里。嘉靖进士、刑部尚书冯天驭辞官归里，于蕲州城外建阳明书院，聘顾问为主讲，定学规甚严。李时珍曾于此师事顾问。著有《经说》《诗文》《讲学书扎》《昭代见闻录》《语录》等。

顾阙　（1528～1613），字子良，一字桂岩，顾问之弟。明嘉靖二十九年（1550）进士。三十二年（1553）参加廷试，授刑部主事。其父母去世，兄弟归里服丧。其间，与黄安耿定向、定力、海瑞等讲学于庐山白鹿洞书院。又与其兄于蕲州北门外修建并主持崇正书院，"方技杂流，亦不拒也"，故从学者凡数百人。李贽每称人学行，必首推顾阙。后经张居正推荐再起，任礼部郎中、南京吏部郎中、福建按察副使。年仅39岁告归，里居47年。万历年间，复经张居正及朝臣荐举，授通政司参议，辞不赴任，隐于蕲州，专事讲学著述。著有《五经发意》《通鉴补意》《愣严解》《桂岩诗文集》等。

顾氏兄弟与王畿、钱德洪、李材、罗洪先、罗汝芳、耿氏兄弟讲学砥行，交往密切。

李时珍

李时珍　（1518～1593），字东璧，晚号濒湖。蕲州（今蕲春县蕲州镇）全胜坊瓦硝坝人，出身儒医世家。父言闻，字子郁，号月池，博学经史，乐行善事，常以德义服人，于族人、乡邻中，享有威望。时珍幼承家学，14岁考中秀才。后三应乡试不第，遂从父学医，并师事阳明书院主讲顾问。顾家藏书5万余卷，且与近邻，为时珍博览群书提供便利。时珍手不释卷，日夜苦读，勤于思考，于医道渐有所得，不久挂牌行医，热心于救死扶伤。明嘉靖年间，蕲州屡发大水，瘟疫流行，时珍与其父设诊于玄妙观，收容病人，为之诊断、煎药，不取分文，全活无数。

长期医疗实践，时珍深感旧本草尚存诸多缺憾，诸如"二物并入一条"、"一物分为二种"、分类失宜、解释混乱等，遂立志重修本草。为此，勤研诸医药书籍，尚遍涉经史百家、诗词歌赋及小说传奇，读书"十年不出户庭"，倘有所得，皆一一记录。

约于明嘉靖二十七年（1548），治愈楚王之子病，聘为楚王府奉祠正，不久推荐任太医院院判，先后向楚王、太医院提议重修本草，均遭冷遇。遂决意独当重任，遍读皇家珍藏医药典籍。两年后辞官归里，移居雨湖北岸红花园，自号濒湖。自嘉靖三十一年（1552）始，编写《本草纲目》。为验证所写内容，多次离家远行，足迹遍及湖广、江西、南直隶，攀登武当、庐山，向农民、樵夫、渔民、药农、捕蛇人请教，考察药物生长分布情况，收集民间单方，并就地采药，亲身试验，澄清许多疑难。历时27载，殚精竭虑，三易其稿，撰成《本草纲目》，共收药1892种，附图1109幅，方剂11096则。王世贞为之作序，万历二十四年（1596年）前出版。后译成日、法、德、英、拉丁、俄文传遍甚广。

时珍有弟子庞宪，字鹿门，蕲州人，幼从时珍游，时珍悉心传授，庞得其学，术精救人颇多，时以医鸣。时珍撰《本草纲目》，庞宪曾助其师，抄录、校核书稿，终日不倦。时翰林待诏瞿九思，曾以师礼事之。

时珍逝后，葬于蕲州竹林湖。中华人民共和国成立后，政府拨款将陵墓修葺一新。1956年，郭沫若为墓碑题辞："医中之圣，集中国药学之大成。《本草纲目》乃一千八百九十二种药物说明。广罗博采，曾费三十年之殚精。造福生民，使多少人延年活命。伟哉夫子，将随民族永生！"

耿定向　耿定理　耿定力

耿定向　（1524～1596），字在伦，号楚侗。黄安（今红安）人。明嘉靖三十五年（1556）进士，初授行人，继任御史。嘉靖四十一年（1562）十一月上《两台疏》，以"隔省流贼残害，官难遥制，民难存活，恳乞天恩，俯顺下情，设县弥盗，保安地方"，陈述其乡建县之利。次年三月十一日，户部批复，奉旨钦定黄安县名。嘉靖末出按甘肃，在任执法严谨，"举劾无所私。去任时行笥一肩，有以石金馈者，留境上而去。"（《明史》）调任南京学政，开崇正书院，以明道彰教为己任，与李贽相往还。隆庆元年（1567）升大理寺右丞，曾上疏营救海瑞，后贬横州判官，又移衡州推官。万历年间任右佥都御史、户部尚书。嗣后，九次上书辞归居天台山，与其弟定理、定力设天台书院，讲学授徒，学者称天台先生。曾至庐山白鹿洞书院、黄冈问津书院讲学。万历九年（1581）李贽来依，相互切磋。然定向以王守仁之学为本，与李贽相违。两人"往来论辩，未有休时"（李贽语）。后得周友山相助，重归于好。万历十二年（1584）纂修建县后第一部县志《黄安初乘》，凡2卷共13篇。卒赠太子少保，谥恭简。黄安知县胡尚质即地构堂三楹，奉定向画像于其中，并购置讲堂书舍，以待讲学之士及求学生童。其门人编有《耿天台文集》20卷。

耿定理　（？～1584），字子庸，别号楚倥，学有专长，一生隐居不仕。黄安建县，出力甚勤。其学与李贽相仿，友谊与李贽甚笃。

耿定力　（生卒年不详），字叔台，一字子健。少从兄定向读书。师事史桂芳、友杨希淳、焦竑、吴自新，皆以学问相砥砺。明隆庆五年（1571）进士，历任工部主事、成都知府、督学福建，累官南京兵部侍郎。与兄定向讲学于天台书院、黄冈问津书院、庐山白鹿洞书院，倡明理学。所学以求仁为宗，以与人为善为用，真修实诣，超然自得。仲兄定理隐居不仕，兄弟亦相与讲学不倦，学者称八先生。时学者罗近溪赞曰："儒者之高蹈，圣世之逸民，理学宗工其八先生乎！"逝后追赠尚书。

李 贽

李贽 （1527～1602），初名载贽，号卓吾，一号宏甫、笃吾，又号温陵居士、百泉居士、思斋居士。晚年寓居麻城龙潭湖，因号"龙湖叟"。回族，泉州府晋江（今福建泉州）人。父白斋，为人豁达，以教书为生，终身白丁，家境不裕。贽幼时丧母，7 岁随父读书习礼文。12 岁写《老农老圃论》，对《论语·子路篇》中"樊迟请稼"提出新见解。明嘉靖三十一年（1552）举于乡。嘉靖三十五年（1556）授河南共城教谕，任职五年。嘉靖三十九年（1560）擢南京国子监博士。数月后，父白斋公病故于泉州，回乡守制。时值倭寇攻城，贽率弟侄辈，日夜登城击柝巡守，与全城父老兵民同仇敌忾。嘉靖四十二年（1563）任北京国子监博士。嘉靖四十五年至隆庆四年（1566～1570），任北京礼部司务。隆庆五年（1571），调离北京，至南京任刑部员外郎。隆庆六年（1572），遇红安耿定理，志趣相合。万历元年（1573）任刑部郎中。万历五年（1577），出任云南姚安知府，途经黄冈团风，舍舟登陆，直抵黄安，会见定理及其兄定向，有弃官留住之意。经定理相劝，遂留女与女婿庄纯夫，约定三年后辞官来聚。定理"教戒纯夫学业甚紧"，定向对贽女与婿"亦一以己女己婿视之"。万历九年（1581），李贽如约至黄州小住，旋赴黄安依耿氏兄弟，著书讲学论道。万历十二年（1584）定理卒，贽甚悲伤，赋诗《哭耿子庸四首》，其中有："盖世聪明者，非君意谁与？""我是君之友，君是我之师。我年长于君，视君是先知。""从此一声雷，平地任所施。开口向人难，谁是心相知？"其悲痛之情，令人感之。万历十五年（1587），因与定向不合，遣人送妻、女及婿回原籍，孤身迁往麻城，先居城下维摩庵，后迁龙潭（亦名龙湖）芝佛上院，与僧无念、周柳塘、邱长孺、杨定见等为友，闭门读书。设帐讲学，兼收女弟子。同年其妻黄氏病逝，贽亦未归。适定向弟定力在闽理学校，为其妻撰墓表，并捐银为镌石助丧之资。万历十八年（1590），贽得黄安周友山助，重与耿定向志同道合，再访天台山，自谓"天台闻予至，亦遂喜之若狂"。旋出游武昌，会名士袁宏道。杨定见与僧常中、常通为贽于芝佛上院后建藏骨室。万历二十一年（1593）初夏，贽归龙潭，袁宏道兄弟等来访，相与唱和。万历二十四年（1596），贽出游济上等地，万历二十七年（1599）复归龙潭，被当地地主视为"异端惑世"，毁其藏骨室。翌年冬，贽走避商城（今麻城境内）。万历三十年（1602）遭劾系狱，自刎而死。马经纶收葬于通州（今属北京）。弟子杨定见深得教诲，刻苦治学，后为文坛名家。李贽《水浒传》评本《李卓吾评忠义水浒全传》，即因定见之力，方使面世。弟子汪可受恐孤坟荒草，日久难辨，为师建墓立碑，并作《卓吾老子墓碑记》。

李贽在黄、麻20年，自称麻城人、"流寓客子"。"性卞急而洁，目惟读书洒扫，与人交，非其所好，对坐终日不语。"专尊佛学，反对道学，称当时道学先生为"鄙儒"、"俗儒"、"迂儒"、"腐儒"，斥其"阳为道学，阴为富贵，被服儒雅，行若狗彘然也"。贬斥《六经》《论语》《孟子》等书，认为不能"以孔子之是非为是非"。在黄、麻辑有《初潭》、《史纲》《藏书》《焚书》《因果录》等，评点书不下数百种。

瞿九思

瞿九思　（1543～1614），字睿夫，号慕川。黄梅人。父晟，据《明史本传》载，为明嘉靖三十二年（1553）进士。官至广平知府。任间主修三百里长渠，获田数十万亩，政绩显著，后卒于官。九思10岁随父至江西吉安任所，从名师罗洪先读书。15岁撰《定志论》，劝父辞官，回乡归隐。19岁时，从黄安耿定向游学，学业益进。凡六经、史传、舆地、天文、算数、稗官、野乘，无不洞悉。万历元年（1573）中举，闲居家中两年。

时黄梅县令张维翰违制苛派，县民殴打县令，九思同情县民，县令诬其"聚众倡乱"。巡按御史白程弹劾张维翰激起民变，而吏部尚书张瀚却说白巡按所言不实。朝廷将九思流放塞外。长子瞿甲，时年13岁，作《辨白书》数千言，遍投公卿，为父申诉。次子瞿罕，亦伏阙上书，请求宽宥。有东海人（今属浙江）屠隆，怜才仗义，作《为瞿睿夫讼冤书》，遍告朝野。有冯梦祯于内阁大学士张居正前为九思剖白，张居正知九思有才华，经周旋，遂得释放返乡。

九思蒙冤前，曾应请主讲白鹿洞（庐山）、濂溪书院。其后讲学于岳麓、石鼓书院。并应巡抚赵贡之请，纂修楚志。九思冤白归后，著书立说，四方从学者日众。时部院大臣向九思求书惟恐不获，士大夫过楚，均以未能亲聆九思教诲为憾。御史史学迁按楚时，力荐九思，至万历三十七年（1609），适逢御史史学迁按楚，深感人才难得，遂荐九思进翰林院，朝廷始授以翰林院待诏，然九思力辞不受。因上书皇帝，言年老力衰，不能赴任，然有志修《乐章》《万历武功录》，皇上准奏。后学迁建江汉书院于广济垅坪，请得九思主讲。朝廷令地方每年给米六十石，资瞿著作，以终天年。

瞿九思"学极深博"，先后著有《楚志》《六经以俟录》《中庸口授》《中庸位育图》《洪范衍义》《仁统》《孔门愠解》《和燮编》《实用编》《时务表》《边略》《万历武功录》《仿古编》《蓄艾编》《土俗章权》《肖元录》《佛钥》《孔庙礼乐考》《明诗拟》《幽赞录》《文莫堂集》《纪思录》《言善录》《知命篇》《历正同仁手札》《后先进呈》等书，博涉理学、考据、士俗、艺术等。《四库全书存目提要》载，其《孔庙礼乐考》审"孔庙礼乐沿革同异，考证颇详，胜他书"。

万历四十二年（1614）病卒。长子甲，字释之，年十九举于乡，二十余岁即逝，却著有《与善堂草》《赫号编》《遗孝录》《忠志录》行世。次子罕，字日有，年七岁即能作文。崇祯初，辟举知州，亦著有《余力稿》《伏辟稿》《聘君年谱》《体孝录》《膺荐疏》《自修稿》《自讼篇》诸书。

汪可受

汪可受 （1559～1620），字以虚，号静峰、三盘居士。幼时曾读书黄连咀，因号黄连居士。黄梅南乡汪堞人。明万历七年（1579）中举，次年中进士。初授金华知县，体察民间疾苦；后历任礼部主事、员外郎、郎中，迁吉安知府，创修白鹭书院，与邹元标等共谈性命之学，力行"一条鞭"法。任山西提学副使时，助修书院，使山西学风、教风大振。调江西右参政，补山东霸州兵备道，历时四载，备受艰辛。升山东按察使，转陕西右布政使，捐资置膳田，助修关中书院，振兴学风。擢任顺天府尹、大同巡抚，累擢兵部左侍郎。任辽宁、保定总督时，部署抵御倭寇之侵，卫邦戍边有功。

万历十七年（1589），时李贽居麻城龙湖讲学，汪曾师事之。自此师尊李贽。汪可受曾言"丙申（1596）岁，老子（卓吾）以刘司空（刘东星）之约至上党（沁水），余亦以校士至"（据日本铃木虎雄《李卓吾年谱》载）。据此知李贽山西之行，汪可受伴师于侧。李贽逝后约十年，汪恐孤坟荒草，日久难辨，遂为李贽墓立碑，作《吾老子墓碑记》。汪为官40年，政绩卓著，神宗旌为"天下清廉第一"，诏赠兵部尚书。晚年建挪步园于黄梅紫云峰，逝后谕葬于茅山，其神道碑立于黄梅县柘林铺右。著有《道心说》《下车草》。

曹本荣

曹本荣 （1621～1664），字木欣，号厚庵，称"文靖先生"。黄冈上伍重乡（今属武汉市新洲区）人。"年少即有志圣贤，清节自励。"（《黄冈县简志》）清顺治六年（1649）进士，选为翰林院庶吉士。顺治十年（1653），升为右赞善、转国子监司业。顺治十一年（1654）任中允，顺治十二年（1655），充筵讲官，以程朱之学进于世祖。不久，晋秘书院侍讲，再升左庶子兼侍读。顺治十四年（1657）主顺天乡试，转侍读学士，奉命纂修《历代通鉴》。顺治十八年（1661）补翰林院侍讲学士，改国史馆侍读学士。康熙二年（1663）因病告假归籍，次年病逝于扬州。其学宗王守仁（字伯安，因曾筑室于会稽山阳明洞，自号阳明子，世称阳明先生）致知之说，尝论次程、朱、陆、王及薛宣之书。试图将程、朱"先知行后"同王守仁"知行合一"、"知行并进"说揉合为一。以为二者"并行不悖"。然时清廷推崇程、朱理学，视王守仁"致知"说为异端，故亦偏于程、朱。曹本荣虽于宫廷任"日讲官"三载，其家属居于黄冈会馆，居室破旧，却怡然自得："吾将以为学也，学贵澹泊明心，使吾学有成……饥寒困苦非所惜也。"于扬州去世时，其"行李萧然，囊无十金之资"。学人闻而敬之。著《五大儒语要》，又有《周张精义》《古文辑略》《奏议、稽询》44卷等。曾与大学士傅以渐编纂《易经通注》。

顾景星

顾景星（1621～1687），字赤方，号黄公，别号玉山居士，明末蕲州城东北郊三里岗（今蕲州东长街南）人。祖籍昆山（今属江苏省）。曾祖问、父天锡，皆以学术闻于世。景星天资聪颖，勤奋好学，自幼受到良好教育，乃至誉为"江夏神童"、"博通君子"。15岁试于黄州，名冠全郡。旋由督学王登主持院试，复获头名。未几赴试秋闱，论才当取解元，惜因试卷中有一字犯考官名讳而被黜。一生身历两朝战乱，深知民间疾苦，以愤治学，以节操自持。明崇祯十六年（1643），张献忠率军攻蕲，顾随父避居昆山，次年七省流寓贡生会试南京，顾景星拔贡生第一，应武英殿廷试，授福州府推官，上《敬呈四事疏》，抨击朝政，其名重一时。入清，绝意仕进。顺治二年（1645）清兵限昆山，多罗贝勒强致军中，命以推官原职随军南征浙闽，顾景星力辞养亲还里。顺治八年（1651），顾自昆山归蕲，结茅旧地，支石为桌椅，食野菜，饮藜羹，而攻读不息。康熙十七年（1678），诏试博学鸿儒科，复以病辞，迫上肩舆，至河南内黄，堕地折断右肩骨，终送至京师。次年三月，圣祖玄烨亲赐茶饯，待之甚厚，授官翰林院检修。未逾三月，称病请归，自此闭门著述，撰《白茅堂集》等十九种五百余卷。是集包括乐府民歌、诗赋、策论、志论、奏疏、史论、传记、序文、铭诔、杂著等。清康熙二十三年（1684），由曹雪芹祖父曹寅捐资刻成，一时不胫朝野，为海内诸家所推重。《四库全书总目提要》载其"记诵淹博，才气尤纵横不羁，诗文雄瞻，亦一时之霸才，而细大不捐，榛楛勿剪，其后人牧拾遗稿，又不甚别裁，傅毅之不能自休，陆机之才多为患，殆俱在焉。"

顾氏于义理、考据、辞章、经济、小学无所不通。琴棋书画诸艺，亦无所不善。论小学，有《黄公说字》洋洋大著。是书"诂释磅礴，虽一家之言，实综百代之奥"。论书法，"法宗宋人，运以晋意，不择纸笔，酒酣挥袂，辄数十大幅"。所作乐府诗四卷，其形式上承递诸乐府，内容丰富多彩，气象万千。论以平生积学才望，蔚然为一大家。

┌─────────────────┐
│　　　**金德嘉**　　│
└─────────────────┘

金德嘉　　（1630～1707），字会公，号豫斋。广济县龙坪镇人。少时，父早逝，家道日衰。常无米为炊，然好学之志不懈。清顺治十七年（1660）中举人，归乡设馆授业，后任德安（今安陆）府教授，任期 9 年，任内兴教甚勤。康熙二十一年（1682）会试第一，称会员，后殿试中进士，授翰林院检讨，改庶吉士散馆，掌修国史。康熙二十六年（1687），充贵州乡试副考官，广开贤路，取举人 20 名，开黔中乡举之先。又奉命纂修明史，改翰林院庶吉士散馆，任编修。金于翰林院期间，人皆以硕儒誉之，与湖北学林名士刘子壮、熊伯龙齐名。又分修《大清一统志》及《礼记解义》《通鉴讲章》

等。对楚中府县史料考订尤为精细。与徐乾学过从甚密。康熙二十八年（1689），金乃以疾归，实则因掌院李光地欲借以倾徐乾学，对其提出弹劾。金还乡后，闭门著述 20 余年。逝后学人私谥曰贞孝先生。

金为文宗法韩愈、欧阳修，诗力追唐风，《四库全书存目提要》评曰："德嘉晚年健户著书，同时顾景星、张仁熙、刘醇骥往来唱和，追摹秦汉，崇尚王、李。"著《居业斋文集》20 卷、《续纂元、明臣言行录》《礼记解义》《通鉴讲章》《居业斋诗钞》22 卷及别集 10 卷，行于世。清《国朝诗人征略》选有其作品。

靖道谟

靖道谟　（1676~1760），字诚合，号果园。黄冈县慕义乡站桥村靖旗杆湾（今属武汉市新洲区）人。幼从名师杨文定，19 岁取秀才。清康熙五十五年（1716）编纂《丰川王公集》。康熙五十七年（1718）举人，康熙六十年（1721）进士，授翰林院庶吉士。雍正元年（1723）任云南姚州知州，到任即察访民情。任上除陈规，清积案，讼狱遂少。后托病请归，受聘于白鹿、江汉、鳌山等书院主讲，教人以敦品实行为务，弟子奉之，多有成就。曾受云南总督鄂尔泰之托，主修《云南通志》30 卷，又修《贵州通志》46 卷、《下荆南道志》等志书，其义例简洁严明。乾隆元年（1736），河南总督王士俊荐举博学鸿词科未赴。乾隆十四年（1749）修《黄州府志》20 卷。次年，湖北巡抚唐绥祖荐举经学科，称疾力辞。

靖道谟居家孝友，并置义田 600 余亩，仿朱子"社仓法"，储谷备荒，领先出资修筑钟坪咀大堤，使数十村免于水患，尚倡导修复妙埠潭义渡，方便行人。生平自处节约，见义勇为，不惜所费，或施于教育，或济于穷苦。其"才识英谏，学求实用，文名播于三楚"，人皆敬之。著有《中庸注释》《过庭篇》《系辞篇》《果园》《家训》《书院讲义》《古文时艺》《诗钞》等。乾隆二十五年

（1760）病逝家中。

袁　铣

袁　铣　（生卒年不详），字金溪。麻城人。清嘉庆十六年（1811）与林则徐同科进士。嘉庆十九年（1814）与林则徐同授翰林院编修，历任江南道监察御史、礼科掌印给事中。袁铣"侃直端要，风骨峻整"，"遇事敢言，尤以天下大计为已任"。曾巡察通州曹务，稽查丰裕仓，拒收饶赠，革除陋规。嘉庆二十四年（1819）上奏《请剔除考试积弊疏》，陈述科场弊端，所论皆中时弊。道光元年（1821），上书建议停止捐例并减去后宫各项糜费，裁撤热河例银及圆明园例银，一时天下传诵。次年，直隶藩司奏请对该省六十余万顷民地，每亩加征银一分，作为承办春秋两差费用。袁铣当即提出异议："加赋之事，自古为戒。天下无事，加之无名；天下有事，加之适驱民为寇耳。"铣以为，欲减民负，一则整治吏治，严惩贪墨，宜"在弊之发源处清之"；二则朝廷节用爱民，宜"清心省事"。后以言事去官归里，主讲江汉书院，曾书一联于院门："不勘破义利关，何须讲学；要识得忠孝字，才是读书。"其学问渊博，教士有方，出其门下成名者甚多。著述多散佚，唯存《四书义蕴》《四书题解》等。袁铣与林则徐相知颇深。林则徐任湖广总督，曾为铣作《四书题解序》，序曰："袁君金溪，平生苦志读书励行，由翰林改御史，累疏陈时务，皆切于民生。更治弹劾，不避权贵。退而主讲书院，以根底之学与诸生相切劚……今书院生徒，卒皆昔时从君请业者，诚能肆力于学而以身体力行，为文则于君所以谆谆训迪之意。"

陈　诗

陈　诗　（1748～1826），字观民，一字愚谷，晚号大桴山人。蕲州（今蕲春县檀林河竹田冲陈英塆）人。家本贫寒，未出生，父即病逝，母袁氏以女工养一家数口。祖母、母、及诗，独、寡、孤三代相依为命。诗童年入塾，每夜归来，燃枯枝败叶，傍纺车而读，课业常优于塾中蒙童。19岁应府试，中秀才。26岁乡试取解元。29岁京试成进士，官工部主事。不求仕进，寓京3年，以母老告归，建"知足"、"知不足"二斋，专心著述，日撰万言，字迹不苟，并以培养后进为己任。初执教乡里，后历主鹿门、荆南、江汉书院，从学者甚众。在江汉书院近20年，"出其门者皆知名士"。清嘉庆二十四年（1819）殿试状元蕲水陈沆、嘉庆二十五年（1820）殿试探花蕲春陈銮，皆出其门下。

乾隆五十七年（1792），湖广总督毕沅延聘章学诚主纂《湖北通志》。毕沅调离时，章撰志稿遭官场攻击。陈对章之修志主张虽有异议，然称章稿"非苟作"。至嘉庆初，新任总督聘陈诗为主纂，依大家主张，弃章稿，重起炉灶，用纂辑体重修《湖北通志》，嘉庆九年（1804年）新志修成付梓。另作《湖北方域志》99卷、《湖北旧闻录》46卷、《湖北金石存佚考》22卷、《湖北诗文载》20卷、《历代地理志汇纂》、《史外从读》、乾隆癸丑《广济县志》、《江汉书院志略》及《湖北丛载》等。除方志外，其他各类著作尚有：《事类丛抄》6卷、《尚齿会汇编》2卷、《道德录敬远录质疑》11卷、《朱子年谱》2卷、《周易本义辑解》12卷、《外史丛谈》《汉人南人氏族表》各1卷、《四书类考》30卷、《四书人名考》20卷、《诸史地理志汇抄》64卷、《元史列传》《蒙古色目氏族表》各1卷、《纪年集注》2卷、《清尔雅》18卷、《字母分韵类编》5卷、《春秋世族谱》2卷、《春秋比事》6卷、《春秋官制略》1卷、《春秋谥德考》1卷、《春秋后表》4卷、《历代纪元月朔考》《守登科记》多卷、《竹书记年注》2卷、《唐宋十一家文抄集说》50卷、《陶靖节集转注》10卷、《尚友山房诗文杂录》10卷、《庐山诗选》10卷、《六律正五音考》4卷（手抄本）、《东坡居黄考》3卷（手抄本）等，后3种分别保存于浠水、蕲春图书馆。

有《山居春兴二首》："蚕娘新祀马头归,翠盖重重绿荫肥。花径落霞风力弱,一双蝴蝶背人飞。""漠漠轻寒欲暮天,一村流水一溪烟。帘前燕子飞如织,剪尽东风杨柳钱。"颇为世人称诵。《湖北诗征》评其诗曰:"愚谷先生诗,每于平衍处露新警语,人既贞不绝俗,诗亦华而不媚,虽不赖诗以传而已艳在人口。"

陈诗敏于学而慎于言,生性拘谨,处事严正,与世无争,与人为善,向以忠厚待人。"与人交,匡困资无;苟相知,不易生死","人有非语相诟病者,往往不之较"。是以幸免于乾嘉时期文字之狱,亦不囿于文人相轻之俗念。陈诗毕生勤于治学,每日黎明即起,午夜方息,手不释卷,口诵笔录,寒暑无间。见史传中有断简、误字,必援笔补缺、订讹,乃至"于书无所不窥",且又"博闻强记",因而穷经达古。人问以古籍秘典,皆能概述大意。有后学质询,亦皆为之释难析疑。生平所著遍及经史子集,尤长于考据。凡出手文字,融会贯通,"成一家言"。成书者达50种,近千卷。毕沅等誉为"国士"、"通人"、"楚北大儒"。其未刊著作正稿,付与得意门生陈沆,底稿藏于家。墓立蕲春县北朱家冲。

陈 沆

陈沆 (1785~1826),一名学濂,字太初,号秋舫。蕲水(今浠水县)巴河人。祖士珂、父光诏,皆为乾隆时举人。光诏历任湖南长沙、湘阴、永定、辰州诸县县令及武冈知州。一生清慎勤明,所到之处,多有惠政,人皆敬之。陈沆自幼受其教诲。5岁入私塾,10岁随父游湖南。15岁应试科举,县试、乡试、会试皆名列第一。清嘉庆二十四年(1819)应殿试,中进士第一甲第一名(状元)。其策论文章,气势雄浑,论述精辟,笔力奇健,授翰林院修撰,出任四川道监察御史。道光二年(1822),任广东学政,次年任礼部会试同考官。一时推为文宗。任期刚正廉洁,士林风气清明,士子闻而敬之。

沆有"楚之才子"之誉。一生潜心学问，刻苦攻读，博览群书。好言诗，然不轻易赋诗，赋则必求新处。道光进士魏源（湖南邵阳人，字默深。官至高邮知州），性简傲，然与沆交谊甚笃。俩人有《简学斋·清夜斋手书诗稿合印》集。沆有诗出，常与魏源过目，魏源每与批点，并称其诗："空山无人，沉思独往；木叶脱尽，石气自清；羚羊挂角，无迹可求；连成东海，刺舟而去。渔洋山人能言之而不能为之也。太初庶几乎，其庶几乎！"尚赞曰："如羊角风转而益上，如白雪曲唱而愈高。"其"怀抱深远"，不惧"甘苦曲折"，多得于家风熏陶。其诗直抒胸臆，富有人民性。如沆闻广东荒歉，海寇未平而作《有感》："传闻南海事全非，十室炊烟九室稀。须识治兵先治吏，自来防盗在防饥。鳄鱼大可为文遣，沙城终难山水飞。寂寞江湖风雪里，投人投笔念征衣。"尚有《河南道上乐府四首》：《卖儿女》《狗食人》《吃草根》《逃饥荒》，诗中所述，饥荒连年，人肉相食，令人惨不忍睹。是当时真实写照。此诗作于嘉庆十九年（1814）（熊济民、叶向荣、程家玉主编《陈沆状元诗文选》，北京：华艺出版社，2001年）。陈沆诗赋，或抑郁苦辛，或清新秀丽，巧用比兴，直抒胸意，行如流水，明白如话。魏源称曰："蕲水太初修撰，兰蕙其心，泉月其性，即其比兴一端，能使汉、魏六朝、初唐骚人墨客，勃郁幽芬，于情缭绕之间，古今诗境之奥阼，固有深微于可解不可解之际者乎！"近代文学史将其列为清代古赋七大家之一。

道光六年（1826）病逝京都，归葬蕲水调军山南麓。其婿叶名澧检搜遗篇，分别编为《简学斋诗存》《简学斋诗册》《简学斋赋存》《简学斋赋续抄》《馆课试律存》《馆课试律抄》《白石山遗稿》。

陈銮

陈銮 （1786～1839），字仲和，一字芝楣。蕲州（今蕲春县株林河姚家湾）人。

陈与蕲水陈沆均受业于陈诗，同有才名。清嘉庆二十五年（1820）殿试一甲第三名进士，中探花，授翰林院编修，其故里姚家湾遂名探花府。道光二年（1822），任副主考浙江乡试。道光五年（1825），升任松江知府。适逢运河淤塞，粮饷不能入京，銮实行"济运通漕"，创办海运，制定海运章程，招募大船出吴淞口溯天津，沟通京、津、沪三大埠。后任江宁知府，值水灾，赈恤得宜，调上海道台后，募民浚疏吴淞口，并于黄浦江设置救生船。后历任江安粮道、苏松粮道、广东盐运使、浙江按察使。继升任江苏布政使。銮重农田水利建设，疏浚浏河、白茅河及各支河，兴修宝山及华亭海塘，筑海堤近六千丈，并与江苏巡抚林则徐一同加强海防，厉行禁鸦片烟。道光十六年（1836），任江西巡抚，丰城县雷公塥等处堤溃，乃建石闸、石坝，以御水势，免除水患。道光十九年（1839），任两江总督兼署河南总督，冒暑巡阅，染疾，卒于任所。清廷追赠为太子少保。

陈在外为官一生，于家乡情深义重。道光十一年（1831），湖北遭大水，捐银数千两，为家乡助赈。又于蕲州，置义田四百余亩；銮出籍江夏（今武昌），又于江夏建义田、义庄。

銮辑有《先正格言》10卷，著有《耕心书屋诗文集》《楚名臣言行录》。所撰《盐法志》未能完稿。善书法，临摹三楚名贤墨迹于石，为楚帖十卷。

帅承瀛

帅承瀛　（1766～1840），字士登，号仙舟。黄梅独山人。自幼聪颖异常，清乾隆四十八年（1783），时17岁入乡试即取举人。嘉庆元年（1796），考取一甲第三名进士，中探花。初授翰林院编修，累迁中允祭酒、太仆寺卿、通政使、左副都御史以至侍郎。历任吏、礼、刑、工四部官员，并任经筵讲官。帅风华并茂，威仪端庄，推为一时人物之表。辛酉（1801）、戊寅（1818）两年，典试广东、江南。癸亥（1803）、戊辰（1808）两年督学广西、山东、江南，又屡次充当钦差，于山西、陕西、甘肃、河南、山东、江南诸省审查案件，公正廉明，所至人心悦服。

道光元年（1821），帅巡抚浙江，锄奸除弊，兴利举废。曾奏请盐政改归巡抚兼理，停止加课银 50 万两，减少商捐、外款银 20 万两，此举既于国库无亏，亦减轻农商负担。其时，杭州、嘉州、湖州三郡暴发洪水，帅申请朝廷准拨国库银，留住漕粮，以作赈灾之用；并奏请免除米贩关税，以招远商，活跃经济，军民安绪，无一流亡。尚捐资疏浚西湖，修建海盐石塘。举凡有利于国计民生之事，无不尽心竭力为之筹划经营，并力求成效。道光皇帝嘉奖为"一代名臣"。

道光四年（1824），因亲丧回籍，属帅平时积余银 8 万两，役吏告知可按制度提取。帅则言"携此款何用？可留其半充疏浚湖泊之用，其余则可用以救济贫士及鳏寡孤独与无着之民。"浙江人感而为其于西湖之畔建生祠，名"帅公祠"。

守服期满，奉诏回朝。后因眼疾告老还乡。归乡十余年，布衣素食，严教子孙，逢人以礼相待，从不仗势欺人。曾捐良田数百亩为琼林庄学田，以助邑中教育。道光二十年（1840）临终前，上疏朝廷推举重用山左杜受田、闽中林则徐，而无一语及家人。

著有诗、赋、奏议，惜未刻印成集。

杨际泰

杨际泰　（1780～1850），字平阶。广济（今武穴市）百园杨家埫人。与晋王叔和、宋庞安时、明万密斋、李时珍合称为"鄂东五大名医"。

杨出身医学世家，少时科场屡不得志，遂随父从医。杨苦研《内经》《难经》《伤寒论》诸医学经典。每读一书，必穷其理，并反复验证于临床。中年后，为人治病，必探其病因，以求确诊，对症下药。书方遣药，每有奇效，成为蕲春、黄梅、广济一带名医。杨医德高尚，无论道途远近，遇有患者，见请便往，救死扶伤，不计报酬。杨合前贤见解，汇家传经验与亲历30余年临证实践，撰成《医学述要》，初付印于清道光十六年（1836），系清问心堂藏版，凡30册，36卷，数十万言。其书涉及医学四诊、医门八法、脉象理论、伤寒、温病、外科、儿科、内伤病、妇产科、五官科以及方药等，内容丰富，堪为医学全书，颇有实用价值。

杨于学术广猎博取，尤好张仲景书及金元四大家言。言"前人经验之所以历千百年而不衰，因其医论与诊治之法精也。故必读古人之书，必用古人之说，必择古人之方"，提出"用古人之法而不拘其法，用古人之方而不执其方"，故临诊能知常达变，选方灵活，药能随症化裁。

杨行医40余年，积丰富临证经验，内、外、妇、儿诸科皆为其所长。于内伤杂病及温热证有独到处，其治温热、瘟疫，每熔张仲景、孙思邈、刘完素、吴又可等历代医家之长于一炉。治内伤杂症，以补脾气益肾精至为重要。故于治方中，补脾气、养正气之方屡见不鲜。他重视辨证施治，随证立法，凡疑难病患者，经杨调治，大多痊愈。

杨晚年目睹国民深受鸦片之害，忧心如焚，彻夜难眠，为研求解毒良方，偕弟子亲至汉口，买通一英租界守门印度人，高价索得一小册子，内容涉及生产制作及使用鸦片。遂据小册子所述吸食鸦片特点，昼夜不停，研究戒毒配方。其夫人陈氏，为助杨研制成功，于家偷吸鸦片，亲试杨所拟药方，并作详细记录，以供杨临证参考，后中毒而亡，杨为之恨悔不及，痛苦不堪。有鉴于此，杨特撰《告乡民书》。书中提及吸鸦片有"四耗"（耗神、精、气、血）、"十害"（一损精神、二耗脂血、三废正气、四耗钱财、五伤性命、六增丑态、七坏名声、八于列禁、九泄机密、十入膏肓），劝人戒吸鸦片。杨于《告乡民书》中画一吸鸦片烟《丑态图》，图上注文："匡床上卧一人，一灯一烟管，管就灯，口就管，床立两端各一鸠形鹄面恶鬼，作招手状。"并附打油诗："鬼是当年人，人是娃眼鬼。若要勤吸烟，便是速求毙。死虽分上下，人鬼是一体。请你看此图，问汝悔不悔？"

杨结合临证经验，历数年研究，终配制一戒毒药方，专供鸦片烟瘾患者服用，戒烟效果颇佳。其系列戒毒消瘾药品，亦配方严谨，抗复吸性强，引起现代医学界科研人员高度重视。华中、华南、华东一带病人纷纷前来求方索药，治愈者无以数计，开中国治毒戒毒先河，留下"北有杨际泰，南有林则徐"口碑。

余三胜

余三胜　（1802～1866），原名开龙，字起云。罗田僧塔寺滥泥畈人。幼学汉戏，工老生。嘉庆末年赴天津加入"群雅轩"票房。道光初年入北京，隶"春台班"，后曾为春台班台柱，至道光中期，蜚声梨园。为京剧奠基人之一。善以唱腔表达人物思想感情，并将青衣小腔溶于老生唱腔之中，形成独特风格，尤为后辈所仿效。时与程长庚、张二奎并称"老生三杰"、"三鼎甲"。《都门杂咏》有诗云："时尚黄腔似喊雷，当年昆弋话无媒；而今倚重余三胜，年少争传张二奎。"天津第一代泥塑匠张明山，塑余饰《黄鹤楼》中刘备泥塑一座，京剧界尊为"祖师爷"。代表剧目有《四郎探母》《空城计》《黄鹤楼》《战樊城》，尤以《定军山》《卖马》著称。晚年注重培养后学，为一代戏剧宗师。清同治五年（1866）逝世于天津。

陈仰瞻

陈仰瞻　（1812-1885），字子赤，又号痴仙、丹林、砚佣、心农、郡库名兆琼，而尤以其绰号陈细怪，闻名于世。蕲州（今蕲春县）株林河豹子山人。父文翼，郡库生，素喜诙谐讽世，时称"大怪"。仰瞻承父风，少小即能吟诗属对，出口成章，且愤世嫉俗，寓庄于雅，誉为"文藻之家"、"滑稽之雄"。陈近四十才取秀才，曾愤作《不进学赋》："学院一出题，众人皆引领。也有半文不识，摇头摆尾；几多一窍不通，捕风捉影。分明夹带满身，反说文章齐颈……从今不习正业，不做功夫，不读且夫若曰，不讲之者也乎。"以示不满清朝科举。

咸丰四年（1854）8月，太平天国于武昌举行乡试，陈应试考中约士（相当于举人），受封师帅，任某王府掌书（秘书）。太平天国失败，潜回故里株林河豹子山新屋塆办起私塾，名"犁耙馆"。陈破除清规戒律，力助穷人子弟上学，特作《犁耙馆赋》，明其办学宗旨，述作严师感受："既可赁居古庙，亦可寄住祠堂；约得赵钱孙李，邀来周吴郑王。满馆牧童，任尔横犁直耙，盈门竖子，由他割麦插秧；不问姓张姓李，只要到馆便教；何须择日择时，不拘那天坐学。过时节，鱼肉汤，你且莫想；逢农忙，应酬事，你要帮忙。犁上来，耙上去，读书末路；学要问，家要管，百事包场。作严师，一戒尺，乒乓直响；布作业，千字文，天地玄黄。讲台前，读子曰诗云，声调朗朗；课堂上，说之乎者也，辞意茫茫。长认锉（方言，意指一半），短认边，字典翻破；鲁为鱼，曾念兽，颜面丢光。悔只悔，往日功夫差火；误自误，当年贪玩逃学。"

陈于乡里教学数十年，因人施教，因陋就简，顺应农时，因事而宜，教为民所想，学为民所用，故所获益者皆贫苦子弟，民皆敬之。后终逝于贫病交加中。然其故事趣词，广为流传，誉为"鄂东阿凡提"。

陈著有《痴仙集》，惜尽毁之。然其事迹、趣闻，广为流传。

英　启

英启　（生卒年不详），汉军镶白旗，沈阳人。进士，官朝议大夫、文渊阁校理升用侍讲、记名御史、翰林院编修。清同治六年

（1867）十月，出任黄州知府，同治十三年（1874）成绩卓异候升，旋任恩科内蔗簾监试官。光绪元年（1875 年）回任黄州知府，至光绪十二年（1886）离任。前后任黄州知府 19 年。

黄州府属河东书院，曾毁于咸丰三年（1853）战乱，同治七年（1868），英启率所属捐资重建。并从当年起，自捐养廉银 250 两，黄冈县知县罗登瀛捐养廉银 450 两，共 700 两。300 两用于山长（即书院主管人）修脯，400 两用于生童膏火费。启并订立章程在案，故中间续任知府牟嗣龙、瞿廷韵（两任不足两年）和续任黄冈知县恒琛、戴昌言，均按原定章程办事，使一方教育得以振兴。

同治八年（1869）夏大水，黄州城间断倒塌。启与八州县知州、知县筹资修补，共修城墙 8 段，长 127 丈，同时修清源、汉川、一字 3 门，并疏通府前明沟、暗沟。

英启于黄州任内，政称廉平，吏安其官，民乐其业，教育亦随之而兴，尊师重教，蔚然成风。于是举修府志。光绪八年（1882）二月设志馆，聘请回籍之刘焯、邓琛为总修，亲自一一审定，至光绪十年（1884）十一月告成，共 40 卷，乃留下清代最后一部《黄州府志》。

周锡恩

周锡恩　（1852～1900），字伯晋，一字荫常，别号是园先生。罗田古羊山麓人，晚年迁居罗田石源河。幼从张之洞学，未成年即考取秀才，深得张赏识。后就学于武昌书院，学业日益精进。清光绪二年（1876）优选贡生列为第一。光绪九年（1883）举进士，授翰林院编修，以其才华甚著，同湖南才子张百熙有"北周南张"之称。于翰林院供职期间，痛感国力衰微、民生凋敝，力主"整治朝纲，振兴国运"，上《变法通议》奏章，提出"运会易而气机更，气机更而治化因，古今之人莫之能违也"；"学有千年不变之道，政无百年不变之法"，引用大量史实，论证其见解。实早于康梁变法

10 年。光绪十四年（1888），以陕西乡试副主考回北京，时大臣多主张将津沽、津浦两条铁路交外国人修建，周力排众议，指出借外债修铁路是下策，交外国人修是下下策。主张筹资自修，并提出实行方案，光绪帝称"留心时务"。光绪十九年（1893），受任浙江省副主考。试前发现主考官受贿舞弊，遂上奏朝廷。被告唆使学生反诬，以是告假回乡。于县城附近老塔山，创办义川书院，推行县学教师俸给制，以减轻学生家长经济负担。后于黄州兴办经古书院，首开义理、考据、经济、词章四项课目，以倡导新学。主张"今日之学，必择前人所未有，后世所不可无者为之"。

光绪二十二年（1896），罗田遭受水灾，周锡恩将家中积谷除留下"十日之粮"，余皆悉数奉出；并向朝廷呈请赈银 2000 两、米 5000 担救济灾民。为防地方官从中克扣、贪污，亲自下乡，查点灾民人数，造具名册，点名发放，却遭地方官忌恨，以其娶族女一事，联名控告。光绪二十六年（1900）二月，终以"专事浮夸，不顾行检"罪名，革职"送交罗田地方官严加管束"。一代绝才，至此悲愤交加，忧郁成疾，同年竟含恨病故于家，享年仅 48 岁。

周著有《传鲁堂文集》6 卷、《传鲁堂初集》3 卷、《传鲁堂诗二集》4 卷、《传鲁堂骈文》3 卷、《易说》1 卷、《书牍》4 卷、《罗田两太史骈体文录》（是书系与罗田潘颐福合刊，由王葆心编刻）1 卷。尚有《使陕记》2 卷、《观生斋随笔》1 卷、《黄州课士录》《黄州府志拾遗》多卷。

陈玉坪

陈玉坪　（1860～1909），字献琛，册名淑钟。蕲州（今蕲春）豁口人，乃蕲州游学日本第一人。清光绪四年（1878），陈玉坪考中秀才，以为"欲明形势，扩见闻，增才干，强种族，非学外国不为功"。光绪二十六年（1900），乃携妻挈子，游历日本近一年，足迹"遍蓬莱瀛州诸岛"，考察日本政治、经济、文化。次年归里，宣传兴办农、工、商等实业学堂，并指出："不讲农工商之学，则中国土虽广，民虽众，终无解于人满之患。"强调"欲尽地利，必先讲化学。养土膏，辨谷种，储肥料，留水泽，引阳光，无一不需化学，故须设农务学堂。"光绪三十年（1904），蕲州创办官立高等小学堂，陈玉坪为清末废科举后首任堂长，罗致德才兼备之士，为学堂教习。一时名闻遐迩，时人称其学堂"人才鳞集"，赞陈"衡鉴高远"。谱载陈玉坪"胸襟洒落，器宇轩昂，尝以智者自命，出入经史子集，旁若无人"，"其视功名如芥"，有图维新以强国富民之志。陈担重任，着先鞭，兴学堂，办实业，欲强国富民，惜乎壮志未酬，病逝于宣统元年（1909）正月。

吴兆泰

吴兆泰 （1851～1910），字星阶，别号弦斋。麻城中馆驿迎河集吴家下份人。幼失双亲，家贫，靠叔父抚养成人。16岁补学宫弟子，22岁取拔贡。乡试时，张之洞主考，张于试场翻阅吴兆泰试卷，当看到吴卷中"半江孤月空悬，鸷音已杳；一世之雄风安在，铜雀全飞"时，破格赞赏，誉为"江楚奇才"。清光绪二年（1876）殿试，赐进士出身，授翰林院编修，后补河南监察御史。吴兆泰为官清正，直言敢谏。光绪十六年（1890），浑河决口，灾情严重，加之列强侵略国土，民族无以生存，而光绪皇帝却庆贺慈禧太后六十寿辰，大兴土木，修建颐和园。吴兆泰当即上疏，奏请停建颐和园。激怒光绪皇帝，于奏折上批示："钓名沽誉，阴止孝思，交六部议决。"得张之洞联络十省总督，上书力保，才幸蒙赦免，革职遣归。光绪十七年（1891），吴兆泰受张之洞聘，主讲荆门龙泉书院。光绪二十一年（1895），主讲湖北经心书院。光绪二十九年（1903），复归荆门。光绪三十三年（1907），调武昌任湖北学务会所议长。次年于武昌兼办官书局，协助张之洞办学。后病逝于武昌官书局。

何自新

何自新（1881～1910），一名见田，字季达，别号醉侠。黄冈县百福寺何家上塆人。少丧父，母邱氏教之甚严。何颖悟过人，读书善自发新解。十余岁，补博士弟子生员。稍长，就学于蕲水何焜阁，受其进步思想影响，立志推翻清朝专制统治，创建民主共和。清光绪二十六年（1900），约同乡熊十力、蕲水王汉等同游武汉，何自新进文华书院任教，结识刘静庵、张难先等思想进步10余位有志之士。光绪三十年（1904）七月，于武昌多宝寺成立武汉地区第一个革命团体——科学补习所，何为文牍。定于同年十月乘那拉氏（慈禧太后）寿期举义。不料事泄，科学补习所破坏。何变卖家产及妻子首饰，为赴日本避难诸同志筹备旅费，何则西上荆湘，入巴蜀，沿途联络同志，继续进行革命活动。光绪三十一年（1905）春回鄂，与刘静庵密定方略：一曰以武昌为据点，二曰提倡民气，三曰运动军队，四曰组织机关。议既定，大集同志。夏，在武昌正卫街高家巷成立日知会，何自新任文书干事，负责起草组织章程、活动计划及宣传资料，声势大震。

何著有《读诗札记》《读史札记》《孔子真相》《孟子真相》《咏史》《人治篇》和《梦游天国记》等30余篇。

光绪三十二年（1906）冬，日知会被破坏，刘静庵等人被捕下狱，何赶回黄冈报讯，旋逃往江西。流亡两年之久，积劳成疾，不得已返回黄冈，带病于家乡白石书院执教，于宣统二年（1910）病逝，年仅29岁。民国元年（1912），熊十力、詹大悲、胡瑛以何自新事请于黎元洪副总统，从祀武昌烈士祠。

余　诚

余诚（1884～1910），亦名仲勉、叔璜，字简斋，又字剑侪，号思父。麻城张家畈人。清光绪二十八年（1902）应县试名列第一，次年应乡试中副贡。光绪三十年（1904）入武昌"科学补习所"，与黄兴创建"华兴会"，以期举事，事泄遭通缉，遂赴日本早稻田大学学习。协助孙中山组建"中国同盟会"，与黄兴、宋教仁、田桐、居正等组织"民报社"，出版《民报》，以此为同盟会机关报。光绪三十一年（1905）应孙中山之命返武汉，筹建"同盟会湖北分会"，发展同盟会员。并至黄冈、麻城倡导改良教育，发动男性剪辫、妇女放足。因劳累过度，心力交瘁，猝发肺病。

光绪三十二年（1906），与刘静庵合办留东预备学堂，亲自执教，课间痛陈时事，声泪俱下，闻者感动。同年秋，萍浏起义，余诚与刘静庵等谋响应，因人告密，刘等遭捕，余亦遭追缉，遂易服潜逃上海，任中国公学干事，集《史记》句，代《神州日报》撰发刊词，为《民报》撰文反击康、梁保皇势力。清两江总督端方悬赏5000元缉捕，余再渡日本，潜心治学，改名诚，字季穆。旋推为同盟会湖北分会会长，同时受约任《河南》杂志主笔。宣统元年（1909）肺病复发，同盟会总部派李四光、陈子静护送回上海就医，医嘱回乡静养。时清当局缉捕甚急，为避耳目，余藏身棺内得返武昌。詹大悲等于抱冰堂举行欢迎会，余于会上讲演《党的主义和政策》。余曾有诗《中秋感怀》，言其革命抱负："巫阳不见灵均死，三楚何人召国魂？漫唱骊歌辞故国，强温浊酒话乡关。满襟清泪落秋晚，万里金风悲夜阑。我亦神州先觉者，忍教饥饿病元元。"次年1月返麻城，二月五日逝世。1919年，国民政府于该县建余诚、屈子厚、周维桢三烈士祠。1982年，麻城县政协、县委统战部为余立墓碑纪念。

屈子厚

屈子厚（1851～1911），字开埏，一名伯厚。麻城宋埠镇屈家巷人。清咸丰时，太平军自河南进入麻城宋埠。屈家为宋埠富户，为避太平军，其父登嵩携家眷往四川，寄居叙州府。其时，荆州何雪圆掌教翠屏书院，江夏彭瑞毓亦寄居叙州府，子厚父视何、彭为湖北大同乡，遂使子厚就学翠屏书院。清同治十二年（1873），子厚因父谢世，随母扶柩还乡。光绪五年（1879）以县试第一为诸生。光绪八年（1882），乡试第三，考入省经心院书肄业。光绪十七年（1891），取入两湖书院。

光绪十五年（1889），屈子厚于两湖书院就读时，与同学甘云鹏、王葆心等组织"质学会"，"兴汉排满，伸张民权"。光绪二十年（1894），中日战争爆发后，以办团练为名，返回麻城，组织有志青年，成立"救国团"，反帝反清。光绪二十四年（1898），唐才常等于日本成立"自立会"，建立"自立军"，遥推屈子厚任干事。光绪二十六年（1900），助唐才常领导"自立军"起事，意在"保全中国自主权，创建新自立国"。拟以汉口为中心，乘北方义和团进入京津，八国联军进入北京，清朝统治力量削弱之机，于长江中下游起事。事泄，唐才常被捕，屈子厚至河南得免。光绪二十九年（1903），回乡创建县学堂，将考棚改为麻城官办小学堂。光绪三十二年（1906），复创建宋埠学堂。同时任劝学所学董。光绪三十四年（1908），屈子厚召集"救国团"旧部，计划与蕲春、罗田会党，共举起义之旗，然遭湖北巡抚陈夔龙侦知缉捕，遂逃异乡，从事教育事业。历任河南第二师范、北京江汉中学、黑龙江绥化府中学监督。宣统三年（1911）春，返回麻城，选为县议长，兼任教育局长，先后于县城与宋埠创办学堂，仍与武汉革命党人常通消息。武昌起义爆发，集合爱国志士，仿制起义旗帜，劝知县张锦云反正，张不从，8月29日，张唆使防营管带刘金堂引兵闯入议会，将屈子厚杀害。后鄂督黎元洪派员将刘金堂逮捕正法，张锦云革职。为纪念屈子厚终身从事革命活动与教育工作，麻城人民为其于歧亭杏花村建烈士祠以祀。

李仕彬

李仕彬（1835～1913），字百之，晚号石叟。英山南河鸡鸣河人。原籍蕲春，后迁居英山。幼家贫，随父读书，8岁能诗文，13岁学八股文、试帖诗，14岁应童子试。太平军起，合家迁鸡鸣河清水塘（现白莲水库淹没区）定居。十余年间，居家苦读，其读书处题额曰"清水草堂"，联云："草屋鸡鸣五更月；清塘鱼跃一声雷。"励志之心可见。同治元年（1862）春，学使贾瑚以"燕语帘龙静"赋题试士，士彬有"落花飞絮之天，画栋雕梁之院，忆可人兮不来，抚孤琴而不倦"句，贾甚赞之。五月，录入州学，同年八月恩科中举人，补辛酉正科。同治四年（1865）进士，选翰林院庶吉士。同年腊月归里，因阻于捻军，家居三年后携眷入京，改官刑部主事，考取军机章京，再补军机章京兼方略馆协修。同治十一年（1872）就安、襄、郧、荆道聘，主讲鹿门书院，曾遍览襄阳胜迹，撰《襄阳县志》7卷。同治十二年（1873）回京，历任刑部安徽司员外郎、刑部四川司郎中，补江南道监察御史。光绪四年（1878），校勘《御制诗文集》及《九朝圣训》。书成，奉旨升四品，旋赏加三品衔，简放陕西乡试副考官。后历任严州、金华、温州、杭州知府。时值严州贫、温州乱，遂主"治严以宽，治温以严"，颇有政声，温、严二州均建生祠并供以长生牌位。去任之日，士女夹道欢送。光绪十三年（1887），奉檄回严州本任，复义塾，察功课，发钱买茧，出易仓谷如初，并亲书联于义塾之门："老守去还来，问诸生犹认须眉否；各区剥当复，不读书如此江山何。"又二年，调补杭州首府知府，清理官吏积欠十余万元，上解省局；整饬考童抢卷、哄堂与乱秩序事，州人公网为"太平考试"。光绪十八年（1892）奔父丧离任，孝满归京。光绪二十一年（1895）出任潮州知府，检阅卷宗，有营兵鸡奸毙命案，前任未敢处理，士彬亲赴犯事处所，勘明实情，正法二名，营伍整肃。光绪二十五年（1899）上书得准归乡，筑

"石我园"于南河，吟咏寄兴。平生著述甚丰，总名《石我集》，作诗700余首，仅存《石我园图咏》一集。临终前自书挽联曰："身还天地万缘了；笔蘸烟霞一笑存。"

何焜阁

何焜阁　（1862～1913），字秉藜，号澥源。蕲水（今浠水县）沈坳人。幼年受业于熊太晶门下，聪颖好学，通诗文，亦善书法。清光绪二十三年（1897）乡试第二名。中举后，即于家乡设帐授徒。光绪三十一年（1905），选送日本弘文书院学习。后殿试授山东直隶州州同（司马）。山东提学使罗正均以何焜阁品学兼优，任何为山东高等师范学校教务长，兼法政学校校监。光绪二十六年（1900），何焜阁于蕲水团陂及黄冈白云山寺设馆时，讲授黄宗羲《原君》时提出："治道，贵振民权，任自由。""纵读时事，导诸生励实行，救国危。"本县人王汉、黄冈人熊十力、何自新，皆出其门下。蕲水创办新学堂，何焜阁为先驱者之一。何焜阁常教育子孙不置田产，兴办纺织手工业。其积累则广置图书、碑帖达万卷，均盖有"养园藏书"红印。题书斋联："卧听松涛坐听雨；静观山色动观云。"何焜阁爱生如子，有弟子胡某不幸早折，何于悼文中曰："太息斯人死，深怜吾道孤。"

何著有《水由地中行》《逻辑学讲义》出版。1913年因病逝于家。其门生高某挽曰："师谓我朴而椽，虽舍学归田，不以老农薄我；我知师儒而佛，纵呼天喊地，那堪筑室哭师。"

陈翼龙

陈翼龙　（1886～1913），亦名意农，字润泉。罗田人。陈翼龙自幼聪明好学，能诗善文。先于故乡入塾，15岁随家迁居安徽广德，不久，曾因辍学至武当山及安徽大河庙出家。其庙僧人，见其聪慧过人，将成国之大器，乃嘱其还俗，助其复学。时废科举，中西之学渐参，学堂奇之，许免学费。后复奔走于湘、鄂、苏、赣诸地，广求救国救民志士。宣统元年（1909），赴上海任《神州日报》记者，鼓吹反满。后得宋教仁之荐，赴日与孙中山、黄兴会晤。归北京后，组建中国社会党，系社会党创始人。曾于北京宣武门外湘阴会馆中设立平民学校，陈翼龙兼校长。该校免收学费。邓颖超之母杨振德（曾用名宝峰、梦醒），曾于该校任教。邓颖超（时名文淑）亦于该校就学。陈翼龙授《讲话》课，邓颖超曾亲聆其教。1981 年邓颖超撰写怀念陈翼龙《读后补志》，称"陈确属革命先驱、烈士，在中国革命史上应略有记之。"

杨守敬

杨守敬 （1839～1915），一名开科、恺，字惺吾，号邻苏，湖北宜都陆城人。其父经商，然守敬厌之，虽应父命照料店务，然每晚手不释卷，精研文字训诂之学。清咸丰七年（1857）参加府试，"五场皆第一"。同治元年（1862）中举人，随后 7 次会试不中，后考取北京景山官学教习。光绪六年（1880）再次落第，遂携眷居上海，"自是绝意科名，专心著述"。其间，或设帐授徒，或收集金石，或撰文刻书，或经理商务。精于历史地理，亦工于书法。因卓有成就，受清廷驻日使节何如璋（字子峨，号璞山，广东大埔人）邀请，渡海赴日本任何氏随员。何卸任后，杨守敬复为新任驻日公使黎庶昌随员。

驻日期间，杨守敬于街市书店中，发现不少中国散佚古书，因无力购置，即以随带汉魏六朝碑版及古钱古印为本，访求搜购。黎庶昌闻知此事，竭力助之，并有刻书之议。后获日本学者森立之《经籍访古志》，遂按目索书，得之八九，尚得书目不载者数百种。所获之书，多属中医古籍，小学类（文字训诂）次之。遂于日本招募刻工，将所获古籍重新校勘刻印，名曰《古逸丛书》，其中多为国内久已失传古书。守敬因善书法，驻日时，日本学者名士如岩谷修、冈千仞和严谷一、六水野疏梅闻而敬之，常往造访学习书法。

光绪十年（1884）回国，出任黄冈教谕，任职多年，重教兴学，颇有建树。时开经济特科，得张之洞、端方合荐，名列第一。光绪十四年（1888），于黄州东坡赤壁辟"邻苏园"藏书。光绪十六年（1890），成都杨寿昌出任黄冈县知县，委杨守敬遴选苏轼法帖，请石工刘宝臣手摹上石，刻成碑石126块，于县署西侧辟"景苏园"，取景仰苏轼之意，将苏书石刻镶嵌于四壁，名《景苏园帖》。今镶于东坡赤壁碑阁四壁。

曾任两湖书院、黄州府河东书院教习及勤成学堂、存古学堂总教长，参与《湖北通志》纂校。晚年任参政院参政。

民国4年杨守敬病逝于家乡。生平著述甚富，主要有《历代舆地图》《水经注图》《水经注疏》《隋书地理志考证》《汉书地理志补校》《辑古地志》《晦明轩稿》《寰宇贞石图》《日本访书志》《邻苏老人手书题跋》行世。

萧际云

萧际云　（1850～1916），字泰峰，号杏南。生于书香世家，幼即颖悟聪慧，7岁能诗。既长，精举子课业为恩贡生。文名噪六安、霍山，时人誉为六安州三才子之一。方伯林之望、刺史刘宗海，皆极为推重。

应乡试不遇，遂绝意功名。开馆讲学，教授生徒，成就甚众。曾于六安巨族晁某家执教13年。尤工于诗词楹联，造诣独到。笔锋犀利，力刺时弊，具朴素唯物主义思想，其作品至今于六安地区诸县与英山一带，仍传颂不衰。有挽某学生联："记同堂三载，诸生问字汝先来，可怜瘦比寒梅，在琴边也，在灯侧也，正虚怀就教，只望芹香桂馥，与人争金榜功名，哪期忽忽辞尘，竟成了春梦半场，昙花一现；再安砚九宫，弱弟登门兄未到，闻道遥归蓬岛，其妻殉之，其父继之．想苦雨酸风，定非艾绿榴红，邀我醉蒲觞光景，所以迟迟不吊，怕听尔白头母哭，黄口儿号。"为母修斋联："听说有天堂，尽吾心聊以报吾本；明知无地狱，从其俗不忍贱其亲。"题木偶戏台联："有几件衣冠，任尔空心充大老；无半点血色，亏它光棍顶人头。"其父亦擅才名，因早年谢世，际云课读、衣食，皆承母教。幼年家境贫寒，晚年家资稍裕，凡地方修桥、补路、兴学、育婴等善举，萧际云无不竭力赞助。与弟庆云（附生）合著《二难集》，未梓，然民间尚有手抄本，广为流传。

姚晋圻

姚晋圻（1857～1916），字彦长，号东安，别号东安先生。罗田大河岸汤河人。姚幼时勤奋好学，不知疲倦，后得名师悉心指教，"于是者生颖发，神诣窥微，往往腾踔于师说之处"。

清光绪十八年（1892）会试取进士，选翰林院庶吉士。光绪二十四年（1898）散馆，改刑部主事。曾参与"戊戌变法"，变法失败，辞官返罗田故里，闭门著述，不涉时政。时张之洞督鄂，于武昌创办两湖书院，慕名五次聘请，始应任史学教习，后改任黄州经古书院院长。光绪二十八年（1902）张奏荐经济特科，不赴。光绪二十九年（1903）后，历任勤成学堂监督、湖北学务处议绅、罗田师范传习所监督、黄州师范学堂监督、存古学堂教务长兼史学总教习、湖北通志局帮总纂、礼事馆顾问官、法律馆谘议官、湖北教育会会长、法学会会长、咨议局议员。中华民国成立，任湖北教育司司长。推行教育改革，提出"才能须应万变，学业岂拘五经"，宣扬教育内容须向科学演变。向学生介绍西欧、日本科学民主思想，增入新课程。亲自选派大批优秀学生出国留学，培养科学教育人才。

姚晋圻执教数十年，治学严谨，且谨厚乐仕，"接来学者千余辈，教成楚材，为时所称"。教学之余，勤于著书立说，于音韵学、词章、考据、训诂等造诣颇深，于农林、曲艺、数学亦有研究，并擅长中医。其主要著作有经部《姚氏尚书》30 篇，《三家书义发微》《春秋备疏》《右公羊春秋类》《礼经杂记》《右三礼类》《经义积微记》《经论》《右群经总义类》等 9 种；史部《汉志矿地记》《历史讲义》等 2 种；子部《西阿校室学事记》《东安日程》《姚氏家俗记》《农书》《右术数家》《九宫随释》等 6 种；集部《达雅堂文集》《西阿诗类》《家书》等 3 种，尚有《姚氏家传》《兴则记》《卖药记》《日记》《人格说》《小学教育法》等多种。1916 年病故。黎元洪以其"学术精通，道德纯备"，明令国史馆为其立传。邑人王葆心将其部分遗稿，辑为《东安遗书》及《罗田两太史骈文钞》（另一为周锡恩），并撰有《姚东安先生六十岁行状》。

月　霞

月霞（1858～1918），俗姓胡，原名显珠，字以行。黄冈和平贺桥（今属新洲）人。幼习儒，感于社会变乱，又因科举失利，于清光绪四年（1878）辞亲往南京大钟寺，礼禅定大师，求度出家。后复参学于金山、高旻等名刹，习上乘 6 年，为天宁寺冶开清溶和尚法嗣。曾往南京赤山，亲近法忍长老。先后研究天台宗、华严宗教义，于杜顺大师法界观、贤首大师《华严疏钞》等典籍均有契悟，遂以"教弘贤首、禅继南宗"为己任。

光绪十九年（1893）始，往来于汉阳归元寺、山西五台山、安徽九华山翠峰寺、汉口九莲寺讲授《楞枷经》《华严经》《法华经》《楞伽观记》《楞摩经》《维摩经》，亦受安徽省尚志学校之请，讲授《唯识论》全部。其道行德化，深为大江南北人士所称道。此间，曾应邀至日本设佛学研究社，宣讲《楞枷》等经论。至印度、暹罗（今泰国）、缅甸、锡兰（今斯里兰卡）考察圣迹，搜集遗经。光绪三十二年（1906），应日本佛学会之请，往讲《楞伽》等经论。宣统元年至二年，于安徽尚志学校药王殿与汉口九莲寺，讲《唯识论》《维摩经》。其道德行化，深为江南人称颂。宣统三年（1911），于南京创办僧立师范学堂。民国元年（1912），于上海哈同花园开办华严大学，后迁安徽九华山翠峰寺，遂使该寺成为一大丛林。寺内就读僧众32名，教授（师）僧有普仁、世灯、印魁等。教学除讲《华严经》，月霞尚亲自主讲《楞伽经》《大乘起信论》，培养众多僧伽人才。其中成为近代高僧者有心坚和尚（1927年任九华山佛教会长）、虚云和尚（1952年任中国佛教协会名誉会长）。后人赞翠峰寺华严大学，言"自明清以来，未有讲华严如此其久者，其道行之高，可想见矣"。月霞主讲翠峰华严大学，翠峰因而复兴，其周围寺院亦得而兴之，为当时佛教界朝山求学者必到之处。

民国4年（1915）8月，月霞至北京江西会馆讲《华严经》，借"欲念"一节发挥："万事起于欲，亦败于欲。旷观世界历史人物，作小官者欲为大官，作大官者欲为宰相，作宰相者欲为皇帝。既作皇帝，又欲长生不老，求仙寻佛，以符其万万岁之尊，皆'欲念'二字之误也。"顿时全场轰动。时听众中有袁世凯之子及僚佐，以"藉口说法，讥诋当今"，欲予逮捕，终以其望重而未敢妄动。月霞兴学、讲经、宏法30余年，讲解大小经论百余部，毕生精勤不倦，晚年编有《维摩经讲义》《法界法源》等疏论。1917年，受湖北教育会邀请，讲《大乘起信论》全部。旋至馨山讲《法华》及《一乘教义章》。因积劳过甚，胃病复发，遂率弟子去西湖玉泉寺养病。1918年1月12日入寂。

汤化龙

汤化龙（1874～1918），字济武。蕲水（今浠水县）汪岗人。累世经商，家境富裕。清光绪十八年（1892）县试第一。光绪二十三年（1897）肄业于黄州经古书院。光绪二十八年（1902）秋，乡试中举人，光绪三十年（1904）中进士，授刑部主事，后任山西大学堂国文教习。次年自请留学日本法政大学，组织留日教育学会，出版《教育杂志》。历任湖北咨议局局长、民国鄂军政府政事部长、临时参议院副议长、第一届国会众议院议长、教育部总长、内政部总长等职。汤喜读书，善识拔人才，初任众议院议长时，孙洪伊荐李大钊，汤惊服其才华，任李大钊为众议院秘书兼《天民报》主笔。不久，复资助李大钊及南天籁等人赴日留学。李大钊归国后，又任李大钊为《晨报》总编辑。汤化龙尤其关怀湖北青年，曾发动北京大专院校湖北籍学生卢蔚乾、彭伯勋、罗贡华、邓翔海等组织"湖北旅京学会"，出版《楚宝》杂志，亲为该刊题封面，写发刊词。对其他青年学生，亦优礼相加，乐与接谈。

田又青

田又青　（1854～1919），名士莲，号又青。蕲春县田家河人。幼时家境贫寒，然以天资颖悟，学业优秀，选入蕲州文庙为佾生（乐舞生）。光绪五年（1879年）才以佾生参加湖北学政臧济臣院试，考中秀才。后入蕲州麟山书院肄业，知州封蔚礽两度拔为第一。光绪三十一年（1905）为附贡。

田又青为人秉性耿介，淡泊名利。先后于蕲春竹瓦宋垄、罐儿垴、彭祖村、田家河大王庙诸地设帐授徒40年，教子弟以千计。田又青学识渊博，熟稔经史，留心时务，喜好新学，故慕名负笈求学者络绎不绝。田又青执教乡邑，素以怜才济贫著称。洪九云家贫辍学，田惜其才，收为弟子，供给膳食七载。洪九云于州、府试屡列前茅，后赴南洋入同盟会，协助田桐办报，为南洋泗滨日报副编辑，鼓吹革命。田又青极力支持子女投入反清革命活动。光绪三十一年（1905），其长子田桐于日本编辑出版《亡国惨记》，触怒清廷，与同志等18人逮捕入狱时，田又青书联赞曰："焦桐（指田桐）名气传天下；文梓（田桐号梓琴）奇才压海东。"田又青弟子众多。辛亥首义革命党人田桐、田桓（又青次子）、广济居正、蕲春陈乾，皆为其高足。阳新石瑛、广济伍秉初（留日）、蕲春张九维（留德）、詹一卿（留日）、广济陈韬及朱嘉尉（留日）、陈晓三、朱义莆、田静山，皆为田门弟子中佼佼者。田著有《拙园诗草》。

1919 年，田又青逝世，葬蕲春田家河。

匡 一

匡一 （1876～1920），字范回，号云观，亦号群观。原名孙纪，民国 2 年（1913）因避袁世凯搜捕，改名匡一。罗田匡河人。匡一幼从父研习儒家经典，后以优异成绩考入湖北经心书院。匡一关心国家大事，素有改造社会之志。清光绪三十年（1904），瞒双亲，私取盘费，东渡日本，考入东京法政大学。留学期间，以品学兼优举为东京中国留日学生会会长，并因此结识孙中山，成为至交。1907 年，获法政学士学位。归国后，任北京大清总银行法律教员，黑龙江省高级审判厅推事，暗中建立同盟会黑龙江支部。

1912 年，匡一任直隶省检察厅厅长。次年，随孙中山讨袁。1917 年重返北京，历任北京政法大学校长、北洋大学教授、天津律师会会长等职。匡一著作甚丰，有《民法通论》《法政汇编》等，均受到国内外学术界称誉，同乡王葆心称匡一"群观沉静优雅"。匡一亦擅长书法金石，造诣颇深。1920 年 7 月，因身患重病恶化，不久病故。孙中山亲撰挽联，以示哀悼。

李卓侯

李卓侯 （?～1923），字康爵。黄冈县回龙山镇香炉山人。祖为蒙古族人，清迁于黄冈。父库里，熟通汉文，于当地开设私塾，教授蒙童，名噪乡里。卓侯幼随父读书，成绩优异，为清末秀才。及长，承继父业，奔走乡里，兴学育人，致力于发展地方教育，精勤不倦，为清末民国初黄冈富有盛名塾师。

李卓侯于回龙山镇新庙设矍馆，后改为新庙学堂。清宣统三年（1911），以新庙学堂为基础，创办黄州私立高等小学堂。1912 年改为东乡小学，任校长，设班 10 个，学生 160 余名。1917 年，复于家乡创办回龙山高等小学校，广招贫民子弟，为黄冈县清末民国初兴办新学带头人。1921 年，奉令于原黄州府中学堂旧址，创办黄冈县立初级中学，任校长。为黄冈县开办县立普通中学之始。首期招生40 人。1923 年，该校改为湖北省立第六中学。李卓侯以经邦济世为之己任，治学严谨，诲人不倦，言传身教，深受同仁、弟子敬重。弟子王亚南，"林氏三兄弟"（林育南、林育英、林育蓉），其子李四光，均得其启蒙，受其教诲。

清末，入同盟会，孙中山、黄兴等人曾多次与李卓侯会见。与黄冈革命党人吴贡三、殷子衡交往甚密，并为其修改所编反清文稿，宣传革命。

卓侯娶妻龚氏，生有四子二女：子伯涵、仲揆（四光）、叔和、季澎，女希白、希贤。其二子四光，后东渡日本求学，有志地质科学，为我国现代地球科学及地质工作奠基人，中国地质学会创始人之一。

吴文芳

吴文芳　（1837～1924），女，字宜卿，晚号慕陶女士。广济（今武穴市）梅川人。父朗基，曾于外地任县丞。吴文芳幼时，聪颖好学，稍长，至外祖母家专习诗书。丈夫邓永炎早逝，38 岁即孀居，故有诗"一曲离鸾成惨唱，三番养鹤仅孤延"（吴文芳《八十自寿之一》）。又逢长子、三子夭逝，仅存次子邓少甫。吴不畏清贫，教子习礼，德才兼备，名播乡邑。

清光绪三十年（1904），蕲州兴办北门两等女子小学堂，因吴文芳德才早闻名乡里，知州陈介庵（陈树屏）特聘吴为该学堂堂长。废科举后，吴文芳为蕲春女校长之先。吴文芳任堂长时，年届 67岁，曾于《八十自寿之三》中写道："北门女塾启先声，九十裙衩列队迎。"确为该校实貌。其时，该校"以养成女子之德操与必须之知识技能，并留意使身体发育"为宗旨，共招女生初等、高等两个班，90余人。初等班设有修身、国文、算术、女红、体操、图画等课程。随意科设音乐课。每周授课28至30学时。

吴文芳辞职归里后，创办曲溪学校，并聘名士来校任教。因设外语课，人称"洋学"。因慕名求学者日增，开明之家多送女入学，遂聘女教师设专班教学。光绪末年，女子掌校者罕见，且文芳办校有方，故一时成为新闻人物，众口交赞。蕲阳士绅纷纷为其筹措办学经费，故曲溪学校准贫寒子女免费入学。

刘子通

刘子通 （1883～1924），原名子栋，又名通。黄冈县路口镇（今属团风县）刘家塆人。为清末民国初黄冈县四杰（吴昆、熊十力、李四光）之一。清光绪三十一年（1905）赴日本留学，首批加入同盟会。光绪三十四年（1908）毕业归国，就职成都铁道学堂教习，为"学运"领袖。宣统二年（1910）十月，因组织学生请愿，遭四川总督赵尔巽通缉，遂化装潜回湖北。次年，参加武昌首义，受鄂军政府之命，回黄州招抚，组建"鄂东军政支部"，出任政务科长兼交际。后因革命成果为袁世凯篡夺，思想郁闷，于1917年弃职，赴河南教育厅供职，试图"教育救国"。

1918年，刘子通复返武汉，先后于湖北省立第一师范、中华大学、武汉中学任教。同董必武、陈潭秋、恽代英等交往日密。1921年3月，入武汉马克思学说研究会，8月加入中国共产党，与黄负生等创办《武汉星期评论》。同年秋，受聘为湖北女子师范学校教员，破除女师学生只习文言文旧习，率先以白话文授课，向学生讲解俄国十月革命及妇女解放，复与陈潭秋、黄负生于校发展党、团组织，发起妇女读书会，组织阅读《共产党宣言》与《新青年》。12月于《武汉星期评论》发表《我们应有最低限度的三种觉悟》《改良湖北教育意见书》等文章，倡导改造社会、革新教育，推动女师学潮。

徐全直、钱瑛、夏之栩等，均得其培养，成为妇女运动骨干。

女师校长王式玉视"学潮"如"洪水猛兽"，视学生闹事皆刘子通等人煽动所为，诬刘与学生进步要求为"过激行动"。刘子通愤起驳斥。王式玉恼羞成怒，于1922年2月，以宣传"赤化"、"煽动学潮"将刘子通解聘。此事激怒学生，学潮愈演愈烈，罢课长达5月之久。王式玉又勾结省教育厅上书湖北督军萧耀南，悬榜通缉刘子通，遂迫而北上，经李大钊举荐，于北京教育部谋事栖身。1923年，因病返黄冈老家医治，次年3月逝世。

胡祖铨

胡祖铨　（1864～1925），字肖衡。蕲水（今浠水县）关口人。幼年勤奋学习，为清廪生。科举废，胡祖铨入两湖优级师范学堂学习。毕业后，历任蕲水县小学堂、黄州府中学堂教习。后升任黄州府视学员，往来诸县，倡导办学。辛亥武昌起义后，曾返乡筹办蕲水县立蚕桑学堂。

1915年，胡祖铨入京任教育部主事，办事勤谨，乐与雇员、工役亲近。其时，汤化龙任教育总长。胡祖铨为教育部主事，汤曾亲书联赠胡，联云："惟有交情筹金石；想当逸气吐江湖。"后汤化龙于加拿大遭刺，胡祖铨挽以联云："异域大招难着笔；士风何处寄哀思。"足见汤、胡二人交谊深笃。

1919年，教育部司长路孝植调任湖北教育厅长，约胡祖铨回鄂任该厅科长。1921年，任湖北省长公署秘书，主管教育文案，创立湖北教育研究会，任会长。1922年，受省教育厅委托，于武昌西卷棚试院旧址，新建完全小学，命名湖北省第一小学，兼任校长，倡导新式教学法。胡收藏书报甚广，虽早负名望，仍自视不足。凡有学问者，胡不论长幼，虚心求教；遇贫苦青年学生，常解囊相助。1925年冬病逝。

王幼安

王幼安 （1896～1928），一名宏文。麻城乘马岗项家冲人。1918 年，考入湖北省立第一师范，1921 年，在湖北省第一师范读书时，经董必武、陈潭秋培养教育，积极投入学生运动，参加反帝反封建斗争。1922 年，加入中国共产党。1923 年春，毕业返回麻城，任县立高等小学国文教员。同时，秘密组织"马克思主义研究小组"，组织青年阅读《新青年》《湘江评论》等进步刊物，组织青年探讨救国途径。一星期日上午，李培文、王树声等同学群击教徒，大闹教堂。时学校令开除李培文、王树声学籍，王幼安挺身而出，发动学生罢课，迫使学校取消开除李、王学籍决定。

1925 年初，王幼安离开麻城，曾于应城法院作短期职员，随后至武昌省立第五小学任教。此间，王幼安自编教材，激发学生爱国热情，其中有儿歌："高丽国，硫球岛，与台湾，地不小。可怜都被日本并吞了！民危急，国飘摇。帝国列强又对我国提出灭国条。无公理，无人道。好山河，葬送掉。同胞呀，快快起来把国保。"民间流传甚广，影响亦远。1926 年，遵上级指示，以个人身份加入国民党。次年，受命作为国民党湖北省党部特派员返回故乡，兼任麻城县教育局长。中共麻城县委成立，王幼安任委员。改组县教育局时，王幼安采取统考教师，筹集经费等措施，将共产党员、共青团员安置学校领导岗位，将一大批革命知识分子补入教师队伍，如王树声，当时即派至乘马岗小学任校长。为适应革命需要，王幼安尚于麻城考棚举办农民运动训练班，培训区、乡农协骨干 300 余人。严明望受训后，回顺河北风咀创办青年俱乐部，学文化，学军事，先后有300 余名青年农民，入俱乐部学习。这批青年后来大都参加"黄麻起义"战斗。祝世菊受训后，回顺河料马岗积极组织农民协会，开展革命斗争。

王幼安任教育局长期间，正值"黄麻起义"前夜，极需武器。

王幼安凭借上层关系，从国民党军中购买一批枪支弹药，由农民自卫队员以卖柴为名，由北门出城，致农民自卫军得以顺利获取。

1927年12月8日，王幼安复于宋埠国民党驻军中购买一批枪支弹药，为保安全，将军火装入棺材搬运。正待起程，不幸被捕。狱中王受尽酷刑，仍坚贞不屈，写诗百余首，有："马列思潮沁脑骸，军阀凶恶攫我来。世界工农全秉政，甘心直上断头台。"1928年2月就义。

田　桐

田桐　（1879～1930），字梓琴，号玄玄居士、江介散人。蕲春县田家河人。祖父琼林公，好侠行义，名闻遐迩。父士莲，号又青，通经史，高才而不仕，以诸生教授乡里，历40年，学生数百人，多为当时新学派，内有不少同盟会员。桐自幼天资聪颖，英俊不凡，神采外溢。承父教，受新学影响，鄙弃八股文。稍长，愈勤奋攻读，举凡经史百家，及唐宋以来名家文集，无不兼综博览，通其旨趣，为文下笔即成，立意新奇，人皆叹服，故深得祖父琼林公抚爱。后只身就读于白鹿门书院。清光绪二十七年（1901），补州学生，同年考入武昌文普通中学堂。目睹清廷丧权辱国，与同学宋教仁共倡反满革命。光绪二十九年（1903）冬，因于考卷中鼓吹革命，清巡抚端方以"大逆不道"责令"从严惩办"。时该校校监为纪巨维（纪晓岚之远孙），素爱其才，暗示先期离校，得以幸免。光绪三十年（1904）与吕大森、刘静庵等组织"科学补习所"。旋赴日本留学，与宋教仁、刘公、白逾桓等创办《二十世纪之支那》杂志。次年，迎孙中山至东京，参与发起成立中国同盟会，举为评议会评议员、书记处书记，负责会内机要，佐孙中山办理文书。并与黄兴等集资，将《二十世纪之支那》扩充为同盟会机关报《民报》，曾以"恨海"笔名在《民报》著文抨击国内时政，宣传革命。与广济居正、黄冈吴昆、京山白逾桓同称为日本东京同盟会"鄂籍四杰"。光绪三十三年（1907），奉孙中山命，至新加坡主持《中兴日报》，与当地保皇党机关报《南洋总汇报》笔战经年。次年，应荷属侨商之邀，至泗水创办《泗滨日报》，兴办学校，深得侨界尊敬。后因披露荷兰殖民者虐待华侨罪行，被强令离境。宣统元年（1909 年）潜回北京，创办《国光新闻》报，"倡导民权立宪"；密与景定成、井勿幕等联络北方革命志士以备起事。

宣统三年（1911）10 月武昌起义，经上海至武昌，助黄兴守汉阳，黄兴赞誉为"智计亦大过人"。孙中山自国外归来后，受黄兴委派，与时功玖代表武汉同盟会员前往上海欢迎。1912 年 1 月，任中华民国临时政府内务部参事、参议院议员。1913 年选为众议院议员。议会发言，未及三句，即拍案而起，人称"田三句"。同年 7 月"二次革命"开始后，与张汇滔赴安徽举兵讨袁。失败后流亡日本，参与筹组中华革命党，任该党湖北支部长。袁世凯称帝，与居正以国会议员名义通电反对。曾多次出席留日各界反对帝制大会，发表演说。

1915 年底，任中华革命军湖北总司令，回鄂起兵讨袁。次年 6 月袁世凯卒，8 月国会恢复，田桐去北京，同马君武等集部分议员组织"丙辰俱乐部"，反对段祺瑞内阁。1917 年 6 月，国会再度解散，乃南下护法。1920 年 11 月，任中国国民党广州特设办事处党务科主任、韶关大本营宣传处长，协助孙中山从事党务。后因反对孙中山联俄、联共、扶助农工三大政策，辞去诸职，复走上海，曾与章太炎、居正等联合发表"护党救国公函"，公开与孙中山对抗。同时发表《社会主义华北论》，对社会主义大加攻击。

北伐战争开始，蒋介石、谭延闿联名函召田桐南下，委以江汉宣抚使兼湖北省政府委员。为配合北伐军事行动，时孙传芳以江永轮船运载枪械弹药，田桐募人将其轮船炸毁。"四·一二"政变后，避走山西五台山。1928 年复至上海，以生平研究所得，著《太平策》，举史论今，直陈时弊，为历朝兴亡之警策。书成，于其主办《太平杂志》中分期刊出。蒋介石先后任命其为国民政府委员、立法院委员、中央党史史料编纂，皆不就。1929 年春，参加居正等人组织反蒋同盟。

田桐有译著《闲话》，为辛亥革命实录。尚有《玄玄遗者》《亡国惨记》《扶桑诗话》《诗文集》。早期著作有《人生问题》。

1930 年 7 月 2 日，病逝于上海寓所，墓在武昌洪山。

陈文哲

陈文哲 （1875～1931），字象明。广济（今武穴市）人。清光绪二十六年（1900）公费留日，入东京高等师范学校学习理化。其间，撰有《物理学》《化学》《矿物学》等教科书译著，传入国内新学堂作教科书，备受欢迎。陈文哲尚以所获稿酬，资助自费留日鄂籍学生。光绪三十一年（1905）归国。后奉令于武昌创办省立优级师范理化专修学堂，亦称两湖理化专修学堂。陈文哲任堂长。所授课程有数学、英语、教育学、体育、物理、化学等。其中数学、英语、教育学、体育等课教学，由本国教员担任。理化课教学，由日籍教师担任。为充实理化教学设备，陈文哲亲赴日本东京（1908 年暑假），订购物理化学仪器及药品。宣统元年（1909），陈文哲奉调至北京，任清学部员外郎，兼北京图书馆行走，主管图书审定。民国期间，任教育部图书编辑处主任，编著出版《有机化学命名草案》。1927 年辞职返乡，捐课田 320 担，兴办永西小学。1929 年受聘任湖北省教育厅官书处主任。1931 年逝于任所。

林育南

林育南 （1898～1931），号湘浦，笔名相拂、林根。黄冈县回龙山林家大湾人。1915 年进武昌中华大学附中，1917 年 10 月加入革命团体互助社（由恽代英组织）。1919 年与同学于中华大学发起组织新声社，出版刊物《新声》。五四运动爆发，与恽代英等组织并领导武汉罢课、罢市斗争。6月，受武汉学联委托，前往上海参加全国学生联合会工作。旋返黄冈，于八斗湾筹办浚新小学。次年春，与恽代英等于武昌创办利群书社，成立利群毛巾厂。同年考入北京医学专科学校，其间常去北京大学，与北京共产党组织成员研读马克思著作。1921年，与恽代英等20余位青年，于黄冈浚新小学发起组织共存社，加入中国共产党。10月，为中国劳动组合书记部武汉分部成员，后为主任，与施洋等领导粤汉铁路工人罢工。还相继领导汉口人力车工人反抗"洋资本家"加租斗争、汉阳钢铁厂大罢工及著名京汉铁路工人"二七"大罢工。"二七"惨案后，林育南曾被悬赏通缉。期间，于1922年初，出席莫斯科远东各国共产党与民族革命团体第一次代表大会。随后主持中共武汉区委工作，筹建武汉工团联合会，总理会务。1923年，参与组织并领导京汉铁路工人大罢工，起草罢工宣言和文告。同年出席中共"三大"，后为团中央委员、组织部部长。

1924年，国共两党统一战线建立，林育南任国民党汉口执行部青年部长、《中国青年》主编。1925年，参加领导五卅运动，于上海总工会负责宣传工作。次年夏，去广州出席第三次全国劳动大会，返武汉与刘少奇等领导湖北工人运动。1927年任湖北省总工会宣传部主任，开办工人运动训练班，设立工农通讯社，出版《工人导报》《工人画报》等，并与刘少奇、李立三等领导收回汉口英租界斗争。同年4月当选为中央候补委员，后当选中华全国总工会秘书长。大革命失败后，任中共湖北省委宣传部长。参加"八七"会议后，领导湖北秋收暴动。1928年春奉命调至上海，先后任第五次全国劳动大会秘书长、全国苏维埃准备委员会秘书长。与王明推行"左"倾冒险主义错误进行斗争，受到迫害。因叛徒出卖，1931年1月7日，于上海东方旅社被捕，2月7日于上海龙华就义。

林育南著述极富，惜多散佚，现存《施洋烈士传》《林祥谦烈士小传》。有《龟蛇吟》（作于1923年）诗，载于《黄冈县革命史资料》。诗曰："龟蛇古灵物，向如俗所称。龟灼卜先知，蛇起兆战争。我来江汉游，教我与君邻。朝上抱冰堂，暮宿紫阳亭。邦国亦忝瘁，贫困辱苍生。哀鸿满国泽，郑侠实怆神。视天若梦梦，龟蛇何错沉。谁知超群力，于今竟无闻。念兹将去汝，适彼海之垠。"

钟图南

钟图南　（1862～1932），号鹏程。黄冈县白衣钟家塆人。清末秀才，毕生献身于教育，为武昌胭脂山启黄中学创始人之一。曾于湖北省文普通中学、武普通中学、省甲种工业、省男师、省女师等学校任教多年。后于中华大学教文字学。著有《文字溯源》《文字循序》及《文字声序》等。暮年返黄冈故里，于钟氏祠办族学，深为乡里尊敬。

1931年，长江暴发洪水，沿岸受灾，白衣尤重。钟图南以湖北省救济院院长身份，四出求援于其为官学生，将募捐钱财购回大米一船，为家乡灾民发赈。修复堤防时，原拟大堤在白衣笔直走向，需压农民好地80余亩，钟图南建议："宁可压我之地，不能压农民之地，因为他们是靠地为生。"后大堤绕过钟家塆，只压钟家仅有数亩好地。此事于白衣、堵城一带，有口皆碑。

钟图南有得意门生李四光。1936年李四光自英国讲学归国，专程至钟家塆看望先生，然钟早于1932年逝世。

熊竹生

熊竹生　（1862-1935），字受虚，号守愚、拙翁。黄梅县柴培塘人。清末贡生，民国时期曾任县劝学所所长，为黄梅闻名塾师。有民族气节，德高望重。与李竹如、邢竹坪合称黄梅教坛"三竹"。熊平生酷爱古诗文，厌弃功名利禄，尤其注重培养后学。待贫苦子弟，尤为同情、关怀。凡家贫而不能上学者，熊竹生皆免费收入塾中，耐心教读。革命烈士邓雅声、张亚良、陈应芬皆为熊竹生得意学生。邓雅声学识渊博，对熊氏教诲终生不忘，牺牲前于狱中尚有《致熊竹生夫子书》。书中提到："当雅声致书尊前之日，即在汉口命毕之时。大人素钟爱我，得此惨耗，一定惊倒！……雅声本婺人子耳，年少丧父，其能粗识之无，略解文艺者，皆大人之赐也。雅声每念高厚，未尝不感激涕零也。"

熊竹生富学而工于诗，其诗歌充满热爱劳动人民、憎恶反动统治之情。熊长啸悲歌，词情激烈，抨击敝政："卖儿鬻妇休延缓，莫误新皇即位期。"著有《养拙园诗抄》四卷、《养拙园文集》数卷存世。新修《黄梅县志》载有《无题》（三首，并序）："乙卯、丙辰（1915～1916年）国债多有派及贫民，今春积雨经旬，人有乏食者。时方筹备大典，严电催缴捐款。感而作此。（一）泥沙挥尽壑难填，飞电严催国债捐。堪叹茅檐三月雨，人家多半未炊烟。（二）国体而今易转移，托言民意语多欺。卖儿鬻妇休延绥，莫误新皇即位时。（三）组织共和甫数春，勋章到手佩来新。英雄惯把乾坤造，又作筹安会上人。"尚载有《感怀即柬治湖》诗："长啸悲歌百感攒，地炉火尽酒瓶干。鸡豚有税民膏竭，草木无声血战寒。国体变迁如戏局，人情奇幻起狂澜。雄心老去犹闲气，还把吴钩怒眼看。"

黄 侃

黄侃 （1886～1935），字季刚，又字季子、季康，号运甓、量守居士。蕲州（今蕲春县）青石岭黄大樟树人。云鹄之子。侃生于成都，早慧，4岁就读，5岁随父归里，13岁丧父。清光绪二十六年（1900）中秀才，光绪二十九年（1903）考入武昌文普通中学堂，与同学田桐、董用威（董必武）、宋教仁等议论时政，畅谈革命。后因讥讽学监李贡三不学无术，被学堂除名。光绪三十一年（1905），湖广总督张之洞以"故人子"，资助官费留学日本早稻田大学。同年入中国同盟会。时章太炎于日本举办国学讲习会，主持《民报》，侃入室执弟子礼。先后为《民报》撰文宣传反清民主革命，为此官费留学待遇取消。光绪三十四年（1908）春，黄母病笃，回国归里侍疾。适光绪帝与慈禧太后先后暴卒，蕲州高等小学堂举行"哭灵式"，学生田桓不跪，堂长杨子绪悬虎头牌开除。黄侃闻其事，立奔学堂，砸碎虎头牌，大骂杨子绪，迫使杨收回开除田桓之成命。后田桓带头剪发，又为杨悬牌记其大过，侃再次砸碎虎头牌，持杖冲进堂长室，声称要打死杨，杨避人床下。11月黄母丧，营葬方毕，而捕役至门，乃复走日本。宣统二年（1910）秋，湖北革命党人函促侃回国共举大事。回国后即返蕲州，联络、改造"孝义会"，组织反清活动。次年初，黄侃于武汉参加"共进会"与"文学社"，并为"文学社"审定社章。同年春，北上河南豫河中学堂任教，因宣传革命，不及半年而解职。7月返汉，《大江报》主笔詹大悲设宴接风，酒酣，应请为写时评《大乱者救中国之妙药也》。报刊出，江汉震动，清当局封报，詹大悲与副主笔何海鸣逮捕下狱。武昌首义，汉口光复，詹、何出狱，黄侃随詹大悲参加汉口军政分府工作。时清军南下反扑，民军力单不支。侃乃返蕲，一呼而得"孝义会"会众3000余人，拟联络诸县会党北上捣清军之背，以解武汉之危。不料尚未成军，遭清田家镇水师"围剿"，会众四散，侃遂出走上海。

民国建立，黄侃于上海主办《民声日报》。袁世凯窃国后，国事日非，黄于前途渐感失望，由激进而渐趋消极。1913年冬，直隶都督赵秉钧慕名邀请至津，委以秘书长职。方两月，引退迁居上海，潜心学术研究。1914年秋，应聘为北京大学教授。当年，袁世凯幽禁章太炎，侃至禁室与章同住，以示抗议。袁以嘉禾勋章一枚、银元3000元，诱其写《劝进书》，黄侃严辞拒之，将勋章系于猫颈。其师刘师培借研究学术之名，邀请学术界知名人士开会，动员拥袁称帝，黄侃愤然相斥退会，与会者亦随散之。1919年后，相继执教于武昌高等师范学校、武昌中华大学、北京大学、东北大学、南京中央大学，讲授词章、训诂及经史之学，前后凡22年。其间，爱国之情一如既往。"九一八"事变发生，侃拍案而作《勉国人歌》："四百兆人宁斗而死兮，不忍见华夏之为墟。"号召举国民众，奋起御敌。

黄为人豪放，自视甚高，爱使酒骂座，于权贵尤多讥弹。不善积蓄，得钱随付酒家、书坊，故常处窘境，积债无以偿。然治学严谨，以愚自处，主张为学务精，刻苦为人，殷勤传学。常以"惟以观天下书未遍，不得妄下雌黄"，发愿50岁后方著书。终生师事章太炎不稍懈；与刘师培虽政见不合，且与齐名，然以经学不及，亦虚心求教，以弟子自称。所治文字、声韵、训诂之学，远绍汉唐，近承乾嘉，多所创见，自成一家。其文字学强调形、音、义相结合，以音为线索，寻求字之"统纪"；于音韵学，据古音而作出切合当时言语实际而分类；成就尤著者，推《训诂学讲词》，为早期训诂学教材，由是建立训诂学理论体系，为新训诂学开拓者；于经学、哲学、文学、史学诸方面造诣亦深，奉为"国学大师"。其学术影响及于国外，世称"章黄之学"。

1935年"重九"，感伤国事，饮酒赋诗，致胃出血，卧床2日不起，临终犹问家人："河北近况如何？"时年仅50岁。

黄侃著述，据武汉大学黄焯教授所录，计有：《礼学略说》《黄侃论学杂著》（包括说文略说、声韵略说、音略、声韵通例、示雅略说、蕲春话、汉唐玄学论等十九种）、《文心雕龙札记》《集韵声类表》《日知录校记》《尔雅正名评》《尔雅音训》三卷、《繍秋华室第一集》《说文同文》二卷、《字通》一卷、《说文新附考原》四卷、《文字声韵训诂笔记》《经传释词笺识》《文学记微》《中国文学概谈》《十三经》（白文本）、《说文笺识》八册、《尔雅郝疏笺识》八册（手校本）、《广韵笺识》《古韵谱稿》《音学九种》《手写尔雅声类表》《手写方言声类表》等二十种，《字正初编》《切韵表》《手写诗经序传笺略例》《文选评点》等四种，《咏怀诗补注》《诗品讲疏》《唐七言诗式》《李义山诗偶评》《桥秀庵诗抄》《云悲海思庐诗歌抄》《繍秋华室诗钞》《北征集》《石榜集》《量守庐诗抄》等古今体诗共千余首，《繍秋华词》三百余首，《量守庐文录》（包括论著、叙跋、辞赋诸类四百首）。此外，有由黄侃笺识《广雅疏注拟校本》

《手圈唐文粹》《圈点汉四史残本》等，尚有日记等多种。

陈逵九

陈逵九　（1857～1936），一名鸿翼。黄安县（今红安县）上新集桥店谭家田塆人。幼年，随父金波于黄陂北乡白衣庵学馆读书。亦随叔父德珍于本村读私塾。陈逵九天资聪颖，强于记忆，酷爱读书，尤喜写字。青年时期，凡所获诸家法帖，皆临池苦练，尤耽米芾草书。日久，书法技艺渐精。家中穷困时，陈卖字以应急需，亦常给人书写对联、中堂，时乡间流传"黄安有个字案首，家家挂有陈逵九"之语。中年中举，录进清廷，历任军机处员外郎、军机章京、礼部主事等职。居北京时，捐款修建"黄安会馆"，以便乡人赴京读书、殿试。八国联军入侵中国后，陈逵九弃职还乡。

清光绪三十一年（1905），任黄安县高等小学堂堂长。宣统二年（1910年），任黄州府中学监督，后聘董用威（董必武）为英文及国文教员。1912年，任启黄中学校长。时招生2班，100余人。注重道德教育，开设修身、国文、外国语、历史、地理、数学、博物、理化、图画、手工、音乐、体操等课程。

1915年，董必武因参与反袁护国运动，黄安县知事逮其入狱，陈逵九得知后，迅即返回黄安，将董必武保释。后，陈得友人举荐，至河南省叶县任知事6年。时河南省长田文烈，为扩充本人势力，送陈一"乐只君子"匾额，陈不愿卷入派系之争，遂辞职归里。1931年，于武昌凤凰窝任黄安学社社长。同年8月，单身直入高等法院，保释中共党员陈九舟。后陈受聘为湖北省通志馆馆员。时馆长为罗田王葆心，馆员尚有黄梅帅培寅。三人交谊深厚，为鄂东学界杰出人物。陈逵九有著作《宦途记事》《从教摘录》遗世。

1935年2月，携眷回乡。次年8月11日病逝。

吴贡三

吴贡三 （1864～1937），名之铨，一名保春。黄冈县叶家路外岭人。其父为秀才，贡三自幼从父读书。清光绪十五年（1889年），为县学生员，后充塾师，授经学、史学、舆地、时事诸课，尤重民主思想启蒙教育，经学崇《孟子》，阐民贵君轻之义；史学重宋明，鉴两代亡国之惨；赞黄冈杜茶村、易明甫、何士云等不肯出仕清帝之贤；常斥列强横暴，痛主权版图日失，声泪俱下，学生深为感动。后为革命献身者吴昆、殷子衡等，均为其学生。

光绪二十七年（1901），聘为县城福音堂懿范女子学校教习。光绪三十一年（1905），与吴昆创设"日新学社"，复与殷子衡创办团风"坪江阅报馆"，联络同志，宣传革命。后加入"日知会"，于黄州创建"鸠译书舍"，为日知会印刷所，先后印刷《猛回头》《警世钟》等书刊。吴自撰《作新民》《破梦雷》两书，自绘自刻套色黄帝抡大刀阔斧像，刊印发行。

光绪三十二年（1906）十一月，日知会图谋响应萍醴起义事泄，首领刘静庵及骨干成员6人，于十二月逮捕下狱。光绪三十三年（1907）一月二十一日，武昌巡警道冯启钧派测海兵舰至黄州、团风捕吴与殷子衡，同船解至武昌，经严刑逼供不屈。宣统元年（1909）夏，以"印刷逆书兼编纂"罪名，判刑15年，解回原籍监禁，备受折磨，染咯血重病。虽经亲友、学生及同族多次联名请求减刑、保释，均遭驳回。

武昌首义后，黄州光复，众迎吴出狱，推举接管府、县事，与鄂军政府所派安抚人员李长庚、熊持中、涂觉民等密切合作，安定黄州八属。并与武昌出狱之殷子衡共拟《黄州府临时行政章程》，后以不习管理政事，退居顾问。

民国建立后，致力家乡教育事业，教学严谨，讲授生动，尤为人重。1928年，省务会议决议派吴贡三出任湖北省糖斤筹饷局总办，拒不就任。1937 年 12 月病逝于黄州。

张仲珊

张仲珊 （1885～1937），名辛金，字蝉之。蕲春张策山人。曾毕业于黄州府师范学范学堂、上海世界语专门学校、南京警察学校、中央法政专门学校、湖北省立国语讲习所、湖北佐治员研究所。

宣统元年（1909），张仲珊任蕲州官立高等小学堂国文教习 3 年，与董必武等交往甚密，不少革命志士，受其影响，走上革命之路。民国元年（1912），受南洋荷属爪哇华侨学务总会聘，任普我达里中华学校校长。1915 年，张仲珊自南洋返梓，所积丰厚，亲友劝其广置田产，以裕子孙，而张仲珊独以为田产多，则有害邻里，无益子孙，乃倾囊捐出银洋 1000 元，兴建校舍约 500 平方米，并拟创办私立高等小学萃英简章，呈准县公署立案。县知事张增垚委派张仲珊为校长，校名为"萃英高等小学校"，校址设于铺尔嘴新凉亭张氏祠。校后青山相护，其右池塘相映，校前操场，近皆农田，风景优美。学校广招有志青年入学，延请蕲春、蕲水（今浠水）名士如汪镜明、姜子桓、张凯玄、张凯声等为师。

萃英高等小学校，于 1915 年奉湖北省正堂萧批准为私立"湖北省蕲春县萃英高级完小"，是年春开学。课程设有国文、算术、历史、地理、自然、音乐、图画、体操。经费除学生交纳学费及县公署少量补贴，其余全由校长张仲珊自捐，而校具、教具所需齐全。张仲珊治校有方，教师精于教，学生勤于学，校风远扬，致浠蕲边境纵横数十里学子，纷纷来此就读。该校后为两等小学校，发展至 6 班，学生百余人。

1916 年，张仲珊调任蕲春县劝学所劝学员，并委视察全县国语讲习所所长。1922 年至 1923 年，张曾代任理蕲水（今浠水）县洗马畈警察分所所长，代理蕲春县张榜县佐。1924 年 9 月至 1925 年 10 月，张任职于嘉鱼县，曾任嘉鱼县三科科员、嘉鱼县民食筹备委员会主任、嘉鱼县赈务处文牍等职。张在外任职期间，萃英小学经费缺乏，常以个人薪资弥补。

张仲珊曾任江汉宣抚使署咨议，时共产党人董必武、进步人士陈志纯在汉。张与之交往甚密。后返故里，适逢萃英小学停办，张仲珊又于原萃英小学原址，创办"国学研究馆"，直至临终，未离教席。其子张谦、张麟，继承父志不懈，就原址办学，或私立，或公办，或私塾，或小学，或中学，一直延至1955年。

张仲珊义捐私资，兴办学校，培育人才，不遗余力，深为人敬。1918年，教育部曾授予金色三等嘉祥章。其及门弟子曾合赠以"热心教育"匾额。《蕲春县教育志》载：张仲珊生前著《载英堂诗文集》，惜未梓行。曾主编《策山张氏诗文钞》《先芬录》《灵萱荣悴录》。

余晋芳

余晋芳 （1861～1938），字子青，晚号春晖老人。麻城县白果区冯头塆人。少时，受业于舅父吴芷生。八岁时，即有"莫向花间低处宿，上林还有最高枝"之句以言其志。清光绪七年（1881）补县库，光绪十四年（1888）中举，光绪二十年（1894）中进士，为翰林院庶吉士。散馆改户部主事，分广东司行走，兼贵州司帮稿。光绪二十三年（1897）春，丁父忧返籍，主讲黄州河东书院。光绪二十八年（1902），擢贵州司主稿，兼银库值班、则例馆协修、北档房帮办。光绪三十二年（1906）任云南清理财政监理官，兼云南造币厂总办、云南大清银行监督、云南矿务局会办。辛亥革命军起，蔡松坡聘为咨议。民国1年（1912）春，入都清理大清积案。后返乡，专攻中医，以药方活人无数。曾任麻城县中心小学校长，县劝业所所长等职。

余晋芳为人处世，光明笃实。任云南造币厂总办时，积有薪金数千元，去任之日，全分与同事员工，己则一文不取。

1934 年，时已年迈，应请总纂《麻城县志》。余以光绪八年（1882）《麻城县志》为蓝本，前后分编。《麻城县志前编》所限于宣统三年（1911），《麻城县志后编》起于武昌首义，迄于 1934 年。余亲审全部书稿，尚担任例言、序言及疆域等章撰写及全书校勘。经一冬一春，成书 16 本，32 卷，1935 年秋出版。

余晋芳博学多才，著述甚丰，有《春晖堂文略》《筱吟馆诗存》《医学初阶》传世。其诗《咏菊》："秋气悲哉木叶黄，黄花熠熠表孤芳。美人迟暮成高隐，宰相诗篇重晚香。最烂漫时仍冷淡，惯禁受得是风霜。侬家新酿延龄酒，彭泽归来晋一觞。"颇为世人传颂。

1938 年，因病去世。

余祖言

余祖言 （1873～1938），名淑身，字任直，又字慎之。麻城张家畈木栖河余家冲人。祖父莫托公，字林燮，号静山，有王彦方之风（王彦方，名烈，字彦方。太原人。少师事陈寔，以义行称）。父雅润，不幸早逝。余祖言幼承庭训，又受业于其族兄余子存与外舅李静甫，故学业早熟，年十六，中秀才，以学行兼优，拔为岁贡。

光绪二十五年（1899），余祖言至武昌，先后就读于晴川、勺庭书院。光绪三十年（1904），留学日本，入弘文书院。与田梓琴、李四光、居正、余诚等，合力组织黄州留学会及湖北同乡会，相继联系各省及海外同志，尤以与黄兴、陈天华等湖南同志关系密切。时田梓琴主持《二十世纪之支那》杂志社工作，余祖言极力参与。1906 年，余祖言奉同盟会总部之命，离日归国，协理湖北分会工作，深入各界活动。时湖北教育会极受东京总部重视，余祖言遵照总部指示，以该会为基地，与其负责人刘子通、王季芗通力合作，在各学校、书院展开活动，为日知会介绍与改良派论战概况，在"东游预科班"任课，为之翻译新学教材，为"中国公学"筹款。余热情奔放，卓有成效。

光绪三十三年（1907），余祖言任麻城县高等小学堂长，董必武任校监。扩充校舍，增加班次，编写新教材，极力培养人材，并择优材生送入"武昌陆军小学堂"与"陆军学生队"。次年春，清查本邑学田，整顿教育会，恢复活动；与董必武走访黄安（今红安）。秋，集两县同志于邑南程楚翘兄弟处，商议组织革命团体事。程家系邑中巨商，曾为中国公学捐巨额款项。楚翘之弟系留日学生，兄弟二人与余祖言、余诚交往甚密。

1913 年，余祖言至宜昌，任教于夷陵中学。1919 年至武昌，历任湖北女子中学、湖北省高级中学、湖北国学馆教员。1928 年，任中华大学文院教授。余祖言毕生致力教育。一生著作甚丰，有《老子道德经通释》2 卷、《〈庄子内篇〉注释》3 卷、《〈庄子内篇〉提要》、《儒佛道三家思想概要》3 卷。尚有诗词 6 卷 960 余首、杂文 4 卷、《史论》2 卷。

1938 年病逝于故乡。

刘云湖

刘云湖 （1883～1939），字丹阶。黄冈县路口刘树塆人。县内近代名医。刘云湖少时立志学医，以良医救人为己任。始抄书自学，几经岁月，苦读中医四部经典及其他诸医名著。不久通晓医理，且能临证施治，复深造于祖传名医陈九香门下。

1933 年至 1936 年，执教于湖北国医专科学校，主讲《伤寒论》。所著《伤寒论讲义》，学校列为教材。刘云湖为人和蔼，教学严谨，颇受弟子尊重。晚年结合 30 余年临证经验，撰成《临床实验录》，亦批注医籍数十种。

刘云湖医德高尚，凡患者求医，无论路程远近，酷暑严寒，半夜三更，皆随请随往。无论病家贫富、地位高低，均精心诊治。若遇疑难病证，或他医所弃之疑难病，刘云湖皆主动立案治疗。应诊不计报酬，遇穷苦患者，解囊捐药，深为乡里敬重。1939 年病逝于家乡。

林少儒

林少儒　（1890～1939），字慕陶。黄冈县杨泗牛车河人。8 岁始读私塾，18 岁时考入湖北省立师范学堂，毕业后，升入湖北法政专门学校，因下肢患疾瘫痪而辍学。为谋生计，1914 年始执教，成为东岳庙、总路咀、上巴河一带闻名塾师。

1920 年秋，林于浚新学校参加"马克思学说研究会"，次年 7 月，加入"共存社"。1923 年，加入中国共产党。1925 年，为总路咀党小组负责人，次年 1 月，任中共上巴河支部书记，同年 5 月，任中共上巴河区委书记。11 月，配合县惩治土豪劣绅委员会，于上巴河镇压大恶霸李品三。

大革命失败后，林少儒屡遭通缉，四处隐蔽，至 1929 年才复出重操旧业，执教乡里。1932 年，林捐资修整白坳林氏享堂，办成新型"启林学校"。教学中，林既给予学生以科学知识，且灌输革命思想，启发学生革命觉悟。同时，林尚积极开展工作，恢复中共白坳支部，并于学生中发展 10 余名中共党员。1936 年，红二十八军开进黄冈，林动员熊自力等数名党员学生年龄稍长者参加红军。1938 年 10 月，鄂东抗日游击挺进队（后改称"五大队"，下同）成立，时国民党部队溃退时丢弃不少枪支弹药，林即动员学生，四处收集后送交"五大队"，同时还动员学生参军抗日，先后有学生参军者达 30 余人。1939 年 9 月 1 日，"夏家山事件"发生。是夜，顽军袭击东山寺学校（沦陷后，启林学校迁此），抓走林少儒，林怒不可遏，以拐杖向一顽军头部猛力砸去，其人头顶开花，林亦当即惨遭杀害，师生闻之，无不悲恸。

董毓华

董毓华　（1907～1939），字廷华，号实存，一号春浮，曾化名王仲华、王春裕。蕲春县狮子镇董冲四房垸人。7 岁启蒙，聪颖好学，资质忠直。父子怡，1920 年任横槎桥族立董佐小学学监。董毓华即随父至董佐小学就学。1921 年董子怡返回董家冲，创办私立养正学校，自任校长。董毓华又随父于养正学校学习。不久，入蕲春县立第二高小，以优异成绩毕业后，遵父意于养正学校教英文、图画、音乐。同时，其父为毓华补习文史。

1926 年 3 月，董毓华经董必武及启黄中学中共地下党负责人陈卫东介绍，加入中国共产党。之后，返回乡里，执教养正学校，并举办平民夜校。1929 年，董毓华考入湖北省师范学校，毕业后，于汉阳第十五小学任教。暗中组织革命力量，欲与陈博等组织"扬子江暴动"。1930 年 5 月事泄，陈博被捕牺牲，董毓华被迫离开武汉。

1933 年 7 月，董毓华辞去教职，前赴北京。不久，考入中国大学政治经济系，与中共党组织接上联系。1935 年 11 月 18 日，董毓华当选为"北平学生抗日救国联合会"第一任主席，受中共北方局及北平市委领导，从事抗日救亡运动组织领导工作。同年 12 月初，"冀察政务委员"成立消息传出，董毓华以北平学联主席身份，召集学联紧急会议，决定通电全国，组织全市学生请愿大游行，反对国民党当局出卖华北，反对"华北自治"。1936 年 1 月 3 日，董毓华以"北平学联"主席身份，担任"平津学生南下宣传团"总指挥，在河北固安城外演讲大会上，他鼓励大家："严寒压不倒我们，关城吓不倒我们，我们要振作起来!" "冬天到了，春天还会远吗?" 他重复诗人雪莱名言，鼓励同学们冒着严寒宣传抗日救亡大义。"冀察政务委员会"派人捉董，董被迫返回北平。临行倡议："要把南下宣传团的同学们组织起来，成为一个抗日救亡团体!" 不久，中共北方局领导，根据董毓华建议，成立"中华民族解放先锋队"。1938 年董毓华任冀东抗日联军政委，不久任司令员。同年 10 月，与白乙化抗日先锋队合编为华北抗日联军。董毓华任司令员，白乙化任副司令员。

1939 年 6 月 21 日，董毓华因长期奔波劳累，积劳成疾，逝于河北涞水县联军医院。平西军区司令员萧克致悼词，并手书挽联："一见倾城，推心置腹，共谋国家大计；三年仰止，颂功怀德，同悼民族先锋。"

1958 年，冀东烈士陵园于唐山市西郊建成。董毓华遗骨从涞水盘坡村迁葬于此。

陆 沉

陆沉 （1900～1940），本姓卢，字斌，名吉山，后于安源从事工人运动时，化名陆沉。黄冈县回龙山戴家冲人。1918 年，考入武昌中华大学附中，受恽代英影响，接受新思想。"五四"时，参加武汉地区爱国学生运动。1920 年，加入"利群书社"（由恽代英、林育南创办）。

1921 年秋，回黄冈县八斗塆浚新学校任教，加入"共存社"。同年冬，经恽代英、林育南介绍，加入中国共产党。1922 年，赴湖南省第一师范学习。1923 年春，随恽代英至四川泸州师范任教，恽调走后，陆代理校长。1924 年，至安源煤矿任工人俱乐部主任，从事工人运动。1925 年赴广州，先任黄埔军校教官，后调任广州农民运动讲习所教务主任。民国 15 年（1926 年）秋，随北伐军返回武汉，从事农民运动。1927 年 3 月召开湖北省农代会。会上陆选为省农民协会委员长，复推选为中华全国农协临时执行委员会委员。4 月，于中共第五次全国代表大会上当选为中央候补委员。

"七·一五"汪精卫叛变革命，中共党中央于武汉召开"八·七"会议，清算陈独秀右倾投降主义，讨论发动秋收起义，建立工农革命武装。陆沉出席会议后，被派赴鄂赣边领导秋收起义。1928 年春，任江西省委书记。次年赴上海向中共党中央汇报情况并等候重新委派工作。

1929 年初，中共党组织先后派陆沉任满州及江苏省委书记，陆皆不赴任，要求留上海作中共党组织基层工作。始于革命前途失去信心，思想动摇，与妻子庄有义创办私立国本小学，以谋取生活费用。其时，陆沉生活无定，时于大学任教、卖文，时或联合"西山会议派"与第三党反蒋。1932 年赴陕西，动员杨虎城倒蒋未成，反遭杨悬赏通缉，迫返上海。1934 年，陆沉倾向国民党，主动向"中统"首领陈立夫献万言书，示为"党国"效劳。其时恢复本名卢斌。红军长征后，陆沉随国民党"调查团"至瑞金，带走中共党中央遗留部分文物。1935 年迁居南京。收为"中统"成员。1936 年，国民党派陆至青岛任胶东特派员，结识青岛市长沈鸿烈，得沈赏识。沈调任山东省主席，陆沉随沈充任鲁东行署主任，率部开展敌后游击战争。1940 年春，原山东游击第二纵队司令厉文礼突然兵变，攻破行署，挟持卢斌，带至莱阳城外郊区，以石头砸死。而厉则投敌当汉奸。国民党政府确认卢斌（陆沉）为抗日殉职将领。

彭树堂

彭树堂　（1863～1941），号华清，字义林。麻城铁门王岗蔡家田人。清光绪二十九年（1903），补博士弟子员，肄业于两湖书院。时湖广总督张之洞选派高材生留学日本，彭华清被选赴日学法政，与同学著有《法政丛编》。归国后，历任湖北支郡范壬堂监学、自治局课长、学务公所提调。辛亥革命时期，彭华清任珲春厅同知，后调补长春县知事。任间，吉林省长为彭请功，奖彭四等嘉禾章。其后，彭华清升为长春道尹，晋二等嘉禾奖章。于长春县署，彭曾挂"衙作禅堂心作佛，民为眷属国为家"楹联以自勉。1920 年，彭华清辞职，寓居长春，致力慈善事业。彭华清身居异乡，心系故里，尤为关注家乡教育，每年均以定额钱物寄于家乡，并将田地捐于家乡兴办学校。1941 年病逝于长春。

余叔岩

余叔岩　（1890～1943），原名第棋，一名叔言，早年艺名小小余三胜。祖籍罗田，生于北京。幼时随父住天津侯家，习文武老生。祖三胜，父紫云，皆当时闻名京剧演员。

余 15 岁时，以"小小余三胜"艺名演出《捉放曹》《当锏卖马》等剧，崭露头角。17 岁于天津"下天仙茶园"唱当家老生。21 岁嗓子"倒呛"，返北京休养，时常至"春阳友会"，以戏会友，拜谭鑫培为师。1915 年重新登台，演《打棍出箱》，名重一时。余文武兼长，重演技细节刻画，举凡身段动作、发音方法、演唱技巧、吐字行腔，皆独具匠心。其唱腔善用"立音"，亦常用"擞音"，以承师教、家学为基础，形成独特艺术风格，世称"新谭派"之"余派"。余与马连良、高庆奎并称京剧第三代"老生三杰"，与当时京剧界杨小楼、梅兰芳鼎立为三，并称"三大贤"。

1931 年，与梅兰芳发起组织"国剧学会"，旨在团结社会名流、京剧爱好者与京剧、昆剧艺人，研究京剧艺术理论及表演技术，注重艺术效果，反对同行相轻；并附设"国剧传习所"，招收学员，培养传人，使国剧发扬光大。其代表剧目有：《战樊城》《长亭会》《搜孤救孤》《盗卷宗》《武家坡》《二进宫》《奇冤报》等。生前曾灌制一批唱片，号称"十八张半"，流传于世。得意弟子有李少春、孟小冬、谭富英、杨忠实等。

1935 年后长期患病。晚年寄情于书法，习米南宫（米芾）行草，然甚少示人。1943 年逝于北京。

陈潭秋

陈潭秋 （1896～1943），名澄，又名宗琇、秋苏，字云先，号潭秋。曾用化名孙杰、徐杰、徐国栋。黄冈县王家店陈策楼人。

1912 年，陈修业于省立第一中学，后考入武昌高等师范学校英语部。1919 年五四运动，与恽代英、林育南组织武汉学生联合会，声援北京学生反帝爱国运动。同年毕业后赴上海，得识董必武、李汉俊等，共同研讨马克思学说与苏俄革命。1920 年，应董必武之邀，任教于武汉中学。并先后于武昌女师、武昌高师附小任教。后与倪季端创办共进中学。不久于武汉中学建立社会主义青年团。同年与董必武、刘伯垂、包惠僧、张国恩、郑凯卿、赵子健等7人，成立武汉早期共产党组织。次年创办湖北人民通讯社，任社长。同年6月，与董必武代表湖北赴上海参加中国共产党第一次全国代表大会。同年8月，成立中共武汉地区临时工作委员会，为主要负责人之一。年底正式成立中共武汉地区执行委员会，陈负责组织工作。

1922年春，武昌女师校长王式玉，以"过激"罪名解聘进步教师刘子通。学生夏之栩、徐全直、袁渊之等签名反对解聘，王恼而下令开除。陈与董必武支持女师罢课、请愿，赶走王式玉。同年5月1日，陈于《武汉星期评论》增刊号中发表《五一底略史》，指出："劳动者，就是世界的创造者，就是我们人类生活的维持者。"要求工人联合起来反对"昏沉的中国"统治者。1923年，以新闻记者身份，参加京汉铁路总工会成立大会。后发动并领导武汉各工团及学生，支持京汉铁路工人罢工斗争。6月，赴广州出席中国共产党第三次全国代表大会，向大会报告"二七"惨案情况。此后，历任中共安源地委委员、社会主义青年团安源地委秘书长、中共武昌地方执行委员会委员长、国民党湖北省党部组织部长、中共湖北省执行委员会组织部长兼武昌地委书记。其间与徐全直结婚，协助董必武创办《楚光日报》，主编中共湖北省区委机关刊物《群众》，出席中共"四大"、"五大"。中共"五大"中当选为中共中央候补委员，后兼任中共湖北省委组织部长。

1927年7月13日，与其弟荫林受命去江西，途经团风，参加中共黄冈县委召开紧急扩大会议，传达省委指示迅速转移骨干。第一次国内革命战争失败后，陈任中共江西省委书记。民国17年（1928）春，任中共江苏省委组织部长，6月改任中共中央巡视员，先后两次去天津巡视中共顺直省委工作。中共"六大"中缺席，仍当选中央候补委员，后任中共顺直省委宣传部长。民国18年（1929）巡视青岛市委及满洲省委，组成山东临时省委，改组青岛市委。同年 10 月调任中共中央组织部秘书，协助周恩来处理组织部日常事务。次年 6 月补选为中央委员，9 月出席中共六届三中全会。会后任中共满州省委书记，12 月 7 日于哈尔滨被捕。1932 年 7 月营救出狱，返回上海，同年秋调任中共江苏省委秘书长。1933 年夏进入中央苏区，任中共福建省委书记。1934 年 1 月出席中华苏维埃第二次全国代表大会，选为中央执行委员，并任粮食人民委员，与王观澜一起，千方百计征集粮食，保证红军给养。同年秋，红军长征，陈留任中共苏区分局委员，领导开展游击战争。1935 年 4 月率部分红军向闽西突围。8 月，与陈云等赴莫斯科参加共产国际第七次代表大会。会后留中共中央驻共产国际代表团工作，化名徐杰。1939 年春回国，途经新疆，奉中央之命，接替邓发，任中共中央驻新疆代表，兼八路军驻新疆办事处负责人。1942 年 9 月 17 日为军阀盛世才监禁，次年 9 月 27 日遭害。

杨时若

杨时若　（1864～1944），字致中，号材达。广济（今武穴市）梅川杨家垸人。8 岁而孤，从名宿读书，为清末贡生。光绪十四年（1888），入天津高等学堂，毕业后返故里教私塾，后任永西高等小学堂堂长。

光绪三十四年（1908），考授巡检，分发安徽，历任省学务公所视察员、安庆地方审判厅金事、广德州抗村巡检等职。1914 年参加民国第三届知事考试，录取县佐，仍分发安徽候补。次年，就职芜湖道署，后解职而归。1916 年至 1923 年，任广济县中学校长。任期中管理严格。所聘教师，均为县内名士，且常告诫教师："中国自甲午战争之后，一蹶不振，最要紧者是教育。教育不善，民智不开，不知诸位以为如何？"又说："教书不尽职，天诛地灭。"杨时若语重心长，发人深省，诸教师深感其诚。杨管学生严厉，除己授之课外，常于课堂外巡视。杨常教诲学生："人生二十五岁前，是读书时期。二十五岁至六十岁，为作事时期。从前读书是为作官，于今读书，是为作事。奉劝诸君，不要立志作官，而要立志作事。"该校毕业生，每年参加省考，录取比例均高。杨尚聘请拳师杨茂谦为国术教员，教学生习武，以强体质。1924 年，调任广济县教育局长，后辞去职务。1926 年于二龙斗庙教经馆。1929 年，返本垸创办小学，有学生 300 余人，皆不收学费，颇受乡民赞仰。1940 年 7 月，受聘任湖北省第二联中广济分部主任。次年恢复广济初级中学名称，任校长。同年夏，因年老而辞。1943 年，杨时若推为本县重修县志筹备处主任。同年，全县绅商为杨时若夫妇祝双 80 寿辰。所收礼款，除开销外，约余 1000 银元，全捐作修县志基金。杨一生俭朴，且素以礼待人，以诚处世，深为人敬。80 岁寿辰时，国民政府监察院长于右任、司法院长居正等，特赠杨"天禄长春"匾额。

1944 年逝于乡里。

王葆心

王葆心 （1867～1944），字季芗，号晦堂，晚号青坨老人。罗田县大河岸古楼冲人。父为中宪大夫，母姓黄。王葆心自幼好学，成年入黄州经古书院读书，与胞兄文伯等三人均试优等，遂以经学第一举秀才，随进武昌两湖书院深造。清光绪十六年（1890）起，先后受聘为湖北博通书院、潜江传经书院、黄梅调梅书院、罗田义川书院、汉阳晴川书院院长与两湖优级师范学堂教习，培养人才众多。光绪二十九年（1903），乡试第三名举人，拣选知县职。光绪三十三年（1907）举贡考试名列第一，调京任学部总务司行走，兼图书局编纂。后任学部主事，并聘为礼学馆纂修。其间，目睹清政腐败，外侮凌逼，发愤撰《宋季淮西六寨纪事》《蕲黄四十八寨纪事》（后增订为《明季江淮七十二寨纪事》），搜遗辑佚，分别将宋末、明末楚东人民，不畏强暴，抗拒侵略有关史料，撰成史著，使其眉目清豁，用以补正吏缺失，宣扬民族气节，鼓舞人民抗御外侮。中华民国成立，先后任湖南省官书报局总纂、北京图书馆总纂。1922年后，历任湖北国学馆馆长、武昌高等师范学校及武汉大学教授。1932年任湖北通志馆筹备主任兼总纂，广搜博览全国志书14000余卷，基于"辨抄袭、正谬误、审体例、寻因革"，理其脉络，溯其原因，寻其规律，撰成《方志学发微》。成书前，先撰《重修湖北通志条议》问世。1934年至1936年，为救修志所需资料，数次北上。第三次于北平抄录资料时，"七七事变"发生，北平沦陷，乃携手抄稿，间道返武汉。是年携私人图书两万余册，回故乡避难。乡人推荐为罗田县志馆总纂，经王编写罗田县志已成稿数十万言，惜因国难，未能全部竣工。

王半生勤于执教，至晚年致力方志。一生治学严谨，主张义理、考订、词章三者并重。其著述涉及经学、方志学、地理学、史学、文学、编纂学、教育学、生命科学等诸多方面，遗著达180余种。已刊行有《虞初支志》《明季江淮七十二寨纪事》《续汉口丛谈》《重修湖北通志条义》《历朝经学变迁史》《经学研究前后编》《中国教育史》《古文辞通义》等20余种。未刊行有《方志学发微》《增补修志通则》等100余种。

1943年于僧塔寺东侧河沿石壁刻古鸠兹邑题记。1944年，为纵深了解宋末、明末楚东人民抗暴保乡用兵地理形势，抱病前往天堂寨实地考察，因劳累过度，归家半月，于3月4日逝世。

新中国成立后，董必武多次指示有关方面搜集保存、整理与出版其遗著。罗田县人民政府重修王葆心墓，董必武亲笔题"楚国以为宝，今人失所师"以表墓门。湖北省文史研究馆为其撰文立碑纪念。

李柱中

李柱中　（1892～1944），字幼琴，号求志居士。麻城白果沙塘人。早年毕业于日本士官学校。抗日战争爆发，李柱中返麻城兴办教育，为抗日救国培育人才。1942年，李50寿辰，作诗："悟道知非生此秋，万家忧乐到胸头。良心一颗超时种，正气千秋自我留。脱下军装挑粪桶，不骑战马牧耕牛。安如日月升恒寿，长放光明照九州。"1942年至1944年，李任麻城县初级中学校长，治教严格，以身作则，言传身教。治学谨严，激励学生，立志勤奋读书，亲作校歌："龟山之麓，举水之滨，钟灵毓秀，蔚起人文。彬彬文质，青青子衿，敬德修业，日新又新。自强自立，作事作人。三年志学，期底于成。"亲撰校联："养天地正气；法古今完人"。

李柱中重视爱国教育，常向学生宣讲岳飞、文天祥等民族英雄事迹。亦重礼貌教育。县中学设于龟头河程氏祠时，李于校园周围行道命名为"梅之焕路"、"梅国祯路"、"彭遵古路"、"周弘祖路"，勉励学生向本县古时进士学习，求学上进。1944年，李居家养病，因感于世道维艰，诸多时弊，绝望之中，刎剑自杀。追悼会上，国民党第五战区副司令李品仙特送挽联："一剑毕余生，失当代人师，谁复传经尊凤壁；卅年伤旧雨，废春风和气，亦应堕泪共羊碑。"鄂东行署主任李石樵送挽联："解甲归来，苦为育才催白发；骑鲸西去，名留史册仰青峰。"

严 重

严重 （1892～1944），号立三，一号劬园，晚年字以行。麻城城关人。严重出身于官宦之家。父宜焕，号采臣，曾于江西南昌任通判，后调至安徽任文牍、尹州知府等职。辛亥革命爆发，弃官返麻城居于老家。

严重7岁入学，刻苦自励，好学深思。9岁随父至安徽，就读于陆军小学。13岁毕业，考入北平清河预备班。毕业后，于1916年，考入保定军官学校第五期，与同学邓演达、叶挺、季方等志趣相投，结下深厚友谊。1924年，严重先后任黄埔陆军军官学校战术教官、总队长、训练处处长、训练部主任。严重教术有方，誉为"黄埔良师"。北伐时期（1926～1927），严重任国民党军二十一师师长。该师以国民党左派军人与共产党员为骨干，纪律严明，战绩卓著。时北伐军东路前敌总指挥白崇禧，亦盛赞"严立三不但是一位少见的军事教育家，也是一位罕见的卓越将帅"。还称所带之师，为北伐军中以少胜多之模范师。"四·一二"（1927）政变后，谣传"二十一师掩护共产党徒"，为此，严重愤而辞去师长职，交该师六十三团团长陈诚代理。1928年，严重与张难先、石瑛同时返鄂任省政府委员，兼民政、财政、建设厅长，廉洁、朴素，励精图治，力矫时弊，遂获"湖北三怪"之名。

不久，严重隐居庐山，筑室读书，自食其力，竟达十年之久。严读书范围，除史学之外，大都以哲理为核心，自古籍以及近人著作译述，无不探究，据严日记记述，读书年自二十余种至五十余种不等。严曾云："治军从政，曾经过实验，均非我之所长，做学问则立志始自幼年，倘为学有成，从学术上开辟一条人生可行之道，不能说将来对人类、对社会没有贡献，惟轻率操觚，是我深戒，所以要闭户专心再读几年书，以期深造。"其学术著作，生前付印有：《庄子天下篇绪论之杂谈》《道学宣言》《大学辨宗》《礼记大学篇考释》《大学释义》等5篇，尚有《日记》《读书录》《杂著》等。熊十力曾赞其"通论中国学术流变，自出心裁，识者重焉"（《十力语要》）。

1938年6月，日本侵略军逼进武汉，省府各机关陆续西迁恩施，严重留守武汉，直至武汉沦陷前绕道宜昌，主持工作，下令武汉地区中等学校组成湖北联合中学西迁，自任校长，实行公费。1940年，蒋介石成立第六战区，陈诚任司令长官，干预省政，严重于8月再次挂冠而去，一度于晒坪垦荒，后于宣恩中学任教，过自食其力生活。

1944年4月30日，严重病逝于恩施。时中共领导人董必武为其亲撰挽联："贻我一篇书，语重心长，自探立国千秋奥；奠君三爵酒，形疏礼薄，难写回肠九曲深。"张难先撰挽联："哭公只有泪；

提笔竟无言。"严重生前以"四无愧"自慰。四无愧者，乃指一生清廉，襟怀坦白，无愧于国人，无愧于湖北，无愧于朋友，无愧于后辈。逝世时，其子严善明，尚未成年，夫人杨氏，与亲友合计，遵照遗嘱，丧事从简。

其著述，后人集有《严立三先生遗稿汇编》。

闻一多

闻一多　（1899~1946），又名亦多，辈名家骅，字友三。浠水县巴河镇闻家铺人。5岁入私塾"绵葛轩"，勤学好画，10岁考入武昌两湖师范附属小学。宣统三年（1911）辛亥革命爆发，闻主动剪辫，常以义和团、太平军为内容作画贴于家中。阳夏之战起，随家返回乡里。1913年考入北京清华留美预备学校。次年，闻在校编演独幕话剧《革命军》，以武昌起义为题材，自扮剧中一革命党人。随后，与杨廷宝、梁思成组成美术社，并参加清华文学社工作，任《清华月刊》总编、《清华月报》编辑。五四运动时期，闻为清华学生会文书，曾领导同学反对校方削减《清华月刊》经费，尚以北京学生代表身份，赴上海参加全国学联成立大会。1920年7月，闻发表第一首新诗《血岸》，后相继发表《本学年周刊里的新诗》《诗的音节底研究》《律诗底研究》《女神的时代精神》《女神的地方色彩》等诗论。

1922年，闻返蕲水，娶妻高真。举办婚事时，花轿抬至门口，闻仍专心看书；婚礼不叩头而行鞠躬礼。婚后不久，闻即赴美国留学，先后于美国芝加哥美术学院、丹佛阿罗拉多大学美术系学习，后转入纽约艺术学院，致力诗研究，并创作大量爱国思乡之作，如《长城下的哀歌》《我是中国人》《太阳吟》等。1925年5月，闻提前1年，返回"如花的祖国"。当轮船驶近吴淞口，即换中式服装，掷西服、领带于海。

归国后，闻任北京艺术专科学校（今中央美术学院）教务长，同时于北京大学教授外国文学。1926 年任《晨报》副刊《诗镌》编辑。次年，应邓演达之邀回武汉，于北伐军总政治部负责宣传，曾自绘反对军阀大幅画，悬挂于黄鹤楼（旧址）。同年秋，至上海办新月书店，任《新月》编辑；旋即赴南京任第四中山大学外文系主任。1928 年返鄂任武汉大学文学院院长兼国文系主任，出版诗集《死水》。提议将"罗家山"改名"珞珈山"。1930 年转任青岛大学文学院院长兼国文系主任，教授中国文学、英文诗。1932 年暑假，应清华大学之聘，任该校中国文学系教授。1935 年，"一二·九"运动发生，闻积极投入运动。发表演说，审阅学生宣传作品，支持平津学生组织"南下宣传团"深入工厂、农村，宣传抗日。

抗战开始，清华迁至湖南长沙，同北大、南开合成联大。是时，闻随清华大学迁往长沙途中特绕道回乡，参观缺塘角小学，勉励教师，并捐助课桌椅 100 余套及黑板、教具、算盘、图书。1938 年 1 月，联大迁往昆明，时闻年届四旬，随校南迁，步行 3500 余里，沿途历尽艰辛，亲睹人民苦难与国民党统治腐败。1944 年，闻加入中国民主同盟，先后任云南省民盟支部委员、宣传委员、民盟中央执行委员、《民主周刊》社社长等职。

1945 年 12 月 1 日，昆明军警开枪打死爱国学生 4 人，打伤 20 余人，而"中央社"则污蔑学生为"土匪"。闻愤而撰写《"一二·一"运动始末记》，将惨案真相大白于天下，并为死难四烈士写挽词"民不畏死，奈何以死惧之"。出殡时，走在游行队伍前列。1946 年 7 月 11 日，民盟中委李公朴遭特务暗杀，特务扬言以 40 万元买闻人头，并扔恐吓信于其家属。有人劝闻暂避，闻说："如果李先生一死，我们的工作就停下了，将何以对死者，将何以对人民？" 7 月 15 日上午，李公朴治丧委员会于云南大学志公堂举行追悼会，闻主持大会，拍案而起，愤激讲演，痛斥国民党当局卑鄙无耻。下午，复于《民主周刊》社举行记者招待会，揭露暗杀李公朴事实真相。会后返家途中，行至西仓坡遭特务以美制冲锋枪射杀，身中 10 余弹，未及一言而牺牲。毛泽东、朱德、周恩来、董必武分别从延安、南京发来唁电，称其："不屈不挠，可敬可佩。"其遗著由朱自清、郭沫若、吴晗、潘光旦、叶圣陶等负责编成《闻一多全集》共4卷，于1948年8月由开明书店出版。郭、朱分别作《序》、吴写《跋》，叶为《全集》重印撰写《后记》。

汪子弼

汪子弼　（1879～1947），字龙蟠。麻城木子店镇石磴坳人。清末秀才。先入两湖优级师范学堂，又进武昌商业专科学堂。毕业后从教。初，执教于麻城县高等小学，任校长。1918年，任河南商城笔架山蚕业专科学校校监，兼语文教员。1922年，任武汉中学斋务主任兼分部主任，讲授国文。与董必武友谊甚厚，其子心一称董为"三叔"。同时兼授启黄中学、中华大学、省立女子高级中学学校国文。1935年，任湖北省政府区政人员训练所及县政人员训练所讲师，讲授乡村建设课程。1937年返乡。1939年春，于原石登坳小学旧址创办中心小学，自任校长，学生300余人。秋，复以原小学为基础，创办私立龙潭中学，从麻东各地祖会、庙产中筹集资金，建土木结构楼房1座，招生2班，90余人，为麻城中学之始。1940年，湖北省联合中学鄂东分校麻城分部成立，汪任分部主任。次年，麻城分部改名为麻城县立初级中学，汪为第一任校长。

1942年春，因其子心一为中共鄂东地委委员，汪子弼受牵连撤职。后受省立第二高级中学之聘，教授国文，直至天年。汪工书法，擅七律。著有《乡村建设理论及实践概要》《湖北全省蚕丝改进草案》及《古文辞类纂节》。

黄绍兰

黄绍兰　（1892～1947），女，名学梅，字梅生，一字君素。蕲春县青石岭人。酷嗜太史公《游侠列传》及无名氏《木兰辞》，遂取名

"绍兰"。清光绪三十三年（1907）考入京师女子师范学堂，成绩优异。次年慈禧与光绪相继死去，学校行"哭灵"式，令师生匍匐如仪，绍兰独背向灵位席地而坐，当局视为大逆不道，拟开除学籍，因高潜等人力保，始得免。自此绍兰更为勤奋，课业全优，且学驰马试剑。毕业后任河南开封女子师范学堂国文教员。南京临时政府成立，倚沪军都督府支持，组建上海女子军事团，推为团长。袁世凯窃取临时大总统后，女子军事团解散，绍兰随黄兴参加南京留守府工作，倡设辛亥革命烈士忠裔院，任院长。留守府撤销，黄只身返沪。1914年与黄侃结婚。1916年于上海法租界贝勒路创办博文女子中学，任校长，因经费奇缺而停办，乃去江苏任南通女子师范学校国文教员。1921年返沪，于法租界蒲石路重办博文女校。是年秋，中共第一次代表大会于上海举行，时值学校暑假，董必武请黄侃致信于黄绍兰，遂为中共"一大"代表毛泽东、董必武等10人提供住处，"一大"预备会与开幕式，即于其住宅举行，黄绍兰为之放哨。

"九一八"、"一二·九"事变相继发生，黄与徐宗汉（黄兴夫人）、蔡周俊（蔡元培夫人）等组织上海妇女反日救国大同盟，发表抗日宣言。1936年，应聘为广州中山大学国文系教授，自此淡泊自守，无心世事，沉静寡言。惟于学术不少懈，"尤以邃于治易，为时所称"。次年秋，就任上海震旦女子文理学院教授。著有《易经注疏》及训诂、声韵、诗文等稿等，均佚。黄绍兰亦工于书法，骨力遒劲，法度训戒严，而又秀丽圆润，风格超逸，人以幸索一纸以相炫。

1947年病逝。

李翠贞

李翠贞　（1901～1948），女，字华容，号反璞。黄安县（今红安县）桃花李家塆人。父兰亭，清末秀才。幼时，承父教，熟读《三字经》《女儿经》等启蒙读物。1915年，考入湖北省立女子中学。1922年，考入北京国立女子高等师范学校国文系，痴于图书，绰号"老学究"，常撰文发于《向导》《青年》杂志。有近体诗："尊男卑女满尘寰，千古婵娟血泪斑。休叹红颜多薄命，我非薄命也红颜。"颇受师生称誉。

1926年3月18日，北京女子师范大学于天安门举行集会、游行，声讨段祺瑞政府卖国罪行。李积极参加，并为班组织者之一。7月，大学毕业，适逢国民革命军抵达长江流域，南北音讯不通，滞留北京。1928年秋，时二兄健侯在南京，李至，与曾留学法国艾凤楼结婚。不久，知艾于家乡有原配，即与离婚回武汉。1929年至1938年，先后任湖北省立实验学校教务主任、武汉市立女子职业学校国文教师。日军侵占武汉前夕，改任省立职业学校女子部教务主任兼训育主任，后受排挤去职。1941年12月，任湖北省第二女子师范学校校长，扩充校舍，修整校园，改善生活。次年春，陈诚至第二女师视察，见校园花木繁茂，学生身体健康，当即嘱随从通知省财政厅给该校增拨法币10万元。

抗日战争胜利，省二女师奉命由恩施东迁，李翠贞率师生自核桃坝徒步至巴东，转乘轮船东下。次年春抵武昌，10日后，即于租赁校舍授课，赢得各方称赞。李翠贞以个人积蓄添置课桌、椅60套，不惜重金，再三登门聘请鄞道济、饶校文、毛君为、冯永轩、马丝白等名流来校任教。1947年秋，省政府主席万耀煌欲让刘某为该校校长，口谕教育厅将李免职，女师闻讯，师生哗然，皆至省府请愿，迫省府令教育厅收回成命。李长于文学，有诗稿20余首、文赋30余篇遗世。1948年4月24日病逝。全校师生为其举行追悼会，省内军政要员及各界人士送祭文、挽联、挽诗者达200余人。省政府主席张笃伦赠挽联："柳絮擅才华，绮岁文章俪班左；绛帷宏教泽，春风桃李蔚菁莪。"省妇女联合会全体理监事赠挽联："推进妇运，保障人权，奋斗赖群贤，落落此君胡可死！受命艰危，尽忠教育，凯旋刚两载，茫茫天道竟难言！"

李翠贞长于文学，生前曾有读书笔记、《随感录》、报刊投稿留底数十册，后皆毁于战火。唯存遗诗20首、文赋30篇。

第二章　录

卢储　（生卒年不详），蕲州人。唐宪宗元和十四年（819）入京，向尚书李翱投卷，求其荐举。李翱以礼待之，因事急外出，将其诗文置于案间。李翱长女见之，识其才而谓侍女曰："此人必为状头。"李翱闻而异之，遂选为婿。元和十五年（820）庚子科，卢储果擢进士第一（状元），以员外郎出知饶州。《全唐诗》存其诗二首。

韩琦　（1008～1075），字稚圭。相州安阳（今河南安阳）人。北宋天圣年间（1023～1031）黄州知州韩琚之弟，曾随兄居黄州安国寺发愤读书，20岁中进士，后任枢密使、宰相。黄州人在其读书处为其立祠。韩琦有《涵晖楼》诗，至今仍流传于黄州。诗曰："余兄天圣中，尚抑齐安守。兄才无不宜，吏治孰可偶。公庭尝寂然，所乐在文酒。临江三四楼，次第压城首。山光拂轩楹，波影撼窗牖。原鹢款集间，万景皆吾有。"清《黄冈县志》即有载："黄人思其德，为立祠于读书处。"以为楷模，教育后人，发愤读书，努力向上。

张耒　（1052～1114），字文潜。楚州淮阴（今属江苏）人。17岁作《函关赋》，已传人口。从苏轼游，为"苏门四学士"之一。宋神宗熙宁六年（1073）中进士，绍圣四年（1097）春，朝廷以"元祐党籍"故，谪黄州监酒税，约两年，迁复州。元符二年（1099）秋，起为黄州通判，次年与其子秬偕潘仲达同游庐山，六月十五日迁知兖州，旋升任太常少卿，仅数月，又出知颖州。崇宁元年（1102），于颖州获悉苏轼逝世，出已俸为轼饭僧，着素服哭奠甚哀。事闻朝廷，七月，又谪房州别驾，黄州安置，居柯山。崇宁五年（1106）始得自便，还居淮阴。张耒三迁黄州，先后7年有余，黄州读书人从学者甚众，影响甚远。在黄州建读书舍，名为"鸿轩"，意以鸿雁自比，自谓"与夫嗷嗷波泽中猎食以活，秋至而春去者，得无类乎？"居黄写有《黄州杂志》，创作诗文甚多。

王韶　（1029～1081），字子纯。罗田大河岸人。进士出身。北宋神宗时，任礼部侍郎、枢密副使。王韶因上书《平戎策》三篇，受神宗皇帝召见，升为著作郎，又改任太子中允、秘阁校理。熙宁七年（1074），封为资政殿学士。旋升观文殿学士、礼部侍郎，不久又封枢密副使。卒后追封为金紫光禄大夫，谥号襄敏。世传苏轼谪黄州，曾专程至罗田探望王韶之父（称为燕国公），留下东坡井故迹。

梅应春　（生卒年不详），字子秀，号雪樵。广济（今武穴市大法寺镇梅均村梅均垸）人。南宋理宗宝庆二年（1226）丙戌科进士。初为余干令，后调迁入蜀，官至礼部尚书。著有《望楚山赋》《金缕歌六叠》《寓瀘遗稿》等。《寓瀘遗稿》已佚。

李宗勉　（？～1241），字强父。富阳（今属浙江西部）人。南宋开禧元年（1205）进士。历黄州教授、浙西茶盐司、江西转运司干官。史载，宋乾道七年（1171），黄州学宫始恢复科举秋试，然学宫仍简陋颓靡。嘉定二年（1209），黄州知州高得全率教授李宗勉鸠工调度，整饬修复黄州学宫。学宫修复后，"廊庑斋舍，以次兴立"，焕然一新，为江淮之间遐迩闻名州学。嘉定十四年（1221），李宗勉主管吏部架阁，寻改太学正。明年为博士，又明年迁国子博士。宝庆初（1225），添差通判嘉兴府。三年，召为秘书郎。嘉熙二年（1238 年），进参知政事；次年，拜左丞相兼枢密使。时誉为"公清之相"。卒赠少师，谥文清。墓葬富阳城北小隐山。

李宗思　（生卒年不详），福建建安（今建宁县）人。南宋孝宗乾道八年（1172）秋，为蕲州州学教授。时州治罗州城，李宗思见有学而无厅，遂请于州守，于州学东侧，建教授厅，并请朱熹于乾道九年（1173）七月壬子日，为之作《州学教授厅记》。

张晏然　（生卒年不详），字安卿，号青叟。广济（今武穴市）人。南宋度宗咸淳十年（1274），授朝议大夫，直秘阁，湖北提举。不久，为元军掳杀，南宋追擢礼部尚书。

程居　（生卒年不详），英山人。南宋恭宗德祐（1275～1276）年间进士。官至礼部尚书。

戚容　（生卒年不详），黄梅人。宋代（960～1279）以博学荐授国子监祭酒。

王霆　（生卒年不详），南宋（1127～1279）时官知蕲州，建学舍，祠忠臣，兴教易俗。

朱士俊　（生卒年不详），字时英。蕲州（今蕲春县）人。元至元二十九年（1292），以太学生授枢密院经历，后出守赣州，兴学劝农，禁除淫祀。改治潮州，擒大盗金元佑。旋迁延平，复调建宁同知。不久告休。

滕斌　（生卒年不详），一名宾，字玉霄。元黄州人。善词曲。幼读经史，亦通诸子。风流潇洒，笃实纯厚而不拘礼法。常狂嬉戏酒，谈笑诙谐而喜操文墨。为文才思敏捷，擅长词曲，尤以散曲闻名于世。其词曲广为传诵，人得而贵之。《太和正音谱》评其散曲"如碧汉闲云。"元至大年间（1308～1311），任翰林学士，出任江西儒学提举。因厌于应酬，辞官弃家，入黄安（今红安县）天台山为道士，号涵虚子。著有《玉霄集》《词林纪事》。

薛汉卿　（生卒年不详），元（1206～1368）蕲水（今属浠水县）进士。任职国子监博士。

詹同　（生卒年不详），字同文，名书。祖籍婺源，后避乱迁家黄州。陈友谅征为学士。朱元璋攻下武昌（今鄂城），召为国子博士，赐名同。明洪武四年（1371）任吏部尚书。朱元璋命同为总纂，编成《皇明宝训》，分辑明初天下要事。詹操行耿介，至老撰著不衰。

吴琳　（生卒年不详），字朝阳。黄冈中和司（今属红安）人。琳博学能文。朱元璋攻下武昌，征召荆楚名士，詹同荐琳，召为国子助教，讲经义超过詹同。洪武元年，授浙江按察司佥事，复召入京为起居注。明洪武六年（1373），自兵部尚书改官吏部尚书，量才授官，号为得人。越年余辞官还乡，务农自给。

董应轸　（生卒年不详），字宗南，又万松。麻城人。明宣德七年（1432）解元（乡试第一名），授郑州学正，后升福建提督学院，转任广西布政司参议。原国家代主席董必武系董应轸第十五世孙。

李文祥　（生卒年不详），字天瑞。麻城人。祖正芳，明正统七年（1442）进士，官至山西布政使。父瀔，宪宗成化五年（1469）进士，历陕西参政。文祥幼时读书，旁通强记，应口属对，辄能惊人。13岁能文，15岁习《春秋》，20岁中乡试高等，卒业南雍，愈力于学，于成化二十三年（1487）中进士，以风义自持，一时名士多与友善。曾任咸宁丞、职方主事、提学吴副使檄兼学事。天瑞首新文庙，博选俊秀，分斋肄业，并亲为讲课。著有《检斋稿》若干卷。

陈大中　（生卒年不详），字日捕，号凤麓。蕲州（今蕲春县）人。明弘治八年（1495）进士。历户部主事、员外郎转郎中，知庆远府，又官福建盐运使，卓有政声。后归隐，筑庐于凤凰山东坡，建凤麓书院，授徒讲学。同榜进士、刑部主事、湖广副使方豪以诗赞其书院："凤凰山下新书院，春来才听江莺啭。"参议王淮亦以诗赞曰："院里唔咿春声好，诵法孔孟与伊皋。"

吴良吉　（生卒年不详），字仲修，号石梁。明代黄冈人。良吉家境贫寒，然以王守仁（1472～1529）为师，深研良知之学。学成归里，教授生徒，力倡王学，四方学子景从之。后州宰延之书院主讲。逝后，太子少保、黄安耿定向为之备棺以敛，并为之作传。知府瞿汝稷志其墓。著《居湖集》传世。

冯天驭　（生卒年不详），蕲州（今蕲春县）人。明嘉靖十四年（1535）进士。官刑部尚书。辞官归里后，于蕲州熊化岭附近，建阳明书院，聘州人顾问（字子承，一字日岩）主讲，其学规极严。李时珍曾于此师事顾问，后为一代名医。

刘天和　（1479～1545），字养初。麻城人。明武宗正德三年（1508）进士，授南京礼部主事，后补御史，并作为钦差巡陕西。不幸遭冤，逮捕回京坐狱，久不得释。吏部尚书杨一清上疏营救，出狱后，贬为江苏金坛县丞，迁浙江湖州知府，任上政绩显著。嘉靖初，任山西提学副使，累迁南京太常少卿。后历任户部尚书、兵部尚书。刘天和以文才武略名于世。著有《问水集》《太安遗稿》《关陕奏议》《安夏录》《仲志》《惠湖大纪》。刘天和亦兼通医药，著

《陶节庵伤寒六法注》。

周思久　（生卒年不详），字子行，号柳塘。麻城人。明嘉靖三十二年（1553）进士。曾任琼州太守。平生喜收藏志书。精心研究古诗文，造诣颇深。亦善书法。其政德见称于海瑞。建辅仁书院，并常临书院讲学。万历初曾修《黄州府志》，著有《柳堂遗书》《有求录》《石潭诗钞》。

钱敏　（生卒年不详），字志学。舒城（今安徽舒城县）人。少孤家贫，读书勤奋。明永乐十九年（1421）进士，乞归侍母病，奉汤药未尝离侧。正统（1436～1449年）初，出知蕲州，旋升黄州知府。在任平易近人，为政勤廉，教人农桑，狱讼日减，百废俱兴，士民乐业。捐俸倡修府儒学，公余至儒学与诸生讲经论史，教化之风日兴，时人称"文章政事太守"。

熊经　（生卒年不详），字载道。麻城人。明成化十四年（1478）进士。知江苏无锡，有惠政。熊倡导儒学，资助儒生。无锡吴学夔、邵莹等皆受熊资给。后迁知陕西陇州，以疾请归。熊性刚气豪，善言谈，有《东溪集》行世

卢浚　（生卒年不详），字希哲。浙江天台人。明成化二十三年（1487）进士。弘治十年（1497）出任黄州知府。下令毁淫祠，劝阻迷信，首创府义学，恢复苏轼谪黄州遗迹，公余翻阅旧志，亲订凡例，委教授舒旌等修《黄州府志》。

何景明　（1483～1521），字仲默，号白坡，又号大复山人。祖居罗田复船山，后随父何信迁居信阳。景明少年聪慧，天资颖异，8岁习诗文，12岁研习《春秋》。明弘治十五年（1502）中进士，授官中书舍人。孝宗去世，何奉命至南方各府通告讣音，所到地方官

皆有馈送，一概不收。为人廉明，性耿介，鄙荣利，以直言得罪权贵，转为吏部员外郎，再放陕西提学副使。任内力建校舍，考士有方，一方教育随之而兴。后期以文学活动著称于时，与李梦阳主张文仿秦汉，诗宗盛唐，称"复古派"，与李梦阳、李攀龙、王世贞并称"明初四杰"，又与李梦阳、徐祯卿、边贡、康海、王九思、王廷相合称复古派"前七子"。时言诗者必称何、李。何景明学识渊博，既精诗，亦通五经、天文、地理、律吕、算数、医卜，著有《大复集》38卷行世。

　　熊吉　（生卒年不详），字子敬。麻城人。明嘉靖（1522）初年岁贡，任南陵训导，课士有方。改壁山教谕，未赴任，告假归里，与毛凤起、刘承烈讲学邑中，著书立说，以娱晚年。著有《柏举文集》《归来集》《麻城县志略》存世。所著《春秋因是》收入《四库全书》。

　　胡明庶　（生卒年不详），字公辅。罗田人。明嘉靖十一年（1532）进士，复中探花。久于朝廷为官，清廉有声。平生勤奋好学，攻研理数，精通音乐、法律，有多方学术成就。曾取《皇极经世》《律吕新书》，诠解章句，以图说明，以经学教授而终。胡明庶、胡明通、胡明书与堂兄弟张明道（为三胡伯父大洪遗腹子），为罗田明嘉靖年间一家四进士。罗田县城古楼街修有"联璧坊"。张明道曾任绍兴知府多年，绍兴专为其修建张公庙，罗田亦为之建"功名坊"与"张明道读书处"，以励后学。

　　毛凤起　（生卒年不详），字瑞东，号道峰。麻城人，凤韶之弟。明正德（1506～1521）嘉靖（1522～1565）年间诸生。少习举子业，后弃而潜心钻研王学。得知王守仁于东南倡导新学，即徒步南行，师事王氏。过数年，有所收获。遂返家乡，讲学授徒。毛作"心学图"、"致知说"，以明其教旨，在鄂东影响极大。嘉靖十一年

（1532），诏告推举贤良、敦行、俊逸之士，官署以毛宜之。毛却辞不赴任。麻城知县陈子文为崇尚王学，特为毛建一书院，并借其号，命该书院为"道峰书院"，聘毛凤起为主讲，远近从其教者甚众。凤起德性和易，志行高洁，孝友敦睦，老而弥笃。卒后邑人于五脑山建明德堂祀之。著有《心学篇》《宋史删》《家塾警语》等。

曹麟 （生卒年不详），字汝祥，别号西野。黄梅人。明嘉靖二十九年（1550）进士。初授许州牧，到任即访民俗疾苦，狱讼片言立断，并修成邵文庄德星书院，岁时课士。三十一年（1552）乡试为同考官，次年升户部云南司员外郎。因大将军仇鸾、大学士严嵩相缘为奸，恐祸及，遂乞终养。

民感其德建祠祀之。既归黄梅冯茂山，与黄安耿定向、蕲州顾问、顾阙、黄冈王廷陈、京山李淑穷理尽情之学，索诗文者户外屡恒满所。

周弘祖 （生卒年不详），字元孝。麻城人。明嘉靖三十八年（1559）进士，吉安推官，擢御史。穆宗即位，阴封宦侍。弘祖上疏劝阻，并请裁汰内府临局、锦衣卫、光禄寺、文思院冗员，为穆宗采纳。后迁任福建提学副使。万历年间，任南京光禄卿。著《水竹居诗集》。明史有传。

吴心学 （生卒年不详），字少虞。黄安（今红安县）人。明代学者。家世业农，一意于孔孟之学，隐于黄安似马山，凿山开径，倚石为壁，引木为巢，于绝顶两崖之间，面柱静思。后访学求友，足迹几遍天下，收遗书数百卷，归教于人，以下学上达为宗。后复居黄安似马山，筑洞龙书院，讲学23载，学子尊之为洞龙先生。李贽（1527~1602）来黄安讲学，曾寓居于此。该书院旧址，在县城南四里似马山麓。

张步云　（生卒年不详），字子龙。广济（今武穴市）人。明嘉靖四十年（1561）中举人，任平定州学正，迁国子监助教，任内勤勉，累官南北户刑二部员外郎，后出任广西太平府知府，为官清廉。

周思敬　（生卒年不详），字子礼，号友山。乃思久之弟，耿定向门生，耿氏儿女至亲，定理、定力至友。明隆庆二年（1568）进士，历官至户部侍郎，赠工部尚书。周氏兄弟，尤为敬重李贽。耿定理逝后，次年春，李贽至麻城，全赖周氏兄弟之助。李贽曾云："有柳塘老（周思久，字子行，号柳塘）以名德重望为东道主，其佳婿曾中野舍大屋以居我，友山兄以智慧禅定为弟教导之师，真可谓法施、食施、檀越施兼行其便者矣。"复云："芝佛院乃柳塘吩咐无念所盖，芝佛院匾乃柳塘亲手所题。"尚云："我之所以不回家，不他住者，以友山之知我也……且友山非但知我，亦甚重我。夫士为知己而死。何也？知己之难遇也！"是以李贽于麻城龙湖"全忘其地之为楚，身之为孤，人之为老""日与僧人无念，友人周思久、周思敬、丘坦之、杨定见等，或闭门下键，日以读书为事；或讲学论道，听者日众，一境如狂；或著述不止"。

吴自守　（生卒年不详），字介夫。广济（今武穴市）人。明嘉靖、隆庆年间（1522～1572），王守仁之学盛行，吴深究其旨，往庐山闭关苦读3年，学成而归。后蕲阳（今蕲春）顾日岩（顾问）于大江之滨建庵，延吴讲授《易经》，故书斋称"读《易》庵"，四方来访者甚众，学者称"易庵先生"。吴逝后，门生谥称"闻道"。

王升　（生卒年不详），字进吾。黄冈人。明万历七年（1579）举人。学宗湛若水，任肥城教谕，迁四川威远知县，升泗州知州，继迁知重庆、遵义等州，每赴任所，皆有美政。晚年自滇南致仕归，率子弟讲学于正宗会馆，倡修问津书院。著《退省录》《退问集》

《钢鉴读要》。其子家钦，字仲修，文章为一时推崇，知府祝万龄，特聘主讲定惠院，亦祀乡贤。

梅之焕 （生卒年不详），字彬父。麻城人，侍郎国桢从子。明万历三十二年（1604）中进士，选翰林院庶吉士，后授吏部给事中。曾任山东学政，任内勤勉，纪纲严明。天启元年（1621）召回京任通政司参议，迁太常寺少卿。天启三年（1623）擢都督院佥都御史，巡抚江西。后罢官归里。

刘侗 （1594～1637），字同人，号格庵。麻城人。为明正德嘉靖年间（1506～1565）兵部尚书刘天和之四世孙。好学善思，不苟同俗见。"性孝第，笃朋友谊，在丑夷独异为人，一事类乎凡，则耻终身。为文，择一语犹人者，作数日，嫌，焚而后已也。"为文虽主张"幽情单绪"、"孤行静寄"，力求"真有性灵之言"，然亦留意现实，体察民心，同情百姓。后"北学而燕游者五年"。著有《帝京景物略》八卷，详载北京景物，其友人于奕正搜求事迹，而侗排纂成文，以京师东西南北，各分城内城外，而西山及畿辅并载焉。所列目，凡一百二十有九。每篇之末，各系以诗，采摭颇疏。《四库全书提要》有载。

王泽宏 （生卒年不详），字涓来，一字吴庐。黄冈人。明崇祯十五年（1642）副榜，清顺治十一年（1654）进士，选庶吉士，入翰林，督学京畿，迁吏部侍郎、左都御史，官至礼部尚书。立朝能持大节，曾上书请移湖口关还设九江，以便于商旅。喜与文人名士交往，尤擅长诗作，著《鹤岑山人诗集》16卷传世。老致仕归，居于金陵。

姚明恭 （1583～1644），字昆斗。蕲水（今浠水县）巴河人。明万历四十七年（1619）进士，选为庶吉士，初任詹事、礼部右侍郎。崇祯十二年（1639）任文渊阁大学士加太子太保、户部尚书。居相位一年归里。为明末最后一任。据清修《黄州府志》载："黄之九属，数百年来，居相位者，惟明恭一人而已。"《明史》有传记之。

肖继忠　（生卒年不详），字康侯。明末（1644）清初黄冈人。幼即好学，天资聪敏。弱冠中秀才，旋登副榜。喜广交文友，秉性豪迈，曾因遭诬而入狱，受尽鞭笞之苦。出狱后，发愤攻读，学益纯笃。复游燕都，历金陵、豫章，访求名儒，以增见识，与万历状元焦竑相与砥砺。初讲学于白鹿书院，执教数年，返归故里，后与邑人王升、黄彦士等主持黄冈问津书院。前来受业者达数百人。遂以讲学终老问津书院。著《康侯语录》诸书传世。

冯梦龙　（1574～1646），字犹龙，又字合鱼、子犹。长州（今江苏省苏州市吴县）人。曾于明万历四十年（1612）至四十八年（1620），两次来黄安、麻城讲学，授以《春秋》，反响甚大。并于此著《麟经指月》，颇受黄安、麻城学者称道，时参阅姓氏中，麻城籍有 40 人，黄安籍有 10 人，其著经韵社社友批点，梅之焕特为之作序。

邹知新　（生卒年不详），字师可。麻城人。幼极聪颖，力学而不辍。明崇祯十五年（1642）举人。清顺治八年（1651）选宜城教谕。造士有声，升莱阳知县。归籍后，著县志 14 卷。

王追棋　（生卒年不详），字日洲。黄冈人。清顺治十六年（1659）会试夺魁，廷试进士，选庶吉士，授礼部给事中。王追棋研讨经书二十年，学问渊博，晚年尤好易象，曾悬挂《河洛图》于座间，朝夕省览，每有心得，即书于纸。著《居侯楼集》。王追棋于楚文化渊源，考究极深，曾于《楚南文汇序》中，评孔子编诗，采列国之风，独置楚风而不入。

程一柴 （生卒年不详），字坦之。诸生。黄安（今红安县）人。寓住岐亭。自幼好学，淹博敏捷。清顺治十一年（1654）举于乡。甲寅（1674）之变，士多远徙，学使按籍除之，程一柴力为请复数百人。官武昌府教授，不久擢国子监助教。

李天馥 （生卒年不详），黄冈人。清顺治（1644～1661）进士。历任工部尚书、刑部尚书、礼部尚书、吏部尚书，拜武英殿大学士。

汪炼南 （生卒年不详），字冶夫。清初黄冈人。清顺治九年（1652）进士，选庶吉士，授编修。顺治十八年（1661），督顺天学。康熙三年（1664），晋侍读学士。后以疾归，卒于舟次。

宋荦 （生卒年不详），曾任黄州通判。期间，重教兴学，勤育人材。于清康熙三年（1664），捐俸修复雪堂、竹楼、墨池，崇祀先贤。在任六载，政绩显著，闻者敬之。官至吏部尚书，加太子少师。

张希良 （生卒年不详），字石虹。黄安（今红安县）人。清康熙八年（1669）中举，为江夏教谕，参与修通志。康熙二十四年（1685）取进士二甲第一，授编修。拟撰五岳异名，考证源流及京师形势，大学士王熙赞曰：张公可谓博物君子。累官侍讲，督学浙江。后告老归籍，年82卒。著有《宝辰堂集》《春秋大义》《格物内外编》等。

卢絃 （1604～1687），字符度，号淡岩。蕲州城人。絃学问渊博，素有文名。明崇祯九年（1636）中举，清顺治六年（1649）进士，顺治七年（1650）任新泰县令。新泰已久废科第，絃亲自招集诸生授课，教以经、史、子、集，教化之风始兴。又相学校形势，改浚水口，修两庑，并内外两门。时田荒赋重，力请巡按重新丈量土地，更改赋役，民得以复苏休息，其流亡在外而招回安抚者数以千计。沂水一带赴省取饷，道经新泰，百姓常受骚扰之苦。绂控告上官，改道青州，民始得安枕。绂亲课农桑，保护古迹，编修县志，政绩卓异。凡新泰所有名胜，无不为之《记》《传》《表》《赞》，至今均载县志《艺文》，卓卓可传。文行吏治，为新泰百余年中所首屈者。后升任广西桂林府同知、东昌府知府、迁芦盐运使等职。康熙元年（1662）任苏松督粮道员，任间组编《蕲州志》。后因无奉上司，诬以"河清难俟"四字获罪，罢居虎丘讲学，海内知名人士无不景崇。晚年归籍蕲州，于凤山之麓筑四照堂著书，尤嗜古好学，至老手不释卷。卢工诗文，有《四照堂集》十卷传世。

张仁熙　（1608～1691），字表人，一作长人，号藕斋。广济梅川藕湾人。父楚伟，号雪巅，明天启四年（1624年）举人，擅诗文，著有《雪巅集录》。仁熙幼年受父熏陶，11岁能文。明末避难蕲州，与蕲州顾景星、同邑刘醇骥、竟陵胡承诺、吴骥等研讨诗文，酬唱奉和。入清后，不入仕途，山居谢客，寄情诗文，反映民生疾苦，针砭时弊。初作诗多近明七子，中年后，师法陶渊明七言与杜甫七律，不拘一格。清诗人王士祯称其为"楚栋之杰"。后黄州知府宋仲通在黄州雪堂筑东斋，请其说诗，又组织"五经社"，研究学问，一时门生颇多。清康熙十二年（1673）、二十三年（1684）两次参与修《湖广通志》。著有《藕湾全集》29卷、《雪堂墨品》《日庵野录》《雨湖庄论别录》《草窗秘录》等。

李中素　（生卒年不详），字子鹄。麻城人。工诗、书、画，有"三绝"之誉。康熙二十六年（1687）任岳麓书院山长（院长），任期书院获康熙嘉奖，获御书"学达性天"匾，尚获《十三经》《二十一史》等16种书籍，致岳麓书院声誉愈远。康熙三十四年

95

（1695）任台湾知县。李善听断，遇冤必竭力申救。任内无冤案，民多颂声，教渐趋善。逝于任上，常为台湾百姓思念。

蒋国祥 （生卒年不详），别号萝村。浙东暨阳人。监生。清康熙五十五年（1716年）官黄州知府。体察穷困，政多宽大，予民休养生息。任间尤重教育，重修学宫，举办义塾，激砺士子，使读书日勤。在任10年，从政勤廉清明，黄州人为其建生祠以祀。

鲁之裕 （约1662～约1722），字亮侪。麻城人。清康熙（1662～1722）年间举人。曾任直隶清河道、署理直隶布政使。著有诗、文诸书达二百余卷，编有《长芦盐法志》。

王道明 （生卒年不详），字熙载，号双崎。黄冈人。王道明7岁而孤，母陈氏拮据供读。夜斩松脂为灯，寒扫枫叶为炉。家境贫困，求学愈勤。通经史、诸子及唐宋八家。清雍正元年（1723）贡生，授武昌府训导，复延掌勺庭、江汉两书院。著《双崎诗文集》。曾修《湖广通志》及《长沙府志》，年96而终。

陈大輦 （1677～1724），字子京，号怡园。黄冈中和乡（今属武汉新洲毛集）人。清康熙四十一年（1702）举人，康熙四十五年（1706）进士。康熙五十三年（1714）任广西永安知州。其地瑶、壮族杂居。陈赴任后，伸张嫁娶丧葬之礼，提倡办学读书之风，使教育之渐兴。民有冤，允其面诉，并易相互仇杀恶习。后奉命巡视泗城府，平其冤狱。朝廷考察政绩，升为福建盐运使，盐政大治。兼管福、汀诸郡政事，析断疑案，盗贼敛迹。后升台湾道，正值荒年，陈分路给粥，日食数千人；发放仓粮，分10厂减价出售；又运粮至澎湖，赈济灾民。活人甚众。并议建城郭，裁番社花红搜山陋规，使番社子弟皆入学，教育始兴。雍正二年（1724）卒于台湾，乡民闻讯，皆持香恸哭于阶下。

张鹏翮 （1649～1725），字远青。祖籍麻城，后迁居四川遂宁。清康熙九年（1670）进士，选为翰林院庶吉士。康熙二十九年（1690），任浙江巡抚、总督河道，主修定海城垣，悉心尽力治理黄河，并极力兴创学校，推行教化。世宗即位后，加太子太傅。雍正六年（1728）任武英殿大学士，主持大事，时称贤相。卒加少保，谥文端。著有《张文端公全集》。

王懋绩 （生卒年不详），字乃言。黄冈人。父汉澳早逝，家境贫寒，其母苦节而育之。懋绩勤学好古，为诸生，有文名。清康熙五十四年（1715）进士，任永州教授，主讲岳麓书院。雍正四年（1727）与修省志，后以疾告归。子光佩，进士，廉介清明，士民誉之。

陈大章 （1659～1727），字仲夒，号雨山，黄冈中和乡（今属武汉新洲毛集）人。父肇昌，顺天府尹。兄弟6人，均有功名。陈于康熙二十六年（1687）中举人，次年进士，选庶吉士。官至太仆寺少卿。后以母年事日高为由，辞官归故里。侍亲孝，教育子弟循循善诱，然要求甚严。晚年于家乡设帐授徒，其徒多有成就，民皆闻而敬之。陈博研经史，学益纯邃。闻人有善举，即设宴席，以礼待之。喜游名山大川，吟"诗必穷胜，可作游记，可补志乘"（《清诗纪事初编》）。著有《诗经名物集览》（今存浠水县博物馆），是注释名物繁富之作。并有《玉照亭诗》《北山文钞》《抱节轩类记》及《读史笔记》行于世。

钱錾 （生卒年不详），江苏常熟人。举人。清乾隆十七年（1752）由江夏知县升蕲州知州，倡捐扩建麟山书院，力禁"托神取利"之弊，并倡修《蕲州志》，陈诗称为"地志之寰臼"。乾隆二十二年（1757）八月升任黄州知府，与黄冈县知县刘煜捐修河东书院，常至书院与诸生"考经义，陈古训"。尚督修府署，扩建试院，补府城墙，善政甚多。乾隆二十四年（1759）离任。

刘梦鹏　（生卒年不详），字云翼，一名海亭。蕲水（今浠水县）关口人。清乾隆十六年（1751）进士。官河北饶阳县令。任内行善政，缓徭役，免赋税，兴学校，赈饥民。多有美政，民以颂之。因亲丧归于里，潜心治学著述。著《春秋义解》《楚辞章句》7卷，皆入四库全书。《四库全书存目提要》评之曰："梦鹏此书，就诸本字句异同，参互考证，亦颇详悉。"其墓葬于关口镇策山村郑家岗凤形地处。有白石质墓碑及碑文，尚存。

喻钟　（生卒年不详），字公升，一字宫声。黄梅人。清乾隆五十四年（1789）拔贡。性耿介，工吟咏，尤善词曲，长于授徒，馆浠川王根石处最久。随掌教随州，晚授长阳教谕，时年70。子宾同时司谕当阳，会宜都院试，宾至宜省亲，学使知之，命帮办试事，一斋两教官，时传为佳话。

喻文鳌　（生卒年不详），字治存，号石农。黄梅人。清乾隆（1736～1795）贡生，任竹溪县教谕，以教导有方知名。与蕲州陈诗、汉阳叶云素为至交，同以诗文负重望，时称"汉上三杰"。湖广总督欲招为幕僚，喻力辞不赴。喻好游，足迹遍江、淮、齐、鲁。长于诗文与古文。著有《考田诗话》《红蕉山馆诗文钞》《红蕉山馆古文》《湖北先贤学行略》等。

张锦珩　（生卒年不详），字如亭。黄安（今红安县）人。学问深醇，登清嘉庆四年（1799）进士。官吏部郎中，迁云南道御史，授南安知府。倡修校士馆，以便试者，所选拔者多为寒士。后引疾而归，主讲鹭洲、墨池、河东诸书院。

钱灏　（生卒年不详），字博海，号若木。黄梅人。清嘉庆六年

（1801）举人。初授武昌府学训导，擢升荆州教授。充江汉、勺庭二书院院监，与袁金溪等为文友，同订《楚北金石录》，一时从学者，多知为名士。

徐跃 （生卒年不详），字南墅。蕲水（今浠水县）人。清嘉庆十二年（1807年）中武举第二名，曾为林则徐延为上客。后掌教蕲阳书院，任汉阳训导。中丞张瀚山以"经师人师"额其门，卒年87，著有古文诗集若干卷。

宋治咸 （生卒年不详），字小阮。黄冈人。宋鳌之子。清嘉庆六年（1801）进士，授仙居知县。后历主鹭洲、中江、聚奎、河东诸书院。著《几复堂诗古文集》。

程德楷 （生卒年不详），字宪甫。麻城人。清嘉庆十年（1805）进士，授翰林编修，任福建主考、贵州学政时，奉旨撰刻训士论并训民说，颁发各府县。后历任江西学政、光禄寺卿。

闻斯行 （生卒年不详），字勇斋，蕲水（今浠水县）人。清嘉庆十二年（1807）举人，任石首县教谕、晋阳府教授。后两举蕲阳书院，成就颇著，年愈九十，尚好学不倦。

程之桢 （生卒年不详），号维周。江夏（今武昌县）人。清末（1808？）举人。初为大姚知县，改黄冈县教谕。时逢兵灾过后，黄州古胜楼阁学舍，皆为之毁坏，程之桢督民捐资重修。为学官期间，乐于荐引外方人士。程之桢善诗，亦工于书画。今东坡赤壁二赋堂内前、后赤壁赋，皆为程之桢手书。著《维周诗钞》8卷。今黄州东坡赤壁酹江亭内，石刻其《赤壁怀东坡先生》诗："我来不见横江鹤，公去飘然八百年。终古飞涛悬断岸，一轮明月在青天。熙丰事冷王安石，山水人怀李谪仙。莽莽乾坤几壬戌？渔歌夏口渺秋烟。"

帅承治 （生卒年不详），字士安，号康衢。黄梅探花帅承瀛之弟，系廪贡生。操行不苟，工书法。清嘉庆八年至嘉庆十三年（1803～1808），随兄承瀛广西、山东学使任，襄力最多。晚以教习选授兴国州训导，厘剔积习，学规一振，训士严正，不率者斥之，士气得伸。寻充江汉书院监院，尤为整饬，一扫数十年积弊，山长袁金溪叹以为得未曾有也，后卒于监院厅。

石产湖 （生卒年不详），字海融，号镜川。黄梅人。清嘉庆十三年（1808）乡荐，嘉庆十四年（1809）中进士。历主江西吉安、万安、靖江并江南、刊江诸书院，精勤于教，成就者众。

卢镜亭 （生卒年不详），黄安（今红安县）人。清嘉庆十五年（1810）优贡生。历主河南雪香书院、东周书院、襄台书院。后又主黄安萃英书院十余年。著《岱游》《洛游》《蒿游》。

万承宗 （生卒年不详），字梓岩。黄冈万年茂之子。清嘉庆十九年（1814）进士，选庶吉士，授贵州都匀县令，升大同知府。归田后，主讲荆南、江汉书院15年，教士有方。其父万年茂掌教江汉书院时，承宗生于讲舍，至是60年，仍主讲席，时人颂之。修纂《江陵县志》，又与邑人张履恒共修《问津书院志》。著《引山堂诗文集》。

张履恒 （生卒年不详），字长溪。黄冈人。清嘉庆十九年（1814）进士，授内阁中书。精研《易经》《礼记》，造诣尤深。中年后，以病告归。后主讲黄冈河东书院。纂修道光《黄冈县志》，与邑人万承宗同修《问津书院志》。尝辑《周礼》以教学子者。

张廷赞 （生卒年不详），字均万，号石潭。蕲州（今蕲春县）赤东下石潭人。由太学士拣选县丞。张为人豁达，喜豪举。清嘉庆二十一年（1816）捐银万两，修缮蕲州州学。陈诗曾记曰："自雍正十二年至嘉庆廿一年，经八十二年风雨侵袭，蕲州儒学木蠹石倾，赤白漫漶。石潭毅然以为己任，捐银一万两有奇，鸠工集材，独竟其事，垂三年而成。……石潭志在化其人自为师，家自为学之陋。"石潭尚捐巨款于家乡建"下石潭花学"，亦名"听松轩"，即下石潭湾张氏义塾。建筑规模宏伟，有正厅、大院、花圃、平台、广场、池塘、围墙，嵌于两小山之间，山水秀丽。聘名师任教，免收学费，造就人才甚众。胡风（张光人，生于1902年，逝于1985年。曾主编《七月》《希望》杂志。曾任中国文联委员、中国作家协会理事、中国作家协会主席团成员、第一届全国人大代表。）幼年即就读于此。

赵磊 （生卒年不详），字崇基。黄梅人。清嘉庆二十三年（1818），乡试第一名（解元）。未仕时，家课谨严，生徒子弟，多有成就。后任应城教谕、宜昌教授。所至之处，崇之实学，砺于躬修，士风为之大变，一时称之师范。

李钧简 （？～1823），字秉和，号小松。黄冈周铺（今属武汉市新洲区）人。清乾隆五十一年（1786）乡试第一（解元），五十四年（1789）进士，授翰林院编修。嘉庆元年（1796）任宫廷内阁学士。嘉庆六年（1801）任江西学政。后出督仓场，又任侍读、顺天府尹、光禄寺卿，终以编修辞官。著《周易引经通释》10卷、《融斋目录》。

汪鹏 （生卒年不详），字若山。蕲水（今浠水县）人。由优贡登清道光十一年（1831）贤书。授房县训导，以振兴文教为己任。曾礼聘为郧阳、房县等县书院主讲，约法严明，讲学不倦，门中多名士。尚书贺寿慈、侍郎彭久余、京兆尹梁肇煌，为其中最著者。

潘光照 （1772～1837），字朗垣，一字受明。罗田人。清嘉庆九年（1804）中举，四次会试未第，选授襄阳县学教谕，课士极严。曾书联于官署门首："地控荆襄，喜多士风流依旧轻裘缓带；里名冠盖，愿群公日下又乘驷马高车。"著有《自怡诗草》《襄阳游草》传世。

张文藻 （生卒年不详），字华圃。麻城人。清道光十七年（1837）拔贡生，赋性潇洒，喜音律，工书法，诗宗韦柳，文得归方门径，督学朱兰、江汉书院山长袁铣深器异之。晚岁寄情山水，奖掖后进，名彦多出其门。著有《小山书屋文集》《琴泉诗存》。

金耀远 （生卒年不详），字朗山。英山县人。生于书香世家，上五代皆名登进士。金幼聪颖过人，为文秀丽风华，操笔立就。清咸丰二年（1852）恩科进士，分发云南即用知县，后署云南镇南州知州。镇南地处边陲，地瘠民贫。金至，首兴教育，于百姓晓以道义，使知礼法。杜绝私人请托，严禁行贿受贿，不许吏役越职揽权，深受百姓拥戴。

陈琼甫 （生卒年不详），号金铭，一号瑞林。蕲州（今蕲春县）檀林河人。清同治元年（1862）举人。中年后，曾主讲江西凤仪、浙江双峰书院。晚年归里，主讲蕲州麟山书院6载。

匡庆榆 （1805～1865），字星垓，亦名一清。罗田匡河人。曾先后主讲义川、开洲、济宁、渔山等处书院，颇有文名。著有《诗经序注》《正楷客窗·消寒笔记》《知足常足斋文集》，编有《义川书院志》，译有《欧洲交际要则》《日清战役国际公法》《日俄战役国际公法》《外国和平论》等。

潘焕龙 （1794～1866），字四梅，号卧园。祖籍安徽休宁，明初迁罗田。清道光五年（1825）中奉天乡试举人，次年以知县任用，历任河南洧川、商丘知县。洧川任内，修学宫，督考课，振兴学风，清理积案，得"慈母神君"之誉。潘学术精湛，尤工于诗，著有《四梅书屋诗钞》及《卧园诗话》。清武英殿大学士潘世恩称其诗"和平温雅、各体兼备，是真探源汉魏，而出于韩、白、欧、苏诸家，非独天资高，抑且学力深。"潘于中州时，与布政使林则徐交往甚深，颇为林所敬重。

阎定邦 （1837～1870），字协臣，一字守臣。罗田人，清代武官。16岁从军，作战英勇，历任什长、守备、游击、总兵，升记名提督，多获奖赏，后死于兵营。阎于家乡教育，尤为关心，罗田原因赋税少，秀才名额亦少。阎捐俸银20万两，增文武秀才名额各13名。

管贻葵 （生卒年不详），江苏省阳湖县（今武进县）人。清同治十年（1871）任罗田知县，至光绪十一年（1885）离任，为该县知县任期最长者。管于教育尤为重视。凡离城偏远地区，令乡绅筹款于该地分设乡课。县西北滕家堡，地处边陲，交通不便，管于同治十二年（1873），指派专人劝捐修复滕家堡古刹，作为乡课公所。光绪元年（1875），拨集云庵庙产田35石，设平湖乡金凤楼义学，以助该地儿童就学。尚为濛濛山义学捐资。

王豫修 （生卒年不详），字建侯。英山人。清咸、同（1851～1874）年间，士好新奇，争以周、秦诸子相尚，王慨而忧之，作《续韩昌黎源道》，传入内廷，两京大为欣赏。王公卿相，争遣子弟师事之，受业者数十人，一时奉为宗师。光绪二年（1876）进士，钦点工部主事，授都水司，承办皇室要工。保员外郎，候选知府。

陈士升 （生卒年不详），字晋阶。英山人。自幼读书，沉默少语而怀大志，素慕范文公为人。同治三年（1864），粤匪窜英，其师杜若陵遭难，士升率其子，奔走百里，出入乱军中，觅其尸归以葬。清光绪二年（1876）中举人。任定远县教谕，并历任太和、颍州、霍邱、定远各属书院讲席。任颍州时，时遇大荒，士升时亦困窘，为当道阅课士卷，得白金四十两，大喜，以之尽助赈捐。士升诱掖后学，如训子侄，人皆敬之。课士先器识而后文艺。门下之士，遍皖南北，尊为人师。

郑衍熙 （生卒年不详），英山县人。清光绪二年（1876）科进士，翰林院庶吉士，授职编修。光绪五年（1879）简放甘肃全省提督学政。墓葬县东施家湖。与郑泽林、郑绍成（授翰林院庶吉士），为英山名噪一时"一门三进士，同科两翰林"。

汪作筠 （1842～1883），字冶亭。英山县人。廪贡生，生负奇才。补诸生。朱九香、景剑泉、祁子禾诸学使，皆视为国士。侍郎殷谱经尤奇其才。直隶布政使合肥丁乐山，慕其名，聘为讲师。凡遇重大庆典，拟撰重要文章，皆出其手笔。莲池书院教学，一以委之。时举人王锷、山东按察使翰林胡景桂，曾肄业于该书院，皆执贽（旧时拜师之礼）出其门下。汪素惜才嘉士，奖励后秀，人称其独具识才慧眼。著有《四棠轩诗稿》4卷、《古文》2卷。

王绂伟 （1887～？），黄冈人。清末留学日本政法大学，获法政学士学位。归国后，任南京政府司法部秘书长、参事、北洋军阀政府司法会议议长、大总统府法制咨议、内务部次长、交通部次长、蒙藏院总裁、北京大学、北平大学教授。著有《中国货币论》。

王葆修 （1791～1892），字艾亭。英山瓦寺前九分湾人。清道光二十九年（1849）拔贡，朝考二等，选任安徽当涂县教谕。后调任湖北知州，署黄安县事，屡擒大盗，合邑称快。同治九年（1870）协编《英山县志》。且捐置学田，创修书院，激励青年奋力学习。理政判讼无积案，民皆感恩戴德。同治十二年（1873）乡试同考官，文明远播。著有《棣萼山房诗集》。

王佑修　（生卒年不详），字筱珊，为王葆修二弟。英山县人。清同治九年（1870）科举人，光绪三年（1877）进士。为光绪五年（1879）、光绪八年（1882）、光绪十四年（1888）、光绪十五年（1889）四科乡试同考官，补山东运同特用道二品衔。历任各州县，多与东海、黄河接近，每至任所，倡修堤筑堰，改瘠土为良田，合计不下数千顷，年增产粟麦以数万担计。修建书院义塾，兴教育，易风俗，教化斯民。去任后，各地遍立生祠祀奉。

王五玉　（1820～1892），字辉瑞，名天贵。麻城盐田河三合湾村王家冲人。自23岁起，献身教育近50年。王机智聪颖，善诙谐，讲授谈笑风生，倍受门徒欢迎。平生不畏地霸豪绅，敢讽权贵，且乐助人，倍受穷苦百姓尊敬。其子王兰亭，孙王再羲，相承父志，毕生从事教育，为教育世家，威望满乡邑。

王丕鳌　（1840～1893），黄冈（今属新洲）人。清光绪初进士，编修，云南学政。

潘贻福　（1844～1896），字芝堂。罗田县城人。清光绪二年（1876）恩科散馆授职编修，充国史两馆总纂、功臣馆协修。光绪十二年（1886）春闱充礼部乡试同考官，曾主讲义川书院。光绪二十二年（1896）任湖北学政，后任两湖书院监督。著有《似园随笔》《东华录》《寨芙蓉室骈文集》，其诗曾选入《清诗汇》。

郑一坊　（生卒年不详），字宇平，号怀云。英山人。清光绪二十三年（1897）举人，拣选知县，为邑名宿。曾以百金营息，买置田稞43担，花稞30斤，为书院生徒膏火。事详于明伦堂，兴贤馆、凌云书院名碑刻。晚年主讲凌云书院，士子多有所成。著有《培元堂文集》。

叶良杞　（1829～1897），字备武，亦名楚卿。罗田县梅家冲人。出身书香门第，天资聪颖，5岁入私塾，稍长入义川书院。清道光二十二年（1842）补博士弟子员，同治元年（1862）中乡试副榜举人。然淡于官达，设七叶山房学塾，专课其子侄，外地慕名负笈者亦不少。叶仍全力而教之。光绪元年（1875年）参与修《罗田县志》，任总编兼庶务。光绪五年（1879年），捐田亩银两，创建凤凰关与濛濛山义学两所。皆亲往选址督修，亲任学董。尚劝导乡绅捐款资助。其所办学校，不论家世，儿童皆免费就学。叶倾力教育，其贡献之大，影响之远，深受乡民赞誉。

黄云鹄　（1819～1898），字祥云。蕲州（今蕲春）黄大樟树人。黄侃之父，蕲春宿儒。清咸丰三年（1853）进士，先授刑部主事，后迁兵部郎中，出任四川雅州、成都知府、建昌兵备道、四川盐茶道署理按察使。四川为官20余年，颇有政绩。光绪十六年（1890）辞官归里。后任两湖、江汉、经心书院山长，以博学见长，颇受士林敬仰。著有《学易浅说》《群经引论大者》《念昔斋瘤言图纂》《花潭集咏》《实其文斋文钞》《实其文斋诗钞》《完贞伏虎图集》《兵部公牍》《归田诗抄》等，且工书画。

刘维桢　（1822～1905），又名干成。黄冈扬鹰岭人。少家贫，其父监生，以教书为生。幼随父就读，稍长，弃学从篾艺。刘性暴好强。清咸丰三年（1853）春，因看戏闹事，众人斥之，遂出走，投太平军，任英王陈玉成掌书。刘胆量过人，迅即得以重用。后慑于清军威势而投清，并主动请战，攻破随州（今随州市）、枣阳及德安府（今安陆县）等地，沿途劫掠战乱资财，而破德安时，将太平军军饷库藏劫夺一空，以骡马运回老家，遂成巨富。后解甲还乡，苦心经营庄园，自称为"七仓五典八商三条船"，常年雇工二三百人。荒淫无度，霸占民妻。为博时誉，曾修桥摆渡，设义学、社仓、善堂、义庄、施粥场、育婴堂等，捐资修建京师同邑会馆、黄州昭忠祠、江夏勺庭书院、高观书院、黄州河东书院及黄州府中学堂，重修东坡赤壁及武昌黄鹤楼等名胜，吟诗题字于其上。并捐白银十万两给省兴办学堂。另捐黄冈县淋山河窑家田、百福寺一带学田一千五百六十亩（价值一万五千零五十二元），给黄冈县儒学与书院办学。光绪三十一年（1905），刘病死于武昌寓所，葬于扬鹰岭附近。

吴铎　（1827～1905），字振之。黄梅大河人。清咸丰八年（1858）中举，任大冶、天门等县教谕，德安府教授。倡导读书要有真见，至老不懈。著有《笔记》12卷、《四书志疑》《十三经疑字解》等。

张楷　（1843～1905），字仲谟。蕲水（今浠水县）堰桥人。工书法。清同治十年（1871）进士，授翰林院编修，云南乡试主考官，晋侍讲。光绪初上疏以沙俄吞并我边界土地，请朝廷派兵驻防伊犁，相机收复。疏文中肯，朝野传诵。嗣后出任浙江金华、山西汾州、河南开封知府，将义和团编成防军，扼守黄河南岸，使河南秩序安定。光绪三十一年（1905）卒于任所，开封将其与包拯、苏轼并列建祠以祀，称"三贤祠"。

胡松咏　（生卒年不详），字梦泉。英山县人。廪贡生。品端学粹，热心教育，出其门者多佳士。时安徽太湖莫司马慕其名，聘为西席，主讲文峰书院数年。教育青年，诲人不倦，士林仰若山斗。科举废，即捐款创办"育英高等小学校"，清光绪三十三年（1907）二月正式开学，竭力培育人才。

周从煊 （生卒年不详），字念衣。罗田僧塔寺人。清光绪（1875～1908）年间，随黄鲜庵学使东游日本，归国后，曾任湖北文普通中学校长兼教习、湖北省立二中校长、罗田义川书院院长、湖北省参议。长期从事教育，精于书法，著有《象溪诗存》。

童德禧 （1880～?），字禧文。蕲春赤东镇童家畈人。清宣统元年（1909），毕业于京师译学馆德语专业，后留学瑞士。归国后，任北京大学哲学系主任兼教授。

陈台 （1842～1908），号文阶。蕲州（今蕲春）望江畈人。清光绪元年（1875，乙亥）恩科举人。光绪三年（1877），蕲州知州封少霞礼聘为麟山书院山长，主讲28年，为建书院尽毕生精力。其书院重选聘名师，除研习儒家经典外，西方物竞天择之源，立宪民主之论，声光化电之学，亦间传播研习。使书院为清季鄂东享有盛名书院之一。光绪三十一年（1905），陈选任荆门州（今荆门市）学正，任职3年，以积劳成疾，归田休养。光绪三十四年（1908）七月病逝。

叶朴臣 （1842～1912），字良杰，号炳蔚。罗田梅家冲人。父醒吾，毕生从事教育。叶于程朱理学造诣尤深，尤推崇范仲淹"先天下之忧而忧，后天下之乐而乐"古训，执教后，常以"学戒自欺自是，生戒自私自利"自勉，并律己教诲学生。朴臣藐视功名，不求仕进，一生以师为业。先后于石桥铺、万寿桥、朦胧山及英山百丈河等地执教达46年。其设帐之处，学皆署曰"隐求居"。晚年自名"隐求居老人"。朴臣博文约礼，指导有方，所授生徒，成名者甚多。邑翰林姚晋圻、姚晋埏、邑举人匡一、叶启寿，皆出其门下。

周龙骧 （1878～1912），字俊民，号应云。麻城宋埠拜郊人。清光绪二十九年（1903）选送至日本学习师范教育，与同学黄克强

（黄兴）、周干丞、程子瑞、李步青、李熙等友好。光绪三十二年
（1906）归国，先后任教于两湖总师范、支郡师范，主讲地理、历史
及教育原理，常于学生中宣传民主思想，颇有影响。周为人恬淡，
不求名位，与同乡屈子厚友善。武昌首义，专函告屈，屈遭害后，
即请准军政府严惩凶手，并于武昌为屈开追悼会。深为同仁称道。

汪应蟾　（1876～?），字汝中，别号寿千。蕲春张榜汪瓢铺人。
光绪三十年（1904），入日本宏文学院师范科，后入东京实科学校专
习理化。光绪三十二年（1906），于日本入同盟会。归国后，于蕲春
州高等小堂任教，秘密进行革命活动，保护进步学生。民国初
（1912），于南京临时政府教育部任职。后归里，历任蕲春县劝学所
所长、县教育局长。

吴东甲　（生卒年不详），麻城人。1912 年至 1914 年，吴任麻
城县劝学所所长。1915 年至 1916 年，劝学所改为教育公所，吴仍任
所长。1917 年，教育公所复称劝学所，仍由吴任所长。吴为清末民
初麻城教育知名人士。

李少绀　（1874～?），罗田县大河岸横河人。两湖文高等学校
毕业。热衷公共教育。清末民初，曾捐资 3000 元于家乡韩家湾，创
办罗田县私立两等小学堂。1919 年，复于罗田创办乙种农业学校。
曾受国民政府嘉奖，颁发二等嘉禾章一枚。历任湖北省教育厅视学、
罗田县教育局局长等职。

王楚乔　（1867～1920），字佑祺，晚号植根山人。罗田县大河
岸古楼冲人。清光绪三十一年（1905），公费留学日本弘文学院。宣
统二年（1910）归国，经考试后任外部主事、庶务司行走。宣统三
年（1911），辛亥革命爆发，王即专事教育，先后任京师、武昌、汉
阳、罗田等学校教员及武昌启黄中学校长、罗田高等小学校长。于

罗田任教期间，效法日本、京师等地办学方式，创罗田新式学校之风，董治有方。所著《万国史述要》于日本东京印行。

熊太晶 （1844~1921），字光大，一字京屏。更名命官。蕲水（今浠水县）团陂沈坳人。熊性恬静，幼从父读。年二十，课余时，常请教业师何燮臣，与之探讨经史，发其义蕴。熊尝言："吾之所学，无非取于人者，吾见友人之善诗者，与之论诗，即得其作诗之门；善书者，观其下笔之妙，即得其临摹之法；若夫检束身心，则从何公所授之四子书始"。熊读书善取众长，且以务实为尚，力戒文以炫世，学以钓誉。常诚其门人："读书必不可浅尝其说，徒事驱才驾气之文，以博权势。"并作诗云："画竹难画节，画兰难画香，竹节本外露，兰香乃幽芳，从来盛德处，终莫可称扬。"故何焜阁、熊十力、瞿瀛、杨守敬等争相师友。其后，熊视权奸误国日甚，无意仕途，杜门家居，耕读自娱。凡乡里善举，悉以资助。时县成立劝学所，熊推为所长，创办县校，筹建育婴堂，整理刊印东坡碑帖，修建道路桥梁，无不尽心，力抵于成。县校落成，瞿瀛赞熊："济济多士，成德达材，风气大开，造就人才至众，始创之功，固不小也。"熊晚年所作诗文，状物言志，多为民之疾苦声。如《感所见》中云："细雨不成滴，垂条如贯珠，但恐北风吹，摇落成空虚；摇落亦何惜，北风良可虞，谁家小儿女，肤边无裤襦。"气情至理，溢于言表。1921 年病逝。

刘念祖 （1906~?），黄冈杨鹰岭人。光绪三十四年（1908），其父兴斋主持族办义学青黎学堂。至 1921 年，刘接任改造青黎学堂，任校长。后赴莫斯科大学学习，任教于莫斯科马列学院。

叶谓溪 （1871~1922），名启熊、字梦黑。罗田梅家冲人。曾先后设教于罗田梅家冲、大河岸、梅店畈、韩家湾等地私塾。曾任罗田县宣讲员及劝学所负责人。于故里创办"梅家冲私立两等小学校"，任校长兼授国语课。

张荆野　（1864～1922），字凤巢，号翼轸。团风严家咀人。光绪二十三年（1897）经省考擢为拔贡。赴京任八旗官学教习。张颇善词章，尤以书法著名，真草篆隶，皆有独到处。一生精研"铁线文"，线条粗细均匀，安顿一一合乎法度，窥古人堂奥，自成一家。

陈国棋　（1872～1922），字晓儋，号筱丹。蕲春檀林河桐山冲人。清光绪二十三年（1897，丁酉）举人。光绪三十年（1904），蕲州知州陈介庵创办初级师范学堂（简易科），聘其主讲史学。光绪三十四年（1908）七月起，任蕲州劝学所学务总董。宣统二年（1910），应湖北存古学堂聘，为管课官兼史学讲师。1912年存古学堂停办，陈复归蕲任劝学所长达6年。陈掌蕲州劝学所10年，兴学堂，办讲舍，设宣讲所，勤勉劝学，使蕲州学堂遍布乡里。陈辞职后，仍不辞辛劳，设帐桐山，远道慕名负笈入学者络绎不绝。著《读史评论》12卷，《宋元学案要册》8卷。浠水毕惠康曾为作《陈晓儋传》。

陈树屏　（1862～1923），字建侯，号戒庵、介庵。安徽望江县人。清光绪二十九年（1903）十月调任蕲州知州。时清廷命废科举，兴学堂。陈任蕲州一年之内，创办师范学堂、实业学堂、高等小学堂各一所，模范初等小学堂五所，两等女子小学堂三所，初等小学堂六十所。从省城聘主教一人，向诸校介绍新学，余师均用州人。陈以知州而兼学正，常赴诸校督导，并自捐养廉银充考试奖金。一时，蕲州城乡，遍闻弦诵之声。

夏寿康　（1871～1923），字仲庸。黄冈仓埠镇（今属新洲）人。清光绪二十四年（1898）中进士，授翰林院编修。光绪三十三年（1907年），学部派赴日本考察，接受新思想。宣统三年（1911）

任湖北提学使，召集黄州八属旅省绅商，捐资倡办启黄中学。1920年委任湖北省省长，创办武昌私立政法学校及黄州初级师范学校。因受湖北督军王占元压制，在任仅150天即愤然北上。1923年11月14日病逝北京，由鄂督萧耀南迎榇返鄂，归葬故里。

卢春山　（1902～1925），黄冈回龙山人。1918年考入武昌中华大学附中，结识恽代英、林育南。1921年任浚新学校教员。1924年至安源煤矿任工人夜校教员，组织编写《工人读本》《辅习教科书》等教材。

吴伯云　（生卒年不详），黄梅人。清末秀才。1921年至1922年任黄梅劝学所所长。1925年，任黄梅县教育局长。

何九香　（1854～1925），名楚楠，一名友庄，晚号钝园居士。蕲春黄柏城人。清光绪五年（1879）应黄州府试，名列第五。光绪三十年（1904），蕲州知州陈介庵聘何为蕲州官立高等小学堂教习。宣统元年（1909）任广教寺第三高等小学堂堂长，因该校停办，改任蕲春县立第一高等小学校校长。何掌教学校，罗致名师，使蕲州高小名闻遐迩。何热爱祖国，痛恨帝国主义，五四运动爆发，积极响应，曾亲扛校旗，率全校师生200余人于蕲州城游行示威，沿途呼号，宣传抵制日货。著《钝园诗草》八卷。

王茂桓　（？～1926），字术甫。罗田城关人。清光绪十五年（1889），应湖北乡试中副榜，任教谕。光绪三十四年（1908）向学部建议设分科大学，遂调至学部任工程委员。岁近中年，王深感所攻经学，无裨于国计民生，乃就读于湖南兴化县舆地专家邹代钧，专心从事舆地学研究，创立"舆地公会"，广搜资料，译印中国及世界地图。辛亥革命后，王赴北京，任八旗高等学校及师范学堂地理教官。1924年，湖北国学馆创立，王葆心任馆长，特聘王主讲地理学。王精心编著地理讲义，深得时人及学生赞誉。时赞其讲义"足以发忠爱之忱，足以发激昂之气，足以破夏虫井蛙之见"。晚年著《三通考录》4卷、《高等舆地讲义》若干卷。惜其手绘精图底稿，均于"白朗之乱"时散佚。

刘运舟 （生卒年不详），黄安县（今红安县）觅儿区刘家岔人。1924年毕业于武汉中学，在校加入中国共产党。毕业后，党组织派刘运舟返回黄安，从事教育工作。1926年任黄安县教育局局长。任期兴办新式学校，并深入农村，了解农民，发展冬学夜校，实行平民教育。

王霭廷 （1855～1927），一名作宗，字仲符。黄冈淋山河人。清末秀才，后就读于武昌经心书院、两湖书院，立论政体维新，深为湖广总督张之洞器重。毕业后，视学于皖，旋归乡梓，设帐授徒，立雪其门者大都成才，如王养斋、方本仁、黄勉之、凡子安等。王博学多闻，攻经史，善散文，尤工诗，著《王霭廷诗文选》。

周祺 （1859～1927），字淑甫，号君淑，晚号赘公。罗田肖家坳柳林河人。民国元年（1912），应旧友之邀赴北京，任北京大学文学系教授及中国法政大学教授。1920年返湖北，任两湖巡阅署及湖北督军署顾问兼国立武昌师范大学文史教授。著《历代国文述要》《文体辨要》《诗体辨要》《学文述要》（合称《国文述要四种》）、《吴子兵法句解》《古今名将事略》《柳林诗文集》《药物辟谬》等书。

叶溪铭 （1875～1927），字仑。罗田梅家冲人。毕生从事教育。兴学堂前，先后执教于石桥铺张、汪、叶氏，傅家庄王、郑氏，古庙河周、姚氏诸名门望族家塾。兴学堂后，任教于石桥铺、梅家冲小学、县立中心小学教员、主任及四官殿私立高等小学校长等职。

叶为培养人才，呕心沥血，极力推行新教育。黄埔军校毕业生汪锡森、余宗盘、叶海岑、张绩武皆系其爱生。

杨嗣震 （1895～1927），幼名宜鹏，学名三阳，曾用名志白。黄梅孔垄镇人。入九江同文书院、南伟烈大学。后至日本入早稻田大学政治经济科，与彭湃等组成"建设者同盟"、"赤心社"，寻求真理，立志救国。1921年8、9月间，加入中国共产党。次年初，彭湃任广东海丰县教育局长，聘杨为海丰县立第一高等小学校长，后又任揭阳县榕江中学英文主任，陆丰县教育局长、海丰县第一高中校长。

陈荫林 （1898～1927），名森。黄冈王家店陈策楼人。陈潭秋胞弟。1921年北京大学英语系毕业，返武汉，先后于武汉中学、启黄中学、湖北省第一师范学校讲授英语。1923年加入中国共产党。次年，任中共武汉地区委员会农民委员会书记。1925年于国民党湖北省第一次代表大会中当选为农民部长。北伐军攻占武汉后，毛泽东来武汉筹备湘鄂赣三省农民运动讲习所，陈参与筹备，并任教于该讲习所。中共"五大"会议上，当选为中央候补委员。

颜行义 （生卒年不详），麻城人。清光绪三十年（1904），麻城创办白果高等小学堂，颜行义任堂长。堂址设于白果兴福寺。1912年至1916年间，曾任麻城县乙种农业学校校长。其间，1913年，麻城学会改为麻城教育学会，颜行义任会长。同年，麻城宣讲所成立，颜行义为宣讲员。1927年前后，任麻城县教育局局长。

叶绳裘 （1905～1927），号彦三。罗田梅家冲人。毕业于清华大学。1926年于滕家堡创办平民小学，任校长。并以平民小学为基地，建立"罗麻青年读书会"及"共产主义青年团"组织。同年9月，加入中国共产党。

蔡蘷龙　（1868～1928），字博泉。蕲水（今浠水县）人。任蕲水县立高等小学堂及旧制中学教员。清光绪三十二年（1906）以其《山水、风晴、雨雪图》参加巴拿马世界画赛，获二等奖章。

王鉴　（1898—1928），黄安县（今红安县）高桥区王兴六村人。1923年春加入中国共产党。同年秋毕业于武汉中学（由董必武创办）。冬，受中共党组织派遣，任"黄安党团工作组"副组长，与组长董觉生，同返家乡黄安，于本村办学，日课儿童，夜教农友，宣传马列主义，组织农民协会、农民自卫军。王鉴自编教材，指出穷人穷、富人富之根源。所编教材有《长工苦》《农友苦》《地主豪绅是吃人的狼》等。1925年，董必武由武汉专程返黄安检查"农运"工作时，看到王鉴所办学校、所编教材，称王鉴："你是穷苦人民的好人，是富豪财主的叛徒。"1927年，参加黄麻起义。嗣后去南昌参加红军。1928年，在返湘鄂西途中病故。

邓雅声　（1902～1928），名书堂。黄梅五祖邓老屋人。出身于乡村塾师之家。少时读书，勤奋刻苦，深得名师熊竹生器重。后入县城八角亭小学就读。1924年5月，中共黄梅县委成立，邓雅声任组织部长，负责两区党委会，积极加入通讯读书会，发起组织少年黄梅学会。1925年加入中国共产党，致力农民运动，于邓老屋及潘河创办平民夜校。1927年3月，出席湖北省第一次农民代表大会并推选为省农协秘书长。同年9月，调孝感任中共京汉铁路南段特委委员，旋任特委书记，指挥应山年关暴动。1928年2月，赴省委汇报工作，不幸遭捕，2月16日被杀害于汉口大智门。1979年，湖北人民出版社出版《邓雅声烈士及其遗著》。作家茅盾特为之诗序，序中曰："……遗书告慰尊师，生已求仁得仁。平生未了事业，无数志士继承。伟哉忠实如君，无产阶级精英。亿万青年瞻仰，踏着血迹前进。"

宛希俨 （1903～1928），字畏如。黄梅县宛大屋人。1917年考入启黄中学。选为启黄中学学生会主席。1921年考入南京东南大学。次年加入中国社会主义青年团。1923年加入中国共产党，任东南大学党支部书记，并选为社会主义青年团南京地方执行委员会委员。

王博夫 （生卒年不详），英山人。1923年任英山教育会会长，1928年任英山县教育局长。

张任铭 （1903～1930），亦名认民。蕲水（今浠水县）河坪人。1928年，张同旅汉孔庚、南爕、瞿翰屏、闻修纯、闻百之等人发动捐献，创办张楚中学。张代理校长。该校开学后，创办"黄鹄书店"于武昌横街头。书店内有"印刷部"、"誊工部"，推行半工半读，增加学生收入，增强学生劳动观念。该校教员南化、学生李智万、王锡珍、徐汉波，及黄鹄书店负责人王斐然，均系共产党员。张常于夜间，与其评审《张楚月刊》《黄鹄月刊》文稿。1930年8月2日晚，国民党教导第六团派兵包围该校，将张与留校师生逮捕，解送武汉警备司令部军法处。不久，以借开黄鹄书店，私设机关，计划暴动为罪名，将张任铭、王斐然、黄嘉今杀害于武昌阅马场。

彭汉遗 （1873～1931），字述先。广济（今武穴市）人。先后肄业于白鹿洞书院、江汉书院及两湖总师范，复往日本学法律，入共进会。归鄂后，协助孙武（武昌首义主要领导人之一）工作，以学界为联络重点。曾赴黄州安抚，当选为南京临时参议院参议员。晚年归广济原籍教书，乐育人才。同乡居正请彭出仕，不就，直至病卒。

陈子良 （1901～1931），麻城顺河西塆村人。1930年参加革命，于苏区办学育人，后任顺河区苏维埃秘书，极力兴办苏区学校。

1931 年，于可行桥遭害。

戴雪舫 （1870～1932），黄安县（今红安县）紫云区上戴家村人。1927 年春，任黄安第二国民高等学校（校址设七里坪）校长。1929 年，任黄安七里坪小学校长。1931 年 2 月，戴与鄂豫皖苏区特委秘书长陈定侯筹建鄂豫皖列宁高级学校并任校长。

刘锡侯 （1879～1932），名楫。广济刘显明垸人。清光绪二十七年（1901）中秀才，保送武昌经心书院，毕业后任广济劝学所所长。后任武昌北路小学堂教习、校监。不久升省提学使视察，督导全省教育。广济有旅省求学贫寒学生，刘多有接济。并主持集资，于武昌抚院街购买房屋与宅基，办成广济旅省同乡会，为广济籍旅省人员活动场所。1913 年当选省议会议员，后任副议长，曾以省议会代表身份，联合社会各界人士，抵制军阀政府加征鄂省盐税以补军饷。武昌高师进步学生 20 余人遭捕，刘集合各界人士至督军公署请愿使学生获释，后遭吴佩孚通缉而避往上海。1932 年 6 月病逝于汉口。

查光佛 （1886～1932），字竞生，号汇川，笔名楚之祷杌。英山百丈河人。清光绪三十一年（1905）秋，赴日本东京求学，与居正、焦达峰等研讨革命问题，遂成莫逆。加入同盟会，得孙文召见。1912 年 2 月，任教育部副部长。1914 年，孙文将国民党改为中华革命党，查同居正率先加入。平生著述颇丰，有《武汉阳秋》，记述武昌辛亥革命历程及评述当时人物。现存湖北档案馆及图书馆。

郑行瑞 （1893～1932），黄安（今红安县）七里郑必高垸人。1931 年 2 月，任革命军事委员会鄂豫皖分会副主席，兼中国工农红军军事政治学校第四分校副校长。亲自授课，深入浅出，颇受学员欢迎。1932 年，"肃反"扩大化时监禁，自杀于狱中。

祝世菊 （1898～1932），麻城顺河料马岗祝家湾人。1927年参加革命。1928年加入中国共产党，从事农会工作。1930年，麻城创办第一模范学校，祝任校长。有学生412人，其中女生92人。学生组成学习、生活、军事体育三个组、实行民主管理，为红军培养大量人材。1932年遭捕入敌牢，折磨至死。

王佑作 （1901～1932），麻城中馆驿管山王李家畈人。1928年参加革命，从事教育，极力宣传共产党主张。1932年，于宋埠安澜门就义。

李先树 （1903～1932），麻城林店茶场李斯文人。1929年参加革命，从事苏区教育，以教书为名，开展中共地下活动。1932年于可行桥遭害。

胡鹤仙 （1904～1932），女。英山县东河蒋家楼人。1924年考入安徽省安庆女子职业中学。1930年胡定居英山县城，先于基督教女子学校任教，旋受命为英山县图书馆馆长。

江继应 （1906～1932），麻城乘马岗胡家冲人，1930年参加革命，在县苏担任油印科长，除油印文件外，尚大量油印小学课本，为发展苏区教育作出贡献。1932年于可行桥遭害。

刘孝贻 （1862～1933），字寅熙。广济（今武穴市）永西垸人。清末岁贡。早年热心为地方兴办教育，任"广济劝学所"第一任所长。历任广济县大公中学校监、永西学堂校长、湖南桂东县知事、湖北宜昌县知事。

陈侠文 （1883-1933），辈行名世榕，字天民，号荫南，一号亚文，更名侠文。蕲春县株林陈家坝下坝湾人。毕业于湖北文普通中学堂。1912 年后，陈还乡兴办教育。1921 年左右，蕲春创办乙种工业学校，陈任校长。1923 年至 1926 年，陈任首创蕲春麟山中学校长。1927 年，湖北省政府通令废止县立中学，麟山中学停办，陈至黄州法院任书记官。陈汉存于《先兄侠文先生行述》中载："中华民国二十有二年六月十五日，伯兄侠文先生殇于黄冈差次……任本县中学校长三载，成绩斐然可观，晚年挈眷避地黄州，以法院小吏自隐。" 陈淡泊名利，功成身退，为桑梓兴办教育，开蕲春中学教育之先河，业绩昭然。著有《三籁诗集》。

闵丹桂 （1890～1933），女，黄安（今红安县）紫云闵家河人。出身农家，5 岁丧父，随母乞讨。1931 年底，选为县苏维埃政府委员兼革命法庭主席，指导农协分田，审判豪绅地主，组织青年参军，创办农民学校，建立儿童团、青妇会等。1933 年 9 月，"肃反"扩大化中错杀。

李世贞 （1898～1933），英山长冲人。1921 年，安庆诸校学生为争取增加教育经费，向政府请愿，游行示威时遭到镇压。李白昼参加游行，晚为学联起草文稿，凡公函、电报多出自李之手。1922 年毕业后，任英山振英中学教导主任、代理校长，培养一大批进步学生。1926 年入国民革命军第八军政治部，同时加入中国共产党。1930 年参加红军，先后任红一军一师参谋长、红四军第十一师政治委员。1933 年于四川作战牺牲，时年 34 岁。

南庶熙 （生卒年不详），别名阔钟。蕲水（今浠水县）汪岗镇人。早年毕业于日本东京大学政治经济系。归国后，曾任北京中国大学、长沙晨光大学、武汉中华大学教授。著有《康德》，1934 年初版。

胡鉴莹 （1855～1934），字玉珊，号朗如。英山人。身历两朝，顺时应度。两度署沅期间，曾就湖淤办理垦务，致邑民得腴田四十万亩，岁增稻谷百万余担。同时，建琼湖书院，就垦务筹款万金，额租八千余担，奖优励士。文教之风，为之而振。知桃源县事，曾倡办初、高等学堂二十余所，捐廉集款，资送学生出洋。如宋教仁、高凤翥等民国初期要员，均系胡筹资送出。时湘抚赵尔巽奖其"办理学务，切实认真，冠于他属"。

徐全直　（1903～1934），女，又名虔知，化名黄世英。沔阳县脉望咀胡家台子（今属汉川县）人。为陈潭秋夫人。1918年考入湖北省女子师范学校。历任路矿工人子弟学校教员、中国社会主义青年团安源地委委员、武昌高师附小教员、湖北省立第二小学校长。

萧伯唐　（1903～1934），化名周绍文。英山蔡家畈人。1923年考入武昌共进中学。受陈潭秋影响，始接受马列主义思想。1925年考入广州中山大学，次年于该校加入中国共产党，毕业后任国民革命军第三军教导团（朱德任团长）连指导员。1927年夏，受中共党组织派遣，以特派员身份返英山蔡家畈，秘密从事革命活动。创办"平民夜校"、"山头药店"、"蔡家畈初高级小学"，向农民群众宣传进步思想。1931年4月12日，于上海入狱。狱中曾任秘密党支部书记与总支宣传委员。严刑威逼，始终坚贞不屈。1934年农历十月十七日，于狱中病逝，葬于苏州枫桥。现迁英山烈士陵园。

方震　（1879～1935），亦名廉，字孝正。广济梅川人。清末秀才，后入两湖师范，入同盟会，与居正、孙武往来密切，曾卖稞田200石，资助革命，清廷追捕党人，方掩护居正、焦达峰脱险。武昌起义，于军政府办理庶务并与黄楚楠、彭汉遗等前往黄州招抚。后任鄂东军政支部军法科长、都督府顾问官、招待所庶务、南京临时大总统府参议。随孙中山从事反袁护法斗争，并任广东大本营咨议。晚年，息影归园，热心教育，曾捐一百石稞田及家具，创办大公中学，为学校撰写楹联："磨砺以须，创造文明新世界；枕戈待旦，及时收复旧山河。"以勉励学生奋发图强，为振兴中华而努力。

余念先　（生卒年不详），英山人。据安徽省《教育行政学》载，余念先于1022年前，任英山县劝学所视学多年。1930年至1935年初，任英山县督学。

柳真吾　（1898～1935），原名宅陶。黄梅苦竹区西柳大屋人。1931年任赣东北省苏维埃政府教育部长、赣东北特委书记。

吴致民　（1900～1935），亦名铁汉，化名胡梓。黄梅严家林人。1917年入武昌启黄中学，结识恽代英、林育南等人，参加互助社、利群书社及"五四"运动。1921年入南京东南大学。次年，加入社会主义青年团。1924年转为中国共产党员。在校期间，寒假回乡创办平民教育促进会、少年黄梅学会、农民进德会。1929年任中共湖北省委委员兼鄂东特委书记。次年领导成立各县苏维埃政府，颁布土地法，创办彭杨学校，兼任校长，动员数万青年参加红军。同年选为中国革命军事委员会委员。

李子芬　（1902～1935），亦名泽萍、茨芬。黄梅县黄梅镇人。1923年于南京农林讲习所求学时加入中国共产党。

何泮芹　（1867～1936），号缦琴，名文渊，一名问源。罗田城关人。清末任教于省会。入民国回县，历任县立高等小学、模范高小、乙种农业学校、县立完全小学教员、校长等职20余年。晚年创办罗田县图书馆。

胡介人　（1870～1937），名藩，号国垣。黄冈县旧街镇（今武汉市新洲区）人。宣统元年（1909）任河南怀庆府中学学监、湖北学政、陆军学堂总办。宣统三年（1911）任教于河南高等师范学校。著《万国地理释译》《地理讲义》。

高秋浦 （1879～1937），字震瀛。浠水松山人（1933年，改蕲水县名为"浠水"）。清光绪二十七年（1901）亲友资助留学日本，毕业于早稻田大学经济系。于日本参加同盟会。光绪三十年（1904）回国任教。民国初，任湖南督署科长。1927年，国民党行政院长谭延闿聘高为浙江民政厅长，高辞而不就，后于关务署任编辑主任。其时宋子文请高为家庭教师，高亦婉言谢绝。高常教育子侄：饿死莫做贼，贫穷莫怨天，拖黄包车，卖小菜，不为丑事。1936年病逝于南京。

吴伯藩 （1900～1937），名屏，一名成价，字伯藩。广济（今武穴市）余塝镇吴家仓人。自幼随父居留北京。北京大学毕业后，赴德国留学，获化学博士，留母校启耳大学任教。1930年，王世杰任武汉大学校长，电邀归国，聘为武汉大学化学教授。后历任辅仁大学、陆军大学、北京大学教授。教学之余，潜心研究以酒精代替汽油为动力，终获成功。自此之后，声名鹊起，河北、山西、陕西、广西、广东诸省，均通电邀请筹建酒精厂。两三年内，全国共建七厂，均以伯藩为厂长或名誉厂长。并受傅作义将军礼聘，于绥远开办酒精厂。吴为此南北奔走，由粤赴桂，飞至广东三水上空，天适大雾，机触山受损，坠入三水江中。时国内各大报均以大字刊载。《大公报》为此专发社论。诸报列标题为"发明家又溺一人者"，有标题为"科学界一大不幸"。其遗体于1937年5月由两广政府联合收敛，鄂、桂、粤三省主持公祭。墓葬武昌东郊王家店。

罗鲲 （生卒年不详），黄冈西乡人。毕业于北京高等师范学院。1937年任黄冈私立正源中学校长。后任中华大学教授。

帅畏斋 （1864～1938），名培寅。黄梅县黄梅镇人。清末举人、进士。曾任启黄中学校长、《湖北通志》编辑 20 余年。期间于湖北国学馆及中华大学兼课任教。

尚少月 （1868～1938），又名宝璜。浠水云路人。18 岁为邑庠生。目睹清政府腐败，国事日非，遂隐居故里。以任教、行医为业。凡贫困者就读就医，一律免费。抗日战争爆发，华北诸省相继沦陷，尚悲痛国难，动员亲友参军抗敌，并向校内学生讲："当亡国奴，比虫蚁都不如。我愿作梁上鬼，不做亡国奴。"一日，尚至县城看报，得知南京失守，国府西迁，老泪纵横。回家奋笔疾书《绝命诗》十首。其中二首："汪洋浩劫已临头，国难方殷何日休。仰药捐生聊尽节，且将忠愤壮神州。""无端攻陷旧河山，风起云飞瞬息间。早死免流亡国泪，岂能屈服事夷蛮。"1938 年 1 月 2 日，尚为己备好丧葬费用，关门写好讣告。当日上午，齐整衣冠，卧于床上，饮药殉国，其壮烈之行，乡里闻之，无不痛哭流涕。1940 年鄂东行署于黄冈三里畈召开"尚少月先生追悼会"。行署主任程汝怀亲撰挽联："白首爱民还爱国，青山埋骨不埋名"。

郑衡之 （1877～1938），字树滋，号玉斋，别号冬心，亦号蜕奴。英山金铺黄林冲人。幼受庭训，笃性好学，从进士汪季阶等就读。18 岁县试第一，赴安庆敬敷书院研读，致力经史群籍。废科举后，书院改为安徽大学堂，仍苦心研读，品学兼优。选送日本明治大学法科专门部学习，正科毕业即授学士衔。因清廷腐败，外患日剧，毅然加入同盟会，跟随孙中山，与居正、田桐友善，立志改革国家政制。清宣统二年（1910），由日本归国，历任安徽高等警务学校、山东法律学校教员、皖北法政学校校长。著有《石城诗集》行世。

闻亦传 （1896～1939），字葆天。浠水巴河人。闻幼从父读，稍长，先后入武昌外国语学校、北京清华学校。1922 年官费留学美国芝加哥大学，1924 年获哲学学士学位，留该校研究院解剖学教研室，从胚胎学名家巴泽梅兹教授研究初期人体发生。1926 年秋任该系助教，撰《十七体节至二十三体节人胎之解剖》，载于费城韦斯特研究所神经学杂志。美国医学界极为推崇。1927 年夏，获芝加哥大学哲学博士学位。因巴泽梅兹教授推荐，获罗氏基金资助，入约翰霍布金大学体质人类学教研室，从舒尔兹博士研究灵长类鼻孔软骨之由来及其演化，其研究结果，于 1930 年刊于长纳奇研究所《胚胎学论文集》中。同年夏归国，任教于北平协和医学校解剖学系，讲授《胚胎学》《神经学》，先后发表专论 14 篇，颇为东西学术界重视。所著《胎儿生长之研究》，费时数年，颇有价值，惜未出版。1939 年 4 月 15 日病逝于北平（今北京市）。

张国恩　（1880～1940），亦名眉宣。黄安张家湾人。清末秀才，执教乡塾。清光绪二十八年（1902）入武昌文普通中学堂，结识宋教仁等革命志士，加入日知会。光绪三十二年（1906）考入两湖书院，加入共进会，率先剪辫。1919 年 2 月，偕董必武往上海主持湖北善后公会，从李汉俊处接触马克思主义外文书籍。年底，回湖北创办革命报纸及学校。1938 年，应董必武邀请，任《新华日报》常年法律顾问。1940 年病故于南京。

郑震谷　（1881～1940），字小岩，号啸岩。英山新屋嘴人。出生书香世家，然家境清贫。年十岁，父母离世，靠兄嫂抚养。其兄小谷临终书"勿自是，要虚心"六字于震谷掌上，以警其少年盛气。1916 年秋，奉命任华亭知县。民多好讼。郑到任，广刊《劝民息讼歌》，张贴通衢，并大修孔子庙，兴办学堂。郑尚深入民间，与父老妇孺絮絮作家常语，了解民情。赴任二年，讼风稍敛，时称"陇东政治第一"。1921 年春调任军法长。不久，奉命补岷县知事。时盗贼蜂起，前任内，劫案月达 30 余件。郑抵任，请兵驻防。并注重民团，制定章程，严明惩罚，捕杀大盗 8 人，治安初见成效。复兴修学堂，亲自授课，以礼法教人。民风渐纯，劫案减少，省长杨慎之及《甘肃政报》均嘉其政绩。任间年半，无一钱私蓄，去时赖岷人资助，方得治行装，百姓欢送，赠绣伞锦旗、匾额，鼓吹前导出疆。著有《深柳堂五种》行世。

吴少端 （1883～1940），号瑞澜。黄安（今红安县）县城关镇人。清宣统三年（1911）出任黄安高等小学堂学监。1921 年任黄安高等小学校长。1932 年任云梦县教育科长。1934 年回黄安任教育科长。次年任县立第一小学校长。

刘慧凡 （1888～1940），名宏达。罗田城关人。毕业于保定陆军军官学校。1924 年至 1927 年，历任黄埔军官学校教官、中央政治学校军需处长。后归里，兴办家乡教育，自任罗田县立小学校长。

曾延寿 （1900～1940），字耿星。麻城关厢区栗子园人。1924 年，任女子华夏中学校长。1926 年加入中国共产党。1927 年初，中共武汉地下组织决定接办楚才中学，省教育厅长李汉俊（中共早期领导人之一）委任曾为校长。时学校经费严重不足，曾与其弟朴诚回家动员父亲，捐资万余银元作为办学经费。楚才中学办学宗旨为"厉行党化教育，培养革命青年，促进社会进化，完成国民使命"。1929 年曾回麻城，再次筹备经费。国民党武汉警备司令部发出对曾通辑令。曾返汉遭捕。经中共地下党多方营救出狱。出狱后，按组织要求决定回麻城，以教私塾作掩护，于龟山、云雾一带，组织发展农民运动。1940 年 4 月 15 日，曾于松仁楼水塘边惨遭暗杀。

闻允志 （1904～1940），字永之，浠水巴河人。1926 年加入中国共产党。1928 年留学日本早稻田大学经济系。1931 年回国，由中共党组织派往河南偃师中学任教，从事地下工作。1935 年春调北

125

平，任《世界日报》编辑，同年任天津法商学院辅导课主任，利用合法身份，为中共党组织开展工作。1940 年 8 月调八路军总部，由冀中南下，8 月 21 日拂晓抢渡卫河时罹难。

郭焕周 （1874～1941），字郁轩。浠水斗方山人，出身农家。清光绪三十年（1904），选送日本入东京经纬学堂学习，加入同盟会。1914 年，自日本归国，任甘肃省教育厅视学，赴诸县视导，提出改革建议，省厅通令各县照办，甘肃学风，为之一新。1916 年因病假归。1917 年任县佐，驻蔡家河办公。郭办事勤慎，公正，受民众好评。1919 年废除县佐，遂回乡教书。抗日战争爆发，眼见河山破碎，忧愤成疾。

徐安石 （1880～1941），号仲权。黄梅县小池石家花屋人。以官费留学日本东京警官学校，加入同盟会。归国后，初任教于江西南昌警官学校。1924 年，任江西省立九江第三中学国文教员。1940年秋，黄梅县中学于黄梅停前金家寨复校，聘徐为国文教师。病重时，向学生出示自写挽联："生为中国人，死在中国土，正正堂堂，斯亦足矣；仰不愧于天，俯不怍于人，磊磊落落，吾其归欤！"

周颂万 （生卒年不详），广济（今武穴市）人。1941 年任广济县立初级中学校长。

童光悆 （1899～?），字实堪。蕲春县童家畈人。曾留学奥地利，毕业于维也纳大学政治经济系。1941 年任湖北医学院德文教授。

徐明我 （1870～1942），字寿椿。浠水新铺人。清末秀才。历任湖北省高级中学、私立张楚中学教员、武汉大学文学院教授。曾为《十三经注疏》《四史》圈点注释，尤喜《左传》，全书批满蝇头细字，并译释《马氏文通》《词诠》等书。

郑介樵 （1871～1942），字康时。麻城黄泥坳人。1916 年，郑以自产蚕丝织成土绢，参加南京"南洋劝业会"，获农工商部五等银质奖章。1917 年至 1920 年，任麻城县劝学所所长，助县知事办理教育行政事宜。1921 年任乙种蚕业学校校长，聘专业人才任教，改植土桑为浙杭良桑，改良本土三眠黄茧蚕为日本四眠白茧蚕。1926 年后，郑介樵出任襄阳县财政科长、麻城县财政局长。1934 年，参加编修《麻城县志》，任纂修兼经理。

余子谦 （1873～1942），号之骥。黄梅蔡山人。清末廪生，就读两湖书院。曾于黄梅下乡、广济、瑞昌诸地，设馆教学 30 余年。遇家境贫穷而求学志坚学生，常不收学费，以励学成。

何炬新 （1876～1943），浠水团陂人。清光绪二十八年（1902）赴日留学。三十二年（1906）毕业归国，于本省从事教学并进行革命活动。后去河南法政学校、巡警学校任教。复归湖北任司法司典狱科长、宜昌地区检查厅厅长、公立法政学校、私立法政学校、中华大学教师。后返籍设帐办学。

陈南荪 （1878～1943），名汉芬，字颐中，号南荪。蕲春盖天庙人。历任蕲春劝学所长、蕲春县教育局长。后设帐于经畲学舍，授徒 12 载。

潘怡如 （1881～1943），字康时，原籍黄陂北乡，移居黄安（今红安）。清宣统三年（1911）春自日本求学归国。1941 年，于陂安南县，创办荣阳中学，任校长。1943 年 12 月 26 日病逝。边区领导为纪念潘怡如，宣布将该校改为怡如中学。1944 年 3 月，董必武闻讯赋《哭潘怡如》诗："投笔从戎为自由，帝王军阀是君雠；逐层显现回天力，次第清除匝地忧。董桂性成称老辣，云霞交契愈轻柔。平生我愧为知己，未把英雄史迹留。"

张馨 （生卒年不详），黄安（今红安县）八里张家湾人。1933 年至 1943 年任国民政府新疆省政府委员、教育厅厅长。

姚涤泉 （1880～1944），浠水汪岗人。清末举人。黄州府师范学堂毕业。曾任湖北省政府参议、湖北高等法院人事室主任书记官、私立武昌启黄中学校长、中华大学讲师职。

王文焕 （生卒年不详），黄安（今红安县）人。1926 年加入中国共产党。初任黄安县督学。1945 年任黄安县教育科长。

程栋臣 （1864～1945），黄安（今红安县）永河邹家塆人。童年家贫失学，成年后经商，富甲一方。程于经商时，苦于读书甚少，屡教后代，应多读书。1935 年，捐白银 4 万两，支援家乡兴学。适逢黄安七里、紫云灾情严重，农民急需资金度荒，程以此款购灾民田 597 石，建立"学田"，名为"栋臣学产"，专门成立"黄安县栋臣学产管理委员会"。该田年收利 8000～10000 元，承担当时全县教育经费约五分之一。后病逝于汉口。

李竹如 （1870～1945），名祖荫，又名鼎臣。黄梅停前人。毕业于北平法政学堂。历任黄梅县第二高等小学教习、第三高等小学校长、黄梅县教育局长，并长期于家乡设馆授徒。其儿女均为革命牺牲，李仍叮嘱外甥："汝辈后生，应知忠于国家，孝于民族之大义……勿误解忠字专对君主，孝字专对父母。"

熊冕南 （1876～1945），化名履冰。麻城木子店丁家坳人。祖名灿，清咸丰九年（1859，已未科）进士，父汝明，廪生。熊系前清秀才，一家三代儒生，不求仕进，甘以教私塾为生，世称读书礼乐之家。1926 年冬，熊于麻城鸭儿河本族祠堂设馆教书，受武昌读书归来学生李梯云等人影响，革命思想逐步萌芽。不久秘密加入中国共产党，任敖家园农民协会秘书。熊白昼教书，夜偕随身就读长女家模，与时于武昌农民讲习所麻城分所归来次女家训出没村庄，开展革命活动。之后两女，亦相继加入中国共产党。1927 年，大革命失败，熊氏父女三人遭国民党侦捕。熊逃至龟山矮桥同族家，教书隐身近十年。1937 年，国共合作，形势转好，熊复归梓里族祠教书。1945 年病故。长女家模遂逃武汉继续读书，考入省女中、省女师暨武昌中华大学等校。毕业后于麻城闵集、石磴坳、罗田肖家坳、武汉临中、世界佛学院等校教书。1972 年退休，任教 37 年，1981 年病故于武汉，时 80 岁。熊一家祖孙四代教书，桃李满天下。

傅笠渔　（1882～1945），原名新德，字卓夫，号西河，英山县金家铺傅学垸人。清光绪十七年（1891）应英山童生试，列榜首。光绪二十三年（1897），赴六安州会试，列案首。光绪三十年（1904）以官费留学日本，入东京经纬学校师范科，攻政法。其间，识孙中山，入同盟会。光绪三十四年（1908）归国，任安徽省视学官及巡抚部部院参议。1912 年受孙中山之命，北上天津创办《新春秋报》。旋赴大连，任《泰东日报》编辑长。1915 年，傅由大连赴山东，与居正等组成中华革命党东北军，任东北军外交部长兼总司令部参议。1916 年末，重返大连，仍任新闻记者。傅尤关注社会教育，1918 年，傅于《泰东日报》中倡议："设夜校及半日学堂，让旅大人民于工作时间之外入学听讲，以提高觉悟。"曾历经数月努力，于 1920 年 7 月 1 日，成立大连中华青年会，傅选为第一任会长。青年会设有会馆，馆内设教室、讲堂、阅览室、武术房、台球房、食堂、办公室等。尚设有初级小学与高级小学。时有金念曾、毕乾一、英山安怀音、汪楚翘等，至青年会任职。

胡震东　（1886～1945），字立夫。浠水关口人。父祖铨，为清末在县首开风气创办学堂者之一。胡幼随父就读于县城与黄州。民国初年，于武昌第一普通学校毕业后，随父去北京读民国大学。

1918 年，以公费留学日本明治大学。胡选修政治、经济两科，昼夜专于课业，勤奋不息。1922 年毕业归国，任黄州府八属所办启黄中学校监，不久转省财政厅任科员，同时尚于私立湖北省财政专门学校兼课。1935 年至 1936 年，任京山县教育科长。1940 年春，任湖北省联合中学鄂东分校三里畈分部主任。秋，转任该校浠水分部副主任。次年秋，学校更名浠水县立初级中学，胡任校长。时邻县蕲春、英山、罗田、鄂城、大冶诸县，有众多青年至浠中学习。胡配备教师，既聘请从教多年中老年教师，亦聘用优秀青年教师，各尽其才。胡于浠中任校长两年期间，学校愈办愈好，规模亦渐扩大。接任时 5 班 367 人，去职时有 8 班 433 人。1944 年，任英山县教育科长，翌年病逝于任上。

居励今 （1888～1945），广济人。毕业于北京邮电学堂，由田桐荐入同盟会。武昌起义负责交际事宜。南京临时政府成立，任职内务部。后自费留法，研习农业，归国后任天津孔德学校教务长兼《铁道时报》总编辑。应北京教育部留学生考试，列最优等。并再赴法入理昂大学理学院学化学。后历任湖北省第一师范学校校长兼武汉大学教授、湖北官矿局工程师、省立理化实验所所长、中山大学教授兼附中主任。极力提倡普通话，并于广济创办养正学校。

李学蕴 （1892～1945），女，中共党员。浠水清泉镇人。父为塾师，母善诗词。李自幼好学，博览群书。清宣统二年（1910）考入湖北省立女子师范学堂。1913 年毕业回县，创办振华女子学校。大革命时期，李剪去长发，全县数千名妇女随之响应。1925 年该县大旱，李说服家庭开仓粜粮，随即动员豪绅富户出粜救灾。其时，外籍神甫拉李入教会，李严辞拒绝，并公开揭露外国神甫侮辱修女暴行。1927 年，叛军夏斗寅部窜入蕲水，悬赏通缉李。李化装潜往武汉，至武昌女子职业学校从事教育。抗日战争时期，李组织职校学生成立妇女救亡工作队，支援前线。1938 年率队由武汉撤退去宜昌。工作队解散，应聘至宜都任教。1944 年后，辗转于巴东。1945 年抗战胜利，李怀喜悦之情，写供菊诗一首："摘取幽花供一枝，玉堂茅舍总相宜。而今涤得尘根尽，不是依人篱下时。"11 月 3 日，偕女、女婿乘木船东下，至秭归船翻遇难。

陈星伟　（1868～1946），名聚五，别号龙溪老人，原居英山县东庄畈陈上湾。父为清末举人，授定远县教谕。陈幼随父于定远、太和县就读，潜心研习数学，曾于太湖、霍山教书。清光绪三十四年（1908）任英山县督学。1932 年于"世安高等小学"教算术、地理、自然、美术课。1934 年于陈氏宗祠自办"龙溪学社"，课授生徒，开设语文、数学、历史、地理、中医药诸课。教学之余，研习医理，并为当地人治病。1937 年改"龙溪学社"为"龙溪医药社"，专事医疗，亦悉心培育医疗人才。常以《东医宝鉴》《医学集成》等书所载药物与针灸术相揉合，并以中医古方配制膏、丹、丸、散，对症施用。疗效好，花钱少。有生徒五七人，后皆为当地名医。晚年以行医、赋诗、植花、养鸟以自娱。曾撰《颐养曲》传世。

廖秩道　（1883～1946），安壮修。黄梅人。曾就读于湖北方言学堂英语系。毕业后，历任湖北省议会议员、省平民教育促进会会长、武昌启黄中学教员。1932 年任黄梅县立中学校长。

南夔　（1897～1946），字经庸。浠水胡河人。曾入北京大学预科学习，1917 年以官费入日本东京承应大学，攻读金融专业。1923 年毕业归国，先后任教于武昌商科大学、湖北省立法科大学、国立武昌中山大学。1927 年后，曾任张楚中学校长。抗战胜利后，拒绝官方所委湖北省政府财政厅长职。1946 年 12 月逝世。

朱义扶　（1869～1947），一名义前，号腾实老人。初任蕲州预备中学堂校监。后赴南洋，于爪哇都士、井里汶等华侨中学堂任校长。不久归里，建"朱义扶私塾"。胡风（留日）、何定华（留日）、朱玉琼（女，留苏）、李雄飞（革命烈士）、方觉慧（留日），皆出其门下。

汪牧晋 （1897～1947），原名穆骏，字左白，号逢染。英山兔耳岩人。初任英山高等小学英语教员。1927 年，与沈子康等筹建英山县党部教育所。1938 年任英山县模范学校校长。

董觉生 （1901～1947），号贤珏。黄安县城关镇人。系董必武胞弟。1941 年春，于黄安县北山区三圣庵创办黄安中学，并任校长。

雷松涛 （1895～1948），麻城盐田河人。1938 年，因日军轰炸麻城白果，雷将白果小学迁至盐田河三星杨森垸，向全县招生。1939 年春，雷将学校改办为私立白果中学，招生 100 名。秋，学校迁至盐田河雷氏祠，初中名私立白果中学，小学名雷氏祠小学。1940 年秋，奉鄂东专署令，私立白果中学与麻东汪子弼创办私立龙潭中学合并，更名"湖北省联合中学鄂东分校麻城分部"，校址设于龟头河程氏祠，合校后改为公办。1941 年，学校更名"麻城县立初级中学"，雷受聘任训育主任。雷氏祠小学于 1943 年迁至盐田河三合垸周氏祠，更名"东河国民小学"。雷治学严谨，聘用当地名师，校风、教风、学风良好。开办初中时，向青少年进行爱国抗日教育，于麻城影响颇大。雷与汪子弼，皆为麻城中学教育创始人之一。

徐楚光 （1909～1948），亦名金安。浠水麻桥人。1926 年入黄埔军校武汉分校第五期学习，次年加入中国共产党。1938 年春，由中共豫西特委派赴国民政府军孙殿英部教导大队，任中校教育主任，于学员中发展中共党员。事泄，教导大队解散，徐遂将千余名学员转抗大一分校学习。后孙殿英任新五军军长，委徐为该军后方司令部作战参谋长，兼官佐子弟学校校长。

瞿文琳　（1896～1948），字弗章。广济县（今武穴市）武穴镇人。北洋大学土木工程系毕业，任河南大学理学院土木系主任、河南水利专科学校校长。

何达夫　（生卒年不详），1912 年至 1948 年期间，黄冈淋山河首富义泰来与国民党县参议员胡岐山创办胡氏教馆，何曾于该馆任教。胡鹤云（后毕业于美国芝加哥大学）、胡雪（后为华中师范学院教授），皆为其高足。

汪作蟊　（生卒年不详），字月帆。英山西河孔家坊人。得霍山吴竹如（清末民国初）少司寇所著《拙修集》，敬慕异常，因受其影响，故专业程、朱理学，"本心性以为事功，务躬行而轻口说"。尝诲门徒："朱子主敬，陆子主静，不可偏废，盖主一无适之谓敬，心不妄动之谓静。非敬无以存理，非静无以致知。朱子所谓敬者大，易敬以直内也。陆子所谓静者大，学定而后能静也。是故'敬'之一字，贯乎动静而言之。而要必以静为本，非闭目枯坐，远事绝物而流为禅学之谓也。"屡入秋试未中，心地坦然，常言："读书所以明理，穷达有命，何足以扰我神明。"遂开门讲学，教授生徒，因材施教。遇贫苦生徒，无力交学费或供膳者，皆竭力助之，教诲不倦。平日居家，整齐严肃，和平接物，宽恕待人，乡邻有因纠纷而发生争斗者，汪三言两语，即使言和，随以谆谆教诲，致邻和族睦。卒年 77 岁。

段昭融　（生卒年不详），字敬斋。英山人。生于清末。廪贡生。历任太平府教授，凤阳府训导，太湖、凤台、旌德诸县教谕。

胡自翔　（生卒年不详），一名希贤。蕲水（今浠水县）马垅人。早年留学法国巴黎大学经济系，获经济博士学位。归国后，曾任私立华西协合大学教授、中华大学商学院院长。

高寿康　（生卒年不详），蕲水（今浠水县）团陂人。早年留学日本，归国后曾任湖北省政府秘书、参议会议员、复旦大学教授。

陶行建　（生卒年不详），蕲水（今浠水县）团陂人。早年留学英国。归国后曾任天津大学教授。

周敏　（生卒年不详），女，字慎哉。罗田人。北京女子师范大学毕业。曾任湖北女子师范学校、汉口市一中校长、天津女子师范学院教员、湖北省临时参议会参议员、立法委员。

下卷 共和国成立后教育人物

第一章 传 略

凌玉田

凌玉田 （1864～1949），字葆鋆。黄冈县回龙山望家山人。17岁中秀才，18岁中廪生。始于黄州赤壁教书，应请书"剪刀峰"三字，刚劲有力。清光绪十五年（1889）张之洞赐凌为名誉举人。光绪二十二年（1896）任两湖书院国文教习，后任教于省立商业、工业专科学校。光绪二十八年（1902）任教于湖北法官养成所。

1912年与钟图南等创办启黄中学，并任国文教师、主任、副校长等职。1927年任湖北省建设厅秘书主任。此间，为家乡创修长达10华里石门堤，致数千亩良田，免遭水患。1933年返家乡创办金门学校，自任校长，并亲自讲授国文及数学。凌自题嵌字联于校门："金纵满赢非我欲；门因问字为君开。"自此慕名负笈来求学者，遍及黄冈。1942年，曾以无党派民主人士身份，引荐共产党代表黄序周等同国民党鄂东行署主任程汝怀谈判，解除局部摩擦，共同抗日。1947年任私立回龙山中学名誉校长，兼授国文、历史等课程。凌执教勤勉，深受学生敬爱，于乡里声誉颇高。凌自学中医，颇见专长。执教之余，常为群众免费应诊，闻名乡里。著《妇科》《儿科》《杂病》及《伤寒》等书稿。1949年病逝于家乡。

瞿 瀛

瞿瀛 （1875～1949），亦名炅，字干琴。浠水县关口金家冲

137

（今属罗田）人。世代务农，力耕尚不免饥寒。自幼勤敏笃实，求知若渴。清末县试，名列前茅。府试以第二名入泮。清光绪二十九年（1903），乡试第二名。

鉴于当时外侮日甚、科学日新，遂回县创办学堂，以开风气。远近青年，争先入学。后应广西提学使李翰芬召，入桂襄办学务，任专门科长、候补知府。武昌起义后，返归故里，邑人士推任县议会议长。旋应黎元洪之聘，入军政府任机要主任。汤化龙随黄兴由宁转沪，见报载黎通电有国亡、民亡、兵亡之语，曾致函瞿："黎电字字沉痛，疑非弟莫属，昨果闻入参机要。正人出山，国家之幸，非仅为黎公得人贺。"瞿复书谢之。

纪念辛亥革命一周年时，北京及各省均派代表来鄂追悼先烈，瞿为黎撰写讲稿，言明武汉于全国所居地位，楚人于历史中奋斗价值，希望精诚团结，巩固共和、谋人民福祉，以慰先烈于九泉。洋洋七万言，义正词严，传诵四方。1913 年 12 月，黎之兵权解除，入京，居瀛台，瞿随左右，持正不移。次年，袁世凯任黎为参政院长，结儿女亲，进行笼络。1915 年成立筹安会，黎受瞿劝告，辞去参政院长，软禁于东厂胡同。瞿愤请归隐不准。1916 年袁称帝前，封黎为"武义亲王"，瞿力阻黎受封，并揭露袁此举，意在毁武昌起义。其时，黎左右人士，多受袁笼络，朝夕劝黎受袁命，唯瞿力排众议，以为不可。邓玉麟等人赞"瞿先生之言是"。黎始致书绝袁："武昌首义，全国风从，志士暴骨，兆民涂扶，尽天下命，缔造共和。若受王位，元洪将何以对先烈，质神明？愿为编氓，以终天年。"书系瞿手笔。黎软禁时，僚属星散，惟瞿朝夕不离。

护国军兴，黎依法继任大总统，拟任瞿为总统府秘书长，瞿坚辞不就，后改任副职，仍掌机要。1917 年瞿母病重，乞假归省。瞿闻张勋复辟，返京参与黎元洪授命段祺瑞戡平叛逆。事定，瞿随黎寓居天津。

段祺瑞组阁，慕瞿名，敦聘高等顾问，月给舆费千元，瞿托人退还聘书，并言："饿死事小，失节事大，请代璧返，以全廉耻。"

1922 年，黎元洪复任总统，瞿复原职。不久，黎迫退位，曹锟命王承斌拦车劫印，黎随员尽遭侮辱，唯于瞿，曹则事先嘱咐："瞿副秘书长至诚君子，不得无礼相加。"1928 年，黎元洪逝世，国府明令归葬武昌。瞿赶赴主持丧事，选择墓地，后复将黎从政轶事，编辑成书，亲任校勘数年，黎氏家属馈以重金，瞿分文不受而归。

瞿返故里，自书一联于门："长沮避世，谢职求安。"横额："老死不相往来。"家居二十余年，事母至孝，足迹不入公门。然于解除民困，保全良善，无不全力以赴。1930 年，川军驻浠，纪律极坏，邑人吴某投诉当局，川军某师旅长竟将吴拘捕，欲置之死地。瞿闻讯，连夜奔走数十里，亲见师长，愿以身代。师长素仰瞿，遂命释吴，并约束军纪。1947 年 11 月，瞿光照、王细伢参加解放军，活动于浠（水）黄（冈）罗（田）边境，为国民党县政府逮捕，瞿已年逾古稀，步行 50 余里，赶至县城，力保获释。瞿毕生俭朴，热心公益，济困扶危，为本村修水井，建祠庙，办学校，帮助村中 8 户贫民盖瓦房。瞿博览群书，于音韵训诂造诣精深，著有《瞿典》《文字考证》《历代政治家言行录》《清末民初政史纪实》（述及辛亥革命始末）、《文物考古》《从政篆文日记》《学殷堂文集》，编撰《浠水县志》，均散失不传。1949 年 12 月病逝于家。

居　正

居正（1876～1951），初名养浚，字之骏，号岳嵩、觉生，又自号梅川居士。广济县（今武穴市）人。清光绪三十一年（1905）年，得陈文哲资助赴日本，先后入政法大学、日本大学本科法律部，并更名为正。留日期间，追随孙中山、黄兴，加入同盟会。系日本东京同盟会鄂籍"四杰"之一。1932 年，居正任国民党司法院长，兼公务员惩戒委员会委员长。1933 年居正回乡探亲，捐资创办"养正初级小学"，使乡里众多失学儿童得以入学。1945 年，居正复回故里，目睹家乡民生凋敝情景，遂决定于武穴镇创办刊江中学，亲任校董会董事长，主掌学校开办事宜，并亲题"刊江中学"校名匾额。1948 年 7 月，辞司法院长职，仅任中央监察委员。著有《梅川日记》《齐天乐》《梅川谱偈》《六十自传》《七十自传》，遗著有《辛亥札记》。台北出版有《居觉生先生全集》。

王觉民

王觉民 （1886～1952），字旭。黄冈县回龙山乌龙庵宁家汉人。王家素以织布带及土布为业。父仲轩公，为推销产品，常往来于武汉、芜湖、南京间，深受维新思想影响。废科举后，即令觉民从私塾转向学堂。清宣统二年（1910），王赴京就读，后考入北京工业专门学校（北京大学工学院前身），习化学专业，1915 年毕业。次年参加北京政府文官考试及格，分派至江苏省实业厅任科长，经管园林桑植。王鉴于蚕丝事业收益较好，有利地方经济发展，欲于家乡黄冈仿行，遂于 1923 年，将其两妹送往无锡蚕丝学校，学习蚕桑技术，为发展黄冈蚕桑事业，培植技术骨干。1924 年，方本仁任江西督办，遂往督办公署任秘书，后改任峡江县知事。1929 年，国民政府新建卫生部，王任保健司秘书，次年任禁烟委员会南京戒烟医院主任。1932 年，上海"一·二八"抗战，南京临时疏散，王携眷回家，重理父亲旧业，开办织布厂。采用宽面铁机，生产率迅速提高，但因经营不善，不久停业。

1933 年，王重返南京，任市财政局土地科科长。后去职回武汉，任湖北省第三中学教务主任，兼授应用化学课。次年冬，出任松滋县长。抗日战争爆发武汉失守后，辞职还乡，移居黄冈但店。曾一度代理黄冈县临时参议会议长，为鄂东地区国共两党谈判穿针引线。抗战胜利，返回龙山，创办私立"龙山中学"，自任校长，兼授化学课。1948 年夏，10 余名平津学运积极分子随其子王康南下，遭国民党政府登报通缉，为使其免遭逮捕，王特聘请诸大学生来校任教，顿使学校面貌，为之一新，学生人数大增。因诸青年教师行为"激进"，引起国民党地方政府怀疑，多次寻衅，均经王周旋而解脱。1949 年春，学校因国民党黄冈县政府勒令而停办。共和国成立后，于1952 年王涉嫌逮捕入狱，10 月，病死狱中。中共十一届三中全会后，经中共黄冈县委统战部与县人民法院复查核实，认为王系开明人士，属错捕错押，为王恢复名誉。

石美玉

石美玉　（1873～1954），女，西名玛丽。黄梅县大河猫头尾村人。幼因家贫，于清光绪五年（1879），随父母飘流江西九江，偶遇美国传教士昊格珠，见其聪明伶俐，顿生怜爱，收养身边，亲教英语。其父曾为九江卫理公会传教士，其母曾为卫理公会女子学校校长。

光绪六年（1880），浔阳战争骤起，石随昊格珠迁往四川成都，入成都教会学堂就读。年底，随昊格珠赴美。抵美后，石勤奋学习，通英、日、德、朝等数国语言，所学数学、理化、地理、美术、音乐等诸多课程，均获优异成绩。光绪十八年（1892）秋，石考入美国密执安大学医学院，学习期间，深感祖国衰落，民多疾苦，立志科学救国，遂潜心医学，成绩出类拔萃，为我国最早医学博士之一。光绪二十二年（1896），石谢绝美国高薪聘请，毅然返梓。光绪二十四年（1898），石得美国医生唐福斯资助，筹建九江唐福斯骨科医院，自任院长。光绪二十五（1899），为解除众多患者病痛，复于九江创办九江第一所妇幼医院，即今九江市妇幼保健医院。光绪三十二年（1906），始与美国宣教士胡遵理合作。其病人迅即增至月3000 余人。石尚设立护士培训课，翻译西方医学教材，举办查经班。凡经石培训护士，皆以技术纯熟、服务热心、爱传福音而闻名远近。光绪三十三年（1907），石积劳成疾，病情严重，友人力劝，遂赴美国芝加哥韦斯医院治疗。愈后归国，从事救疗。

1915 年，石与伍连德、颜福庆等筹组中华医学会，任副会长。

1918 年至 1919 年，石获洛克菲勒基金会奖助金，入美国约翰·霍普金斯大学医学院进修。国内医院，由其胞妹石菲比任院长。胞妹石菲比，获医学博士，毕业于霍普金斯大学医学院。石于美进修期间，四处演讲，鼓励中国留学生，应学成归国，报效国家。1920 年，石复归国，定居上海，与美国传教士休斯小姐创办伯特利传道会及伯特利妇幼医院。为发展西医，伯特利医院附设看护学校，为全国各大中专医院培训护士。尚创办小学、初级中学、教义班、工儿院、孤儿院及妇科专班。1921 年，中华医学会上海支会成立，石选为副会长。1922 年，石购买制造局路 639 号内民房及邻近 39 亩荒地，扩建医院及附设护士学校。1937 年，石与美国宣教士胡遵理至香港，将伯特利教会事工延伸至香港，创办伯特利神学院，并设有中学。

1947 年，石因旧病复发，再度赴美治疗。1951 年 5 月，致信上海市人民政府，要求接办伯特利医院。1952 年 12 月，伯特利医院更名上海市第九人民医院。1954 年 12 月 30 日，病逝于美国加得福尼亚之巴沙德纳。

毛家骐

毛家骐　（1888～1954），字文彬。麻城铁门毛家大垸人。早年丧父，家境清贫，母勤纺织，供毛北京法政大学毕业。民国初年，留学日本。归国后，至武昌私立法政学校任校监，后任校长。1924年出任郧阳县征收局长。1930 年任黄浦军官学校政治教官，亦任立法纂修、陆军少将、鄂豫皖三省军法处军法主任、少将参谋兼南昌行营官特别班教务长。1933 年，任四川省高等法院首席检查官兼军事委员会委员长。1937 年任贵州省高等法院首席检察官。1940 年任湖北省高等法院首席检查官。

1941 年，毛家骐于家乡集资创办"文彬"小学。1945 年于宋埠创办私立新陵中学，张书环为校长，毛为董事会成员之一。1946 年7 月，于汉口创办湖北汉口法政学校，任院长。1948 年任河南省高等法院院长，同年选为国民党全国代表大会代表。1949 年去台湾，曾任阳明山研究院讲座等职。1954 年病逝于台。

张海涛

张海涛　（1890～1954），字家珍，号云松。黄冈县上巴河齐家墙人。少时就读私塾，参加县、府试，皆落榜。待废科举兴学堂，始入武昌私立方言学校，后毕业于湖北法政专科学校。

于武昌就读期间，与父炳南公一同加入"日知会"。为支持革命，原于上巴河开设"张复兴"铺面，将其出售，以大半资金于武昌正卫街租一铺面，名开客栈，实为"日知会"会址，余额作"日知会"活动经费。日知会破坏后，由回龙山迁居齐家墙。

1912 年，张于省图书馆整理书卷。次年，于蒲圻、咸宁、公安等县警察局任一等警官。一年后辞职回乡，从事教育。1923 年，于黄冈县上巴河创办平麓小学。后历任黄州懿范女子中学、汉口圣道书院教员、江西萍乡县教育科长、阳新县民政科长、武穴征收局会计专员、沙市市公安局司法科长、浙江省民政厅第七科科长等职。

"九·一八"事变后，张愈以教育为重，遂复返故里，执掌平麓小学。1946 年，又创办平麓中学，自任校长。张执教严谨，倾其全心，发展家乡教育，颇有声望。

程炳文

程炳文　（1896～1955），新洲县阳逻区郑家湾人。幼聪明好学，始入私塾，后考入县立阳逻高等小学堂，复入两湖师范附小。1913 年，考湖北省立第一师范学校，毕业后从事教育。先后于黄冈县立初小、县立第二高等小学、湖北省立第四小学任教，随后入湖北党义研究所学习，时董必武任所长。

1926 年，黄冈西乡革命暴动失败。魏梦龄为避敌人追捕，寻程掩护，程不顾己身安危，为其化装，并资其乘特快列车离开武汉。次年，袁秉中于武昌领导青年运动，受组织派遣，赴阳逻作秘密联络。因武昌城戒备森严，遂求助于程。程即以师生名义，护送出城。抗战期间，程任湖北省联中鄂东分校师资班指导员、黄冈县中学筹备会主任、黄冈县中学校长、湖北省第二高级中学（今黄冈高中前身）教员、族立黄冈晨光小学校长。抗战胜利后，任黄冈县中举西分部主任、私立松湖中学校长等职。1949 年，筹建精一中学校舍，因积劳咯血，离校休养。1950 年 8 月，湖北省教育厅副厅长柳野青荐程至湖北省文物整理保管委员会任职。程任黄冈县中学校长时，曾几度返回沦陷区，招收失学青年。仅阳逻一带，即带去三批学生。从沦陷区进山求学，凡有无力缴纳学费学生，程即为之担保，并常代为偿付。受助学生，学后多有成为重要领导干部。1955 年，病逝于武汉。

殷子衡

殷子衡　（1876～1957），亦作子恒，教名勤道，晚号姜园。黄冈县回龙山殷家楼人。少随父及舅父习诗文，潜攻科举，然县试不第，后专攻格致、舆地之学，有所造诣。及长，愤清廷吏治腐败，外侮交逼，遂怀"吊民伐罪"之志。

清光绪三十一年（1905）春，殷受聘团风小学堂教习，教授国文、地理。旋奉舅父吴贡三之命，偕挚友吴昆赴武昌，与刘静庵、朱子龙等建立联系，入革命团体日知会。返乡后，为宣传革命，自绘《六洲域图》一幅，请木工以梨木 6 块依样镶制，可分可合，常向民众示图，讲解世界大势及中国危险处境。

同年夏，殷与吴昆等人，于团风创办"坪江阅报馆"，并亲笔楷书陈天华《猛回头》中警句"大地沉沦几百秋，烽烟滚滚血横流，伤心细数当年事，同种何人雪耻仇"，贴于馆内墙上，以警读者。并从上海、汉口订购各种报刊杂志，供人阅读，以开民智。为扩大影响，殷尚于团风创办半日学堂，为民众宣讲时事，劝导妇女放足，并利用黄州"鸠译书舍"，秘密印刷鼓吹革命书籍及传单，带至乡间，散发民众。一时影响甚远。

同年秋，日知会谋响应萍醴起义事失败，殷于次年一月二十一日，于团风遭捕，专船押解武昌。船过白浒山，殷跳入江中，为清兵捞起，解至武昌府衙门候审。时同案受捕者有刘静庵。湖北巡警道为证实刘为通缉中湖南会党巨魁，先诱供于殷，未成，复施以酷刑，直至血肉模糊，不省人事，殷仍坚贞不屈。殷伤势严重，得同狱难友朱子龙悉心护理，始渐好转。后押至湖北模范监狱，与刘静庵同监。刘以基督教义精神鼓舞之，殷谨受教，刘遂为起教名"勤道"。刘患病后，殷侍奉甚勤，并珍藏其受刑血衣及诗文遗稿。宣统元年（1909）六月二十七日，殷遭当局以"谋叛"罪名，判处徒刑10年。

武昌起义时，党人未及时迎殷出狱，殷遂率难友，于10月14日冲出监狱。得李亚东留汉阳府署办事。旋因病回乡，途经黄州，黄楚楠等人举为顾问，代拟黄州府临时行政章程。后回家省亲，不复任事。1912年4月，殷闻武汉发生群英会兵暴，尤感悲观，脱离政治、献身基督教之心遂愈增。同年，胡兰亭为之洗礼，1919年受神职。次年任武汉圣公会会长。

抗日战争期间，殷流寓恩施，其女婿筑室奉居，自号"姜园"。共和国成立后，殷任湖北省文史馆馆员。著有《中华婚姻鉴》《中国哲学摭言》《比较宗教学》《皈依基督自述》《中国基督教两大伟人》及《姜园日记》等书。因早年受狱刑摧残，长期抱病卧床，逝于1957年7月10日。

$$王文俊$$

王文俊（1902～1957），号渭珍。黄冈黄州镇人。早年毕业于北京大学，后留学德国，获柏林大学哲学博士学位。历任省六中教员、黄冈及五峰等县教育局长、汉口特别市党部一等秘书、西北教育设计委员会委员。抗战期间，奉命于青海创办"湟川中学"并任校长，尚任三青团青海筹备处主任、青海省党部委员、三青团中央团部训练处处长、湖北省党部监察委员会常委。抗战胜利后，任湖北省政府委员兼教育厅长、三青团中央候补监察委员、国民党中央候补监察委员。1946年选为"国大代表"。1957年病逝于台湾。

陈微明

陈微明（1881～1958），一名慎先。清嘉庆二十四年（1819）状元陈沆曾孙。浠水县巴河人。自幼文武双修，光绪二十八年（1902）举人。辛亥（1911）革命后居京赋闲。至1913年北洋政府设立清史馆，陈任清史馆纂修。《清史稿》作者20余名，陈为其中之一。编修史稿期间，同时习武。1915年从河北完县孙禄堂精习形意、八卦等拳艺。1917年秋，专从杨澄甫习太极拳8年，精杨氏太极大小履诸式（即太极剑、太极刀、太极枪等）。并以杨澄甫、杨少侯身传口授拳路架式，结合"动中求静，与道相合，纯以神行，不尚拙力，呼吸根蒂，气沉丹田，循环无端，连绵不断，不距不离，随机应变，专以致柔，以弱胜强"拳理，加以阐发，撰成《太极拳术》（1925）、《太极剑》《太极问答》三书，其中《太极拳术》辑录其师杨澄甫述《太极拳说十要》，并作简略诠解。尚于王宗岳《太极拳论》详加评注，立意颇深。陈亦得杨健侯指点，深得杨式之精髓，明杨式之势、理、法。成杨式太极拳第四代宗师。尚注《太极拳论》《十三势行功心解》《打手歌》及图解杨式82式及基本推手用法等，为杨式太极拳最早著述者。先后编著《太极拳》《记太极拳》《太极拳、剑答问》等书。1926年，陈南行抵沪，与当地名流筹措创办致柔拳社，传授太极、八卦、形意诸拳。尚于苏州、广州等地，设立致柔拳社分社。其间应邀赴香港授拳，使杨式太极拳最早传播于海外。

陈为人谦虚谨慎，平易近人，治学严谨，以身作则，教育后学须重武德，讲武风，且能破除陈规旧习，力排门户之见，常邀吴鉴泉、杨健侯、杨澄甫、孙禄堂等，至致柔拳社任教，人称"好好先生"。陈微明门徒，遍布国内外。1931年曾为国术团体筹组联合委员会起草会章。1942年至1943年，亲任致柔拳社社长。1948年由台湾返大陆，介绍台湾同胞学习太极拳经验，沟通两岸武术交流作出努力。

蔡天民

蔡天民（1884~1959），一名仲谦，字成矩。浠水麻桥人。清光绪二十六年（1900年）考取秀才，光绪三十三年（1907），入武昌两湖总师范学堂，曾带头剪辫，响应反清运动。1912年回乡，创立蕲水普通中学堂，任校监两年。1914年任长沙《新民日报》主笔。次年官费留学日本，入东京大学政治经济科，结识董必武、邓初民。1917年9月归国。1922~1925年初，任山西法政大学教授，兼督军署编辑委员会编辑。1925年返回武汉，先后于私立武汉中学、湖北法科大学、省立第三小学、中山大学任教。其时与李大钊交谊深厚，并结识陈潭秋、瞿秋白。1927年大革命失败，蔡遭通缉，遂转安庆。同年11月，任安徽中学教员、安大预科讲师兼安庆市府秘书。1929年7月，旧友赵载文任内政部长，委任蔡为内政部编审，兼私立文化学院讲师。同年，蔡曾与李四光、王世杰、彭沛等鄂籍教授，请求李宗仁拨款于武昌珞珈山兴建武汉大学。1932年返鄂，任武昌女子二高及私立张楚中学教员。1933~1937年，任武汉市立三十五小学校长。芦沟桥事变后，沪、宁失守，蔡受董必武"为革命输送人才"之托，返回浠水。行前，董嘱："心心相印！"蔡示："一片冰心在玉壶。"6月出任浠水县职业中学（后改为浠水初级中学）校长，先后送安弼、张杰、潘化鹏、闵惠农、谢彬、程叔云等优秀青年，至抗日军政大学学习。1939年春，浠水县长何庭芳改派李经纬为浠中校长，以毕文光（晋卿）为首部分师生组织请愿团，请留蔡继任，县政府出动武装弹压，拘留学生十余人。蔡因去职，赋诗寄愤，有"刺天无暇计群飞"之句。1940年，蔡返故里，创办望花山语、英、数补习班。同年夏，鄂东流传一副藏字对联："王师本无能，啸聚山林、风鹤频惊，敌寇未来先丧胆；程度不及格，汝图富贵，怀安旦夕，人民虽死不甘心。"讽刺鄂东挺进军十八纵队司令王啸风及行署主任程汝怀。国民党浠水县党部书记钱守敬、县长何庭芳等以为系蔡所作，密令逮捕，蔡得信逃往黄冈。1942年鄂豫皖边区领导建立浠水县行政委员会，刘浩任主席，蔡为委员。1943～1948年，先后于浠水中学、湖北省立第二高级中学任教。

1948年11月，浠水县人民民主政府副县长刘浩密请蔡"利用自己声望，做好国民党军政人员策反工作，伺机反正"。蔡曾派蔡国正前往，作国民党袁桥、茅江、朱店等乡乡长策反工作，促其主动将所藏机枪4挺、手枪12支、长枪180余支及各种弹药，及时报交人民民主政府。

1949年春，蔡复任浠水中学校长。1950年入中国民主同盟，并任浠水县政协主席、副主席。1955年以民盟成员身份，去北京列席全国政协会议。会后，董必武曾派秘书陪同游览北京名胜。1959年逝世，董必武曾致电悼念。

┌─────────────────┐
干　铎
└─────────────────┘

干铎　（1903～1961），一名宣铺，字震篁。广济县干仕湾人。

1918年，干中学毕业，考入湖北省立外国语专门学校，研习德语。1923年毕业，转读于北京大学外语系。两年后，考取湖北省官费留学，东渡日本，就读于东京帝国大学农学部林学实科。后于日本农林省林业试验场从事研究。"九一八"事起，愤然回国。1941年2月，干路经四川万县磨刀溪（今属湖北利川）时，见路旁一大树，根部庞大，树干挺直，引起极大注意。然因时值寒冬，叶果尽落，未能采集标本，乃托请万县农业学校教务主任杨力兴，于次年代为采来树叶标本，经与其他林业科学工作者协作研究，鉴定为罕见古老树种，为第四纪冰川浩劫幸存者，遂正式命名为"水杉"（此树于共和国成立后列为重点保护对象）。世界植物学者称之为植物界"明星"。其树于国内广为栽培，且引种至亚、非、欧、美等50余国家及地区。

抗日战争期间，干参与中国科学工作者协会筹备工作。1945年，参与发起成立九三学社。抗战胜利后，随同中央大学返南京。1946年，新四军五师突围，干设法护送张体学所派代表进入梅园新村与周恩来取得联系。1948年冬，设法护送梁希赴北京参加政协筹备工作。国民党政府南迁广州，干任中央大学校务委员会秘书长，参与并领导护校斗争。

共和国成立后，历任南京大学校务委员会秘书长、南京林学院教授、林学系主任、副院长，全国政协委员，九三学社中央常委、南京分社主委，中国科学工作者协会秘书长。

1951年参加《辞海·林学篇》编辑。1959年初，华东、华中两大区农林院校联合编写教材，干负责主编《森林经营规划学》。时教学使用苏联教材，常脱离中国实际。干提出教材内容应以中国国情为依据，于国内生产实际应有指导作用，编写语言应考虑学生接受能力，使学生易于消化理解，能应用于工作。1959年该书出版，林业部教育司确定为高等林业院校教学用书。

1960年，林业部下达关于研究与整理中国古代林业技术史任务。南京林学院接受后，院领导指定干铎等人主持此工作。课题定为"中国林业科技史料初步研究"。除由中国农业科学院农业遗产研究室提供基本资料外，尚参考有关书籍200余种，动员百余人查阅摘录资料。以"面向生产、古为今用"为原则，就祖国林业技术遗产加以分析阐述，为当今林业建设事业服务。该项研究应用现代林业科学理论，分析与鉴别我国古代传统林业技术，去粗取精，去伪存真，挖掘并整理大量林业遗产。1960年10月，以此课题为基础，由铎主编撰成《中国林业技术史料初步研究》，为中国当代研究祖国林业遗产专著。干通日、法、英、俄四种外文。曾译有东德 W·施耐达所著《测树学及生长量查定法》。

1961 年暑假，干从上海修订《辞海》回院，院领导鉴于干历年工作繁重，身心交疲，特安排干去黄山休养。行前干查阅许多有关黄山资料，欲对黄山森林进行实地勘察。登山路上，干边观察森林垂直分布状况，边观赏绚丽山色，行至"蓬莱三岛"景点时，因患急性心脏衰竭，踣身于地，抢救无效，溘然长逝。时为 1961 年 8 月 7 日下午 3 时。干铎逝世后，中共江苏省委、省人民政府举行追悼会，省市领导亲临公祭，总理周恩来及全国政协、"九三"中央等单位，均献花圈，摆放灵堂正中，以示哀悼。家属遵其遗愿，将所遗藏书 1500 余册，捐南京林学院；将书法、字画、碑拓等文物 187件，捐南京市文物保管委员会。

严仕佳

严仕佳（1894～1962），字绂萃。新洲县杨裴乡严家大湾人。祖、父，均为塾师。严于家馆诵读《四书》《五经》，于学堂习算术、史地、格致等。清光绪三十二年（1906），入武昌南路高等小学堂肄业。宣统三年（1911），考入北京留美肄业馆。1919 年北京清华学校毕业，同年赴美，先后入密西根、普渡、哥伦比亚等大学深造职业教育专业，获教育硕士学位。

1923 年秋回国，应聘任私立中华大学教员兼附中主任。1926年，中华大学停办，任河北唐山第四中学及锦州交通大学英文教员。1928 年，中华大学复校，返校任教授与教务长。期间，湖北省教育厅拟聘为秘书，严婉言谢绝。抗日战争时期，学校西迁重庆，经济困窘，有人劝严，弃学从政，并许以厚禄，严不为所动，愿与中华大学同甘苦，共命运。

抗战胜利，学校返迁武昌，因人事纠纷离校，先后改任湖北省立大专先修班英语教师、国立师范学院教务主任。1947年，任中华大学代理校长、校长。1952年，院系调整，中华大学并入华中师范学院，任教育系教授，兼任教工会副主席、民盟华师分部副主任，并任湖北省政协委员。

主讲《中国教育史》《世界教育史》《课程编制》等课，教风严谨，要求严格，待生平时如父子家人，稍有小过，当面批评，从不恕谅。生活俭朴，自住宅至学校，往返步行。精通英语，美国杜威教授来汉讲学，常由严当翻译。毕生致力教育，培育大批人才，革命先烈恽代英曾受其熏陶。著《中国职业教育》《中国农业职业教育》《陶行知的教育思想》《中国荀子教育哲学思想》，翻译《欧洲国家主义与教育》。1962年病逝于武汉。

汤用彤

汤用彤 （1893~1964），字锡予。黄梅县汤家大墩人。幼承父教，攻读经史。辛亥革命前后，求学于北京顺天学堂及清华学堂。1918年以官费赴美留学，初入汉姆林大学，后转哈佛大学研究院习哲学。1922年获哈佛大学哲学硕士学位。回国后，历任东南大学、南开大学、中央大学哲学系教授、系主任。1930年转任北京大学哲学系教授、系主任。主讲中国佛教史、魏晋玄学、印度哲学史等课。"九一八"事变后，撰《大林书评》，批驳日本学者于中国佛教史研究中谬误，借以抒发爱国之情。抗日战争爆发后，随校至昆明，任西南联合大学哲学系教授、系主任。常勉励学生为真理献身，莫追名逐利。已则身体力行，奋力治学，寻求科学救国之法。其间相继发表《唐太宗与佛教》《中国佛教史零稿》等论著。抗日战争胜利后回北京大学，兼任文学院院长。1947年当选中央研究院院士。同年秋，应邀赴美国加利福尼亚大学讲学。1948年秋回国，时值北平解放前夕，北京大学校长胡适劝其去台，遭拒绝。新中国建立后，任北京大学校务委员会主席及副校长、哲学社会科学部委员、《哲学研究》及《历史研究》编委会委员。同时任全国政协第一届委员、第三届常委，一至三届全国人民代表大会代表。1962年"五一"劳动节之夜登天安门城楼，见到毛泽东、周恩来等中共党与国家领导人，曾赋诗"虽将迟暮供多病，还必涓埃答圣民"以言志。汤用彤通多种外语，尤精梵文、巴利文。致力于中国佛教史、魏晋玄学、印度哲学史、欧洲大陆理性主义、英国经验主义研究。汤用彤爱生如子，诲人不倦，面无忧容，诚恳和蔼，"蔼然仁者，即之也温"。然从不戚戚于贫贱，亦不汲汲于富贵。1964年5月1日病逝于北京。

主要著述有《汉魏两晋南北朝佛教史》（1938年商务印书馆出版，1955年中华书局再版）、《印度哲学史略》（1954年正中书局出版）、《魏晋玄学论稿》（1956年三联书店出版，1962年中华书局再版）、《往日杂稿》（1962年中华书局出山册版）、《隋唐佛教史稿》（中华书局出版）、《汤用彤学术论文集》《校点高僧传》《康复札记》《汉文印度哲学史资料》《汉文印度佛教史资料选编》。

梅　铸

梅铸　（1889～1965），又名乡儒。黄冈县方高坪响水岩梅家塆（今属团风县）人。幼时曾入织带厂当童工，13岁赴武昌求学。清光绪三十三年（1907）高等小学堂毕业，同年考入湖北陆军小学堂。宣统元年（1909）升入湖北陆军中学。1912年升入保定陆军军官学校第一期步科，1919年考入北京陆军大学第六期，毕业后，历任江西陆军第一师参谋、科长、参谋长、随营学校校长等职。1932年，受聘于南京中央陆军大学，先后任少将兵学教官、中将战术教官。因校长杨杰保荐，擢升为中将战术系主任。抗日战争爆发后，为抗击日本军队，废寝忘食，编成《中华民国战术主义管见》一书，将官极为推崇。1943年，调任军事参议院中将参议。1946年7月退役。次年12月，选为黄冈县参议员。1948年12月，由李西屏、刘凯南介绍加入中国国民党革命委员会（民革）。

共和国成立后，任湖北省文物整理保管委员会保管员。梅一生致力于军事教育与军事学术研究，于军界颇有影响。1965 年病故于武昌花堤街。

冯文炳

冯文炳 （1901～1967），字蕴仲，1926 年始用笔名废名。黄梅县黄梅镇人。幼读私塾，15 岁入武昌省立第一师范，毕业任小学教员。1922 年考入北京大学，参加"语丝社"，毕业留校任国文系讲师。自此始写小说，写新诗、散文、论文，译外国文学作品。其小说结集出版有《竹林的故事》与长篇小说《桥》。作品多写故乡农村生活，其乡土气息浓郁，艺术风格独特，简洁淡雅，于平淡中寄寓哀愁，鲁迅谓其"有意低徊，顾影自怜之态"。1932 年后，一度中止文学创作，从事文学史教学、研究，著有《谈新诗》12 章。抗日战争爆发，回黄梅任中小学教员。其间精研佛教哲学，著有《阿赖耶识论》一书。抗战胜利后，回北大任副教授、教授。写完《谈新诗》后 4 章。1947 年始于《文学杂志》连续发表长篇小说《莫须有先生坐飞机以后》17 章。

冯性静僻，生活简朴，乡土气重，事亲至孝，兄弟情笃，周济贫苦，乡人莫不称道。授徒课业，循循善诱，温文尔雅，恬适亲切，颇受学生尊敬。

共和国成立后，为中国作家协会会员。1953 年，调任东北人民大学（后称吉林大学）教授兼中文系主任，当选吉林省作家协会副主席、省政协常委。致力于文学史研究。人民出版社先后出版《废名小说选》《谈新诗》《冯文炳选集》。1967 年病逝于长春。

熊十力

熊十力 （1885～1968），名继智，又名定中、升恒，号子贞，中年后更名十力，晚号漆园老人。黄冈上巴河熊坳张家塆（今属团风县）人。先世系书香门第，后衰落贫寒，至祖辈之后，三代竟无立锥之地。祖父熊敏容，为乡间木匠。祖母华氏，操理家务。父熊其相刻苦求学，然厌于科举，于贫苦农家子弟，素有同情之心，遂于乡间设馆授徒。熊十力八九岁仍为邻家放牛，10岁随父就读。12岁时，父病故，辍学，仍为牧童。熊酷爱读书，放牛时亦手不释卷。

熊目睹清廷腐败，立志改革社会。15岁投武昌新军第三十一标当兵。白天出操，夜晚自学，诸子百家，一气贯通。后考入湖北陆军特别小学堂。学堂规定操课在校，住宿在营，故与各兵营士兵接触频繁。常于同学中揭露清吏腐败，借以激发其革命热情。曾写短文咒骂鄂军统制张彪，张气愤至极，耿耿于怀。

清光绪三十二年（1906），熊于武昌联合军学界有志之士，成立"黄冈军学界讲习社"，复经何自新介绍入日知会。黄冈军学界讲习社随之成为日知会外围组织。是年秋，熊积极响应湖南萍醴暴动。事败，张彪严令逮捕熊，幸得蓝天蔚暗中通讯，得以先期亡命于施南诸山中。黄冈军学界讲习社遭张查封。事稍缓，熊返黄冈，于百福寺白石书院孔庙教书，旋至本县马鞍山黄龙岩东岳庙教书。

辛亥武昌首义，熊参与光复黄州，后赴武昌任湖北都督府参谋。是年冬，与同乡吴昆、刘子通、李四光等聚于武昌雄楚楼，抒情明志，人称"黄冈四杰"。1912年，与季雨霖等编日知会志，因二次革命失败而止，转赴江西德安，躬耕自给，仍不废学，后仍回乡教私塾。1917年，孙中山发动护法运动，熊由江西入湖南参加民军。旋赴粤，佐孙中山幕。护法失败，举国陷于军阀混战。熊决意退役回乡，从事哲学研究。1919年去天津南开中学任教，并与北京大学校长蔡元培取得书信联系，蔡为其初撰《熊子真心书》作序，评价甚高。同年暑期，熊赴北京与梁漱溟结成深交。次年，梁访南京支那内学院，向欧阳竟无大师请教，力荐十力入院攻读，熊遂辞去教职，从师欧阳竟无。熊专心研读佛学，夜以继日，于法相宗有所彻悟。欧阳竟无精唯识宗，造诣颇深，熊甚佩服，然于学术与师有异，著《新唯识论》以难之。欧阳竟无授意门下刘定权作《破<新唯识论>》，熊复作《破<破'新唯识论'>》而争。嗣后分道扬镳，各执一说。熊独立门户，于南京讲授新唯识论，听众云集，哄动南京。时章太炎，不顾年迈体弱，自上海赴南京听其授课。听后称赞："吾曾以为中国无人懂唯识论，今听汝讲，才知吾见偏颇。" 1922 年，由蔡元培聘为北京大学主讲佛教唯识学特约讲师。此后 10 年，渐成独立哲学思想体系。于北大讲授法相唯识学过程中，背弃师说，由佛归儒。其间著《新唯识论》，四易其稿，于 1932 年于杭州出版。蔡元培于序中称，佛典中哲理甚深，"惜二千年来，为教界所限，未有以哲学家方法，分析推求，直言其所疑，而试为补正者。有之，则自熊十力先生之《新唯识论》始。" 1935 年至 1937 年，由居正资助，先后出版《十力论学语辑略》《佛家名相通释》等。

1937 年抗日战争爆发，熊自北平出，住黄冈团风粮道街，后入蜀，隐居重庆缙云山。中央大学哲学系曾请熊讲学。熊于重庆与董必武、周恩来过往甚密，于中共统战政策尤感倾服。1943 年 8 月，由蒋梦麟聘熊为北京大学文学院教授（昆明）。抗日战争胜利，熊应邀至武汉讲学。蒋介石曾派人送去巨金，熊为之大怒，拒而不受，并将来人逐出门外。此间，尚为李翊东（即李西屏）《辛亥武昌首义纪事》及居正《辛亥革命札记》（即《梅川日记》）作序。

新中国成立后，受毛泽东、周恩来、董必武、陈毅、郭沫若等关怀，先居北京，1954 年秋定居上海。曾历任全国政协二、三、四届委员，保留北京大学一级教授名义，潜心著述，著有《原儒》《体用论》《明心篇》《乾坤衍》《论六经》等，流传海外，影响深远，颇受国际学术界重视。1968 年 5 月 23 日，因受"文化大革命"迫害与摧残，于上海逝世。1971 年 9 月，亲属将其骨灰送回黄冈故里安葬。1979 年 4 月，上海各界举行追悼会，为其平反昭雪。

王亚南

王亚南　（1901～1969），原名际主，号渔村。笔名王真、碧辉。黄冈县淋山河王家坊（今属团风县）人。早年丧母，12 岁时，父王凤庭又去世，得兄长支持，至县城黄州读高等小学。1916 年考入武昌第一中学，后入武昌中华大学教育系。1927 年毕业后参加北伐军，任政治教员。次年流寓杭州，遇上海大夏大学哲学系毕业生郭大力。郭鼓励王钻研马克思主义政治经济学，不久即产生浓厚兴趣。郭又提议合译《资本论》。然因生活所迫，两人暂时分手，郭返上海任教，王得友人资助去日本留学。1931 年回国，于上海参加进步文化活动，兼任暨南大学经济系教授。其间，与郭合译李嘉图《政治经济学及赋税原理》及亚当·斯密《国富论》出版。1933 年，赴闽任中华共和国人民革命政府文化委员兼《人民日报》社长。"闽变"失败遭通缉。王逃往德国，学习德语，收集有关西方经济资料。1935 年回国，于上海复与郭会面，着手翻译《资本论》，越 3 年译成，于 1938 年，由上海读书生活出版社出版。上海沦陷，王返武汉，于国民政府军委政治部设计委员会工作。1940 年后，历任中山大学经济系主任、福建研究院社会科学研究所所长、厦门大学法学院院长。任教期间，创办并主编《经济科学》《社会科学》杂志，撰《中国官僚政治研究》《中国经济原论》《中国经济论丛》等书。

新中国建立前夕，中共地下组织动员王至香港，并安置于达德学院任教。该院为香港当局封闭，王与郭大力由中共党组织安排返京，于清华大学讲授政治经济学。1950 年，中央人民政府政务院任命王为厦门大学校长。自 1954 年，连续选为第一、二、三届全国人大代表，兼任中国社会科学院哲学社会科学学部委员、福建省政协副主席。1956 年率中国大学代表团访问印度，1957 年加入中国共产党。"文化大革命"中遭受冲击。1969 年 11 月 13 日病逝于上海。1978 年平反昭雪，同年 12 月 23 日，于福州革命烈士陵园举行骨灰安葬仪式。

殷海光

殷海光　（1919～1969），黄冈县上巴河镇西街（今属团风县）人。伯父子衡，父子平，均为基督教传教士。海光出生于上巴河福音堂，故原名福生。

殷 13 岁入武昌初中。善思考，然任性，于功课，喜者成绩尤佳，恶者常不及格，父斥其"不堪造就"，遂送至汉口一食品店为徒八月后，恳允复学。读高中二年级，正中书局出版其译著《逻辑基本》40 余万言，并加"译者引语"达 15000 言，既评其原著，亦正其误解，足见殷才思过人。

1938 年秋，入西南联大哲学系就读。1942 年毕业，入清华大学哲学研究所学习。1944 年参加青年军。1945 年为重庆独立出版社编辑，旋东下南京，受聘《中央日报》主笔，兼任南京金陵大学副教授，讲授哲学概论与逻辑学。1949 年 6 月随"中央日报社"去台湾，继任该报主笔。同年 8 月，因不满报社内部人事倾轧，至台湾大学哲学系任教，讲授逻辑学。20 世纪 50 年代初，殷宣传西方哲学新潮流、新思想，誉为"自由主义精神领袖"。殷学识渊博，口才尤好，且不畏强权，常于各大学与社会团体等公开场合，作反奴役、反集权、主张自由民主演讲，尚于《自由中国》《思与潮》及香港《祖国》诸周刊，发表大量政论文以揭露蒋介石当局阴暗面，由此得罪权贵。1958 年底，其演讲权剥夺。1965 年，国民党中常会取消其每月 73 美元科研补助金，并以"借聘"为由，将殷逐出台大；其《中国文化的展望》刚一面世，即为查禁。

殷著述达 800 万字，精于逻辑与思想方法论研究。著有《逻辑新引》《怎样判断是非》《思想与方法》《中国共产党之观察》《中国文化的展望》《逻辑究竟是什么》；译著有《逻辑基本》《社会科学方法论》《共产国际概论》。1989 年 8 月，由台湾自立报系、现代学术研究基金会联合发起，于台北举行"纪念殷海光逝世 20 周年学术研讨会"。1990 年，台湾桂冠图书公司出版发行《殷海光全集》，共 18 卷，800 余万字。

1969 年 9 月 16 日，因患胃癌病逝于台湾。

李四光

李四光 （1889～1971），原名仲揆。黄冈县回龙山人。清光绪三十年（1904）因成绩优异，选送日本东京弘文学院普通科，次年入同盟会。为清末民初"黄冈四杰"之一。孙中山喜其年轻有志，以"努力向学，蔚为国用"相赠。复入日本大阪高等工业学校。学成归国，任上海某厂工程师。后返鄂任教于湖北中等工业学堂。

宣统三年（1911）秋，赴京应归国留学生考试，以"最优等"成绩授予"工科进士"。旋参加武昌起义，任鄂军政府实业部长等职。又赴英入伯明翰大学攻读采矿、地质。归国后就任北京大学地质系教授。系主任。应蔡元培聘筹建中央研究院，任该院地质研究所所长，旋复参加筹建武汉大学，曾获英国伯明翰大学自然科学博士、挪威奥斯陆大学哲学博士学位。

1950 年春毅然归国，任中国科学院副院长、地质部长、中国科学家协会主席、中国地质学会理事长、世界科协副主席、全国政协副主席、中共中央委员。

李长期深入实地考察，提出"第四纪冰川理论"，誉为"中国冰川之父"。又凭亲创地质力学理论，为我国石油工业发展作出杰出贡献，周恩来总理称"李四光同志是一面旗帜"。李四光为科技巨擘，一生著述甚富，主要有《中国地质学》《中国地势变迁小史》《地质力学概论》《冰期之庐山》《中国北部之䗴科》《地震地质》《地质力学的基础与方法》《从地球看宇宙》《旋卷构造及其他有关中国西北部大地构造体系复合问题》《启蒙时代的地质论战》《地壳的概念》《总结地层工作的要点》《三大冰期》《古生物及古人类》《天文·地质·古生物》。

王家重

王家重　（1899～1971），字则威。黄冈县孙家咀王家垮人。10岁始读私塾。1913年考入黄冈县黄州小学堂。1915年考入启黄中学，以借贷维持学业。毕业后，靠邀会集资、友人资助，于1919年东渡日本，考入东京帝国大学农学部林实科，半工半读，于湖北省留学生经理处充当书记，一年后取得公费。1924年转入九州帝国大学农学部，专研造林。

1926年学成归国，至湖北省立第二农科高级中学森林科任教员，兼办附设林场。1927年任湖北省建设厅主任科员及林务局设计科长。同年加入国民党。1929年任水利局调查员。1930年至南京中央军校任日语教官。1932年兼任中央大学附设林场技师。抗日战争爆发后，随校迁四川成都，兼任四川大学特约讲师及成都高级农业学校森林科主任。

抗战胜利后，于1946年退役，离开中央军校。1947年返武汉，在湖北省立医学院任训导长兼生物学教授，后改任总务长兼教授，共和国成立后，又兼任湖北省教育学院生物学教授。1950年9月，调任湖北省立农学院林学系教授兼教研组主任。1952年省农学院改名华中农学院，继任林学系教授。1955年9月，调任南京林学院林学系教授。1958年9月，调任河南郑州农学院林学系教授。1965年7月退休。1971年9月，因脑溢血逝世于武昌。

胡伊默

胡伊默　（1900～1972），一名彦彬。黄冈县叶路雅淡洲人。幼读私塾，14岁入县城黄州小学。毕业后考入武昌第一师范，旋转中华大学附中，后升入大学部经济系肄业。1924年于学校加入中国共产党。次年秋受党派遣，赴莫斯科中山大学学习。1927年秋归国。

时宁汉合流，党转入地下斗争，胡受派至汉口工作。1928年春，调京汉路区（湖北境内沿线各县）工作。1929年冬赴上海，适妻遭捕入狱，为营救其妻，于沪停留一段时间，遂脱离党组织，以译书、写作维持生计。自1931年秋起，先后于陕西同州师范、河北永年中学、上海暨南大学、桂林师范专科学校任教。1937年在上海从事编译工作，直至淞沪战争发生才离开。1938年春，至王东原部队专事政治工作，半年后返武汉。时国民政府军委会政治部办有"战时工作干部训练团"，胡任政治教官。武汉失守，随团至四川綦江，后至重庆任国民党中央训练团秘书及训育干事等职。1941年秋至恩施，于湖北省建设计划委员会工作，并兼任省临时参议会参议员。1942年秋复返学校，先后于湖南沅陵国立商学院、湖北师范学院、湖北农学院、中华大学任教，直至新中国成立时。

新中国成立后，历任湖北省人民政府委员、省教育厅副厅长，曾选为第一届省人大代表，省政协常委兼秘书长。著《社会科学概论》《土地改革论》《中国经济史稿》等。

鄞道济

鄞道济 （1900～1972），浠水县巴驿人。1918年毕业于中华大学，同年秋官费留学，考入日本东京工科大学。1925年毕业回国，历任中学数理教员，安徽学院、华中师范学院教授。鄞教授数学，尤强调基本概念、基本理论学习，注重基本运算能力培养，学生常称赞："鄞老师善于把知识的金钥匙交给我们。"鄞于武汉市数学界享有盛誉，称为"四大金刚"之一。

1926年，北伐军进驻武汉前夕，鄞积极参加北伐宣传工作，支持组织群众示威游行。同年加入国民党。抗日战争时期，于湖北省立第二高中任教。教学设备极差，教材缺乏，鄞利用工余时间，废寝忘食，编写《解析几何》《鄞氏大代数》《高中数学教程》等教材，深受学生欢迎，博得同行好评。1947年，国民党进行党员登记，鄂拒不履行手续。新中国成立后，历任江汉纺专、中南纺专、武汉纺校教师及华中师范学院数学系教授。

王祖祐

王祖祐　（1887～1973），字楚屏。浠水县关口人。幼从父学，通读儒家经典。光绪二十八年（1902年），入县立师范传习所，后入黄州府学堂、湖北省立第一师范。毕业后，任汝南师范教员。1920年，考入北京大学，因学费不济，转教育部国语讲习所，受业于黎锦熙、钱玄同。结业后，曾任蕲水县循环教员、东路模范小学校长及湖北省立第二女子中学国文教员。1927年入党义研究所，后任通城县视学。抗日战争时期，随省府西迁，任教于建始县立初中、省立恩施师范学校。不久入川，先后受聘私立武昌艺术专科学校（时迁入四川）、国立第十二中学及广安县中学教员。

30年代初，王致力于中国语言文字声韵学研究，曾赴南京求教于文字家黄侃，后以鄂省代表身份，出席全国国语统一读音学术会议，参加国语教育促进会，聘为湖北省教育厅注音符号推行委员兼编辑。撰《反切释例》一书，出版后北京大学列为教学参考书。所编《文字学纲要》《注音符号读本》，经湖北省教育厅审定为中学教材或教学参考书。后又编著《新反切指掌图》《广韵等呼表》《浠水同音字汇》。并撰声韵学论文多篇。1961年写成《浠水方言考》。以油印稿问世。此稿1980年经武汉大学詹伯慧改写为《浠水方言纪要》，于日本影印出版。

自1951年起，王任职于浠水县文化馆文物室，先后将已收集古籍36000册，编印成书目。收藏整理历代碑帖字画、古物器、革命文物800余件，编有《古物一览》。选辑浠水县志资料50万字，油印成册，共16本，分为建置沿革、人口、自然灾害、动物、植物、矿物、矿业、特产、方音、方言、古籍、古迹名胜、气象、大事年表、大事记、诗征、文征等。1973年病逝。

董必武

董必武　（1886～1975），幼名乐益，谱名贤琮，学名用威，字洁畬，号璧伍，辛亥革命时期改作必武。其家先居黄安南乡，后迁黄安县城。幼年曾于麻城宋埠喻河张杰湾读私塾，后入县萃英书院。清光绪二十九年（1903）应黄州府试，中秀才。府试期间，为书差踢死广济考生饶汉苑，邀约麻城屈子厚、蕲州程柳圹，活动八属生员，包围试场。光绪三十一年（1905）初冬，考入武昌文普通中学堂。入学不久，写《伍子胥·申包胥合论》，受到学监赞扬。其间，与新老校友宋教仁、刘静庵、田桐、查光佛、黄侃等建立深厚情谊。宣统二年（1910）毕业，因成绩优异，保奏拔贡学衔。宣统三年（1911）春，代其四叔董基明执教于麻城高等小学堂。其间，运用多种方法，向农民（当年学友）讲解革命道理，鼓励参加革命活动。同年夏秋之间，执教于黄州府中学堂。1914年留学日本，谒见孙中山，并加入中华革命党。1915年6月奉孙中山之命回国，谋划反袁世凯秘密军事斗争。事泄，潜回黄安，遭捕入狱。经黄州中学监督陈遂九力保得释。1917年2月再渡日本，结束大学法律科学习，毕业后回国，同张国恩于武昌合开律师事务所。1919年，辗转至上海，结识李汉俊，研读马克思主义著作及《新青年》《新潮》等刊物。8月回武昌，创办武汉中学，亲题"朴诚勇毅"四字校训。又聘英文教员陈潭秋等来校任教，创办《武汉中学周刊》。次年应李汉俊函约，与刘伯垂、陈潭秋、张国恩、包惠僧、赵子健、郑凯卿等7人，创建武汉共产党早期组织，组建社会主义青年团及马克思学说研究会，传播马克思主义。1921年7月，与陈潭秋代表湖北赴沪参加中国共产党第一次全国代表大会。次年参与领导湖北女师学潮，组织开办工人识字班及平民夜校，于武昌纺织工人区建立工运据点，并从中发展党、团员。1923年冬，于武汉中学组建中共黄安工作组，派回黄安，开展农民运动。1928年赴莫斯科大学、列宁学院学习。

1932 年回国，至江西中央苏区。随中央红军长征，至陕北后，任中共中央党校校长、抗日军政大学第四大队政委。

1959 年任中华人民共和国副主席。1962 年 5 月 8 日至麻城视察，亲临"考棚"，题诗《麻城》（七绝）："1911 年春，余曾执教于麻城小学，尔来五十有一年矣。再到麻城，则面貌大改，喜而有咏'五一年前教学来，河山犹是市廛非。人民自建新生活，且喜麻安共举旗'。"

1972 年任中华人民共和国代主席，后当选为第四届全国人民代表大会常务委员会副委员长。1975 年 4 月 2 日病逝于北京。主要著作有《董必武选集》《董必武诗选》等。1986 年 3 月，红安县建立董必武纪念馆。1991 年 6 月武昌洪山广场树立董必武纪念铜像。1991 年中央文献出版社出版《董必武年谱》。

张清和

张清和　（1893～1976），字麦秋。张荆野次女。团风严家咀人。少时勤奋好学，聪颖过人，7 岁能书，15 岁考入南京第一女子师范学校，笃信基督教，19 岁入九江励儒女子书院（由美国教会设立），毕业后升入南京金陵女子大学。1915 年，受聘为湖北省当阳县高级女子师范学校校长。一年后，回故里创办国民小学。1917 年，受聘基督教瑞典循道会湖北辖区游行女布道讲员。1920 年，受聘新加坡，历任星洲南洋女子学校校长、马六甲培德女中教务长、巴生中路国民中学教员、巴生港口过港务德学校校长、加东俊源中学教员、麻坡化南女中教员、三江公学校长、柔佛宽柔高中教员、金炼神学院国文教授等职。

张热爱教育，热心慈善福利事业。1935 年，张于新加坡东陵谷律捐资亲手创办怀亲学校（同时于故乡创办一怀亲学校）。抗战期间，张于新加坡华侨中募捐大批资金，寄回祖国，交付儿童福利会宋庆龄会长，救济难童。日本投降后，张于新加坡创办星华孤儿教养院，专诚收养遭日军杀害而失亲儿童。

张受其父荆野熏陶，其书法出类拔萃。居新加坡时，有学生欲为其举办书法展览会。张思其父为国内知名书法家，遂改为父女书法展览会。经两年筹备，于 1964 年展出。熊十力特为此会作"献言"，《星岛日报》为展览会撰文，述其父女事迹及展出盛况，并影印出版《张荆野、张清和父女书法展览会纪念特刊》，众多华侨与外国人，纷至争相购买，视为墨宝。惜其墨宝多于"文化大革命"中散失，唯省、地、县博物馆尚存数幅。

张以书法著称，且通晓英文、希伯来文、印度文、马来文等多国语言文字，文学造诣极深，著有《中国伤心史》《昭南回忆录》《长寿秘诀》《圣经中诗篇分类》《箴言注释》等 10 余部。1976 年病逝于新加坡。

刘 赜

刘赜（1891～1978），字博平，号简园、许叟、牛鼻滩生。广济（今武穴市）刘燡垸人。幼时得公产资助，就读于永西小学、梅川中学。后考入武昌西路学堂、理化专科学校。1914 年考入北京大学中文系，因无以缴纳学费而痛哭，该校教授黄侃解囊资助，收为入室弟子。1917 年毕业后，任教于武昌第一师范、武昌高等师范学校附中。1922 年起，先后于天津南开中学、厦门集美中学、浙江绍兴中学、万县师范学校任教。1927 年聘为上海暨南大学中文系教授。1929 年经黄侃推荐，转武汉大学任教，讲授文字、声韵、毛诗训诂、周易研究等课程，并任中文系主任多年。1947 年，武汉大学发生"六·一"惨案，刘慨然于抗议书上签名，支持师生反迫害斗争。赜母去逝时，同事及亲友馈赠钱物，尽存入银行，作为奖学金，奖助学业优异家境贫寒学生。

共和国成立后，任武汉大学一级教授，第三届全国政协委员。为自励曾用秦篆书一联："期以声音故训拥护民德；须用马列主义衡量群言。"虽年逾八十，尚一再要求指导研究生。所教历届学生，皆系统传授文字、音韵、训诂方面知识。

刘为章黄学派著名学者，致力文字、声韵、训诂之学。其研究方法，将汉字形、音、义，视为互有关联之统一整体，从语言角度加以联系，深入探索，发掘汉语言、文字内部发展规律，及字与字间关系。1932 年，将讲稿编成《声韵学表解》，列为武汉大学丛书，由商务印书馆出版。章太炎作序，称其为"再传弟子"。刘尚运用黄侃研究成果，结合己之心得，将《说文》九千余字，分录于所定古本音 28 部及古本声 19 类表格中，并依篆俱载许慎之说解，撰成《说文古音谱》。全书系手书蝇头小楷，经一年半时间缮成。董必武称该书"集小学研究之大成"，郭沫若赞之："且不论这部书的学术价值如何，单论书法就是珍品。"经周恩来总理指示，由湖北人民出版社先影印 500 本问世。其专著《初文述谊》，亦影响于学林。刘撰此书时，反复修改，力求精当，曾于书斋书一条幅："无神来教我，有弊则思之。"尚著有《汉语声韵图说》《文字学教材》《小学札记》《简园日记存抄》等，主要学术论文有《中国语言文字音系略例》《说文释例匡谬》《楚语拾遗》《古声同纽之字义多相近说》《说文形声释例》《再答王楚屏先生问浠水方言》《广济方言之调类与调值》《广济方言》等。刘赜酷爱书法，数十年练字不辍，尤擅秦篆章草，视佳墨、精纸、名字、碑帖如珍宝。刘性喜俭朴，治学勤奋，至晚年，仍凌晨即起，终日伏案，乐不知倦。名书斋曰独砚山房，住室曰简园。1978 年 10 月因病逝于汉，骨灰安放于九峰山烈士陵园。

包惠僧

包惠僧（1895～1979），别号平侯。黄冈上巴河包家畈社庙湾（今属团风县）人。1915 年考入省立第一师范等校，毕业后于一师附小任教，约半年，任《武汉国民新报》《正义报》特约记者。曾参加"五四"运动，后至北方大学文学系旁听。

1920 年春，拜识陈独秀于武汉，始研究马克思学说。并同董必武、陈潭秋、文伯垂等同入中国共产党，任中共武汉地区临时支部书记。1921 年元月，偕马念一（哲民）至上海，任中共中央教育委员会主任。后受李汉俊委派，赴广州请陈独秀至上海主持中共中央工作，陈独委则留包任《广东群报》撰述。同年秋，以广东代表身份参加中国共产党第一次全国代表大会。至秋末，奉陈独秀之命，返武汉任支部书记兼劳动组合书记部长江支部主任。1922 年至 1924 年辗转武汉、北京、上海、广州之间，曾领导京汉铁路工人运动。1924 年国共合作时，以个人身份加入国民党，历任国民党中央党部党员训练班训练员、黄埔军官学校政治部主任，参加讨伐滇桂军战役，继充黄埔军校教导师党代表兼政治部主任。1926 年，当选国民党第二次全国代表大会代表。北伐军攻克武昌后，任武汉新闻检查委员会主席，旋调任中央军事政治学校筹备主任。国共两党分裂，奉周恩来之命，至南昌筹备《前敌日报》。筹备未妥，即患疟疾。病愈逃出南昌，至武汉等地寻党组织未果。继携子往江苏岳丈家避难，后转至上海，与党组织失去联系。因生活所迫，三年中以卖文为生。1931 年应湖北省主席何成浚之请，作幕下参谋。后为蒋介石海空军总司令部参议、国民政府军事委员会秘书兼中央军校政治教官。其间所撰《防空知识》一书出版。1948 年携家眷至澳门。

1949 年 10 月回北京。董必武、周恩来与其长谈。后任政务院内务部研究员、参事。遗著有《包惠僧回忆录》等。

冯永轩

冯永轩 （1897～1979），一名德清。红安县城关镇冯家畈人。幼时半耕半读，就塾 8 年。后入河南省立第三师范附小及第三师范学习。1923 年入武昌师范大学，就学于训诂名家黄侃。次年入国立清华研究院第一期，受业于梁启超、王国维、陈寅恪门下，专攻历史考据学，毕业论文为《匈奴史》，获好评。

1926 年至 1927 年，于武汉中学及党义研究所（国共合作）任教，与董必武同事，交谊甚厚，并启迪、资助时党义研究所工友詹才芳参加革命。大革命失败后，辗转各地教书，并多方掩护资助共产党员与进步人士。1935 年为考查西北史地，建设边疆，赴迪化（今乌鲁木齐）任新疆省立师范学校校长，兼新疆省编译委员会委员长。1937 年回武汉任教。次年，时值董必武主持武汉八路军办事处工作，冯向"八办"推荐数十名知识青年赴延安。武汉沦陷后，至大别山区鄂东联合中学任教，一度任该校校长。1943 年任安徽学院历史系教授。1946 年至共和国成立初，先后受聘于西北大学、湖南大学，任历史系教授。于西北大学期间，发表进步言论，遭特务监视与迫害。共和国成立后，任武汉师院历史系教授。

冯性耿直，治学谨严，专于楚史、西北史地及古文字学，精心收藏考证古文物。晚年虽卧于病榻，仍为北京大学赴鄂考古队释疑解难，并为江陵出土文物作出重要阐释。所著《楚世家会注补正》，纠正日本学者龙川《史记楚世家会注》中若干错误，并旁征博引，补充大量资料，为楚史研究者所重。冯著《楚史》，苦心经营多年，文稿达数十万言，"文化大革命"中竟遭抄散失。所著《西北史地论丛》，于甘肃、新疆史地及民族史，多有创见。尚著《论五水蛮》《说楚都》《特勒非误辨》等多篇论文。

1958 年错划为右派，1979 年平反改正。同年春，病逝。

马哲民

马哲民（1899～1980），字凌，号铁肩。黄冈县松林湾人。

1917 年毕业于福州高等工业学校，赴日本早稻田大学攻读政治经济学。"五四"运动爆发后回国。1921 年，入中国社会主义青年团，改名念一，意指信念专一，坚信共产主义。与陈潭秋创办《中外通讯》杂志，宣传马列主义。次年春，选为新闻界代表，赴苏联出席第三国际召开远东民族代表会议。会后，由陈潭秋、刘子通介绍加入中国共产党，旋即入莫斯科中山大学学习。1923 年初，考取德国柏林大学研究员，攻读社会学。1926 年秋结业回国，参加北伐，历任国民党中央党部秘书处文书主任、中央军事政治学校武汉分校政治教官、国民政府劳工部秘书。1927 年后，始从事教育，先后应聘任暨南大学中文系教授、北平师范大学社会系及中国大学经济系主任。1932 年冬，应北平学生之请，讲"陈独秀和中国革命"，因涉及时政而入狱，判刑两年半，经保释出狱。1936 年避居桂林，任广西大学法学院教授，与杨枣、沈西岑组建"反帝大同盟"。因与校领导意见分歧去职，仍返中国大学任教。"七七"事变后返武汉，与黄松龄、曾晓渊、张执一等组织"湖北乡村促进会"，发行《战时乡村》期刊。并于黄冈、应城汤池等地办游击训练班。后因与邓初民、黄松龄等宣传抗日反蒋，解聘。1942 年，加入中国民主同盟，当选为民盟第一届中央常委。1946 年初赴重庆任民盟中央机关报《民主报》总编辑。后返成都主编《民众日报》，报遭查封，复去重庆，于南温泉创办西南学院，自任教务长兼教授。1947 年春，因参加反美大游行及"反饥饿、反内战、反迫害"斗争，再次入狱，次年获释，返武汉任省农学院教授。

共和国成立后，1950 年任武汉大学法学院院长兼教授。1953 年任中南财经学院院长。其间，先后任武汉市人民政府委员、全国人民代表大会第一届代表、民盟中央二届常委、湖北省二届及武汉市一届主任委员。1957 年于反右中受到错误处理。1980 年改正，同年逝世。

马哲民一生著述甚丰，主要著作有：《国际帝国主义史论》《经济史》《社会进化史》《帝国主义基础知识》《社会经济概论》《精神科学概论》《论民生问题》《新社会学》《论抗战经济问题》。

刘石逸

刘石逸（1922 ~ 1980），罗田县城关河东街人。1933 年就读于省立黄州第六中学。1937 年考入武昌师范，毕业后任湖北省图书馆馆员。1945 年初，赴大悟山鄂豫解放区，入共和国成立学院学习。次年，鄂豫解放区遭国民党军事围攻，刘返罗田，受聘为县立中学教员。1947 年 7 月，国民党罗田县警保大队开枪击伤学生，刘组织青年教师、学生反抗其暴行，并愤而起草呼吁书，揭露国民党罗田县当局罪行，因遭辞退。共和国成立后，刘历任县人民政府文教科科长、黄冈地区行政专署扫盲办公室副主任、黄冈高中、黄冈师范专科学校教员等职。为湖北省第三届人民代表大会代表。曾参与《汉语大辞典》编纂工作。1979 年 12 月，加入中国共产党。此年曾以激越之情写有《贺新郎·一九七九年元旦述怀》词："忆昨长天暗，抬头望，黑云四合，风刀霜剑，万壑千山空阒寂，霎时不见莺燕，只听得鸱枭声乱。夜夜心香焚几瓣，愿明天红日终能现。光烨烨，川原灿。

霹雳一声天地换，看春风，杨柳堆绿，百花烂漫，举国齐歌新局面，宏图更开肝胆。奔四化，乾坤扭转。瘦骨我虽余半把，敢自夸廉颇犹能饭。听号角，赴前线。"

刘石逸毕生从事教育，知识渊博，课堂艺术精湛，培育人才，孜孜不倦。一生清廉自好，痴于学问，精于文史，擅长书法。以勤于教育，善于育人，闻名鄂东。终因积劳成疾，于 1980 年 7 月 28 日病逝。生前至友、原中共黄冈地委纪委书记方道南曾敬挽联："一身瘦骨系丹心为国为民甘尽瘁；八斗文章凝玉露育桃育李喜成荫。"

徐复观

徐复观　（1903～1982），原名秉常，又名佛观，其师熊十力为之改"佛"为复。晚年居香港时，用名天行。浠水县团陂人。

徐幼年就读于县高等小学堂，后入省立第一师范，1923 年毕业，曾执教于县内第五模范小学。1925 年以第一名考入湖北省国学馆，名噪省城。次年入国民革命军第七军，不久任该军某部政治部宣传科长，旋任省立第七小学校长。1928 年东渡日本，考入陆军士官学校，涉猎政治、经济、哲学诸书，视野大开。"九一八"事变后，因秘密从事抗日活动遭捕，关押数日后遣送回国，于国民政府军队任职。1937 年任团长，驻防湖北老河口，年底参加娘子关战役。1938 年调回武汉大学受训，后参加武汉保卫战，驻防田家镇。1940 年任荆宜师管区司令，1942 年赴重庆任中训团兵役班少将教官。次年受命任驻延安高级联络参谋，凡 5 月，返重庆，于蒋介石侍从室第六组任少将，掌管机要。1944 年往勉仁书院谒师熊十力，悟熊氏"亡国族者，常先亡其文化"之言，乃潜心于中国文化典籍。抗日战争胜利后，申请退役，告病就医，后于上海与商务印书馆合作，创办学术刊物《学原》，以弘扬中国文化，商讨学术思想。

1948 年由上海至广州去香港。1949 年 1 月，蒋介石下野居奉化老家，召徐至溪口备咨询，草拟整顿黄埔军系计划，留居 40 日。5 月去台中，6 月 16 日去香港创办《民主评论》杂志。1951 年赴台中，任省立农学院教授，旋复应聘为私立东海大学教授兼中文系主任。台中任教近 20 年。20 世纪 50 年代后，致力阐扬中华文化精华，潜心儒家研究，造诣极深，港台海外称之为现代大儒。60 年代初，连续撰文，批驳胡适"全盘西化"论，曾于台湾掀起大波。1969 年再至香港，应聘为中文大学客座教授、新亚研究所教授兼导师及中文大学中华文化研究所研究员，并重理《民主评论》编务，兼任《华侨日报》主笔。1973 年 7 月，举家自台湾迁居香港。

徐著作甚丰。70 年代以来，于香港出版其著作达 20 余种。其主要著作有《两汉思想史》（上、中、下）、《中国经学史的基础》《中国艺术精神》《中国文学论集》《中国人性论史》《中国思想史论集》《学术与政治之间》《徐复观杂文集》《公孙龙子讲疏》等，尚有两部日文译述：日本荻原朔太郎著《诗的原理》，日本中村元著《中国人的思维方法》。

"文化大革命"结束后，向往祖国之情甚切，其寄友人吴仲介诗云："浩劫荒荒事已过，喜闻重整好山河。衰年许下归根愿，约取秋来共看禾。"与故乡老友通信，多次表示："能为自己的国家工作，生活虽然苦一点，总算是一棵有根的树，心安理得啊！""希望鱼雁常来，稍慰乡思耳！""倘得政府允许，亦当埋骨灰于桑梓。"曾拟于 1980 年秋回国探亲访友，因胃癌治疗未能成行。于美治病期间，夏威夷大学主办朱子讨论会，徐仍为之撰写"朱程异同"论文，全文约 5 万字。1982 年 2 月，转台湾大学医院治疗，曾向蒋经国进言："祖国统一的方法最好是和平谈判，早谈判比迟谈判好，主动谈比被动谈好，自己去谈比别人去谈好。"同年 4 月逝世。1988 年遵其遗愿，骨灰归葬于浠水县城郊凤栖山。

成仿吾

成仿吾　（1897～1984），原名成灏、成勋，字仿吾，笔名芳坞、澄实、石厚生。湖南新化人。成 4 岁即入学，记忆超群，且刻苦自励，每日黎明即起，至晚不懈，深得祖父喜爱。10 岁至距家 80 余里西门书屋上学。时西门书屋全校有学生近百名，年龄大者 20 岁，成最小，成绩却居其首。12 岁执意一人赴县城读官办小学，后因病辍学。清宣统二年（1910）随长兄成劭吾至日本，留学东京帝国大学造兵科，攻读枪炮专业。精通日、英、德、法、俄 5 种语言。五四运动后，同郭沫若、郁达夫等发起成立"创造社"，宣传马列主义文艺理论。1924 年至 1927 年，任广东大学教授，兼黄埔军官学校教官。大革命失败后至法国。1928 年于巴黎加入中国共产党。1931 年回国，11 月到达鄂豫皖苏区，任中共鄂豫皖省委宣传部长兼省苏维埃文化委员会主席，创办多层次军政学校与干部学校，教育红军，培养工农干部，其教学内容涉及军事教育、政治教育，且注重文化科学知识教育，尚创办师范、农业、工业、财政、医护等专业教育。创办列宁小学、苏维埃小学，普及幼儿教育，对苏区儿童实行强迫入学制度，贫苦工农子弟可免费入学。据 1932 年统计，黄安（今红安县）、阳新两县共有列宁小学 1800 余所，在校生达 3.1 万余人，适龄儿童入学率达90%以上。为使广大工农得以教育，发表《识字运动周宣言》，推动苏区工农群众教育广泛开展，使广大工农能识字，能读书。仅黄安全县农民于此期间举办识字班、夜校达1800余所（班），学员累计达14万余人，其中妇女占60%以上。为发展苏区文化教育事业，并使之得以深入，成殚思极虑，亲自参与编写干部教材及列宁小学课本。时中共鄂豫皖省委决议、通知及向中央报告，亦多成执笔。后兼任中共黄安中心县委书记，时张国焘领导"肃反"扩大化，成极力抵制。一次下乡，遇一女区委书记正遭受逼供，迅即查明情况，将其释放。

1932年，成负病参加第四次反"围剿"斗争。1933年10月，至上海向中央汇报，请示工作。1935年，参加长征到达陕北，任中共中央党校教务主任，后任陕北公学校长、华北大学副校长及晋察冀边区参议长。共和国成立后，任中国人民大学、东北师范大学、山东大学校长、全国政协常委、中央顾问委员会委员等职。有著作《仿吾文存》（1928），《战火中的大学》（1982），《成仿吾文集》（1985）。1984年5月病逝于北京。

黄 焯

黄焯　（1902～1984），字耀先，别号迪之。蕲春县青石岭黄大樟树人。国学大师黄侃之侄。7岁丧父，10岁从外祖父优贡生萧葆新读书，授以《礼记》《左传》。萧管教甚严，夜令焯卧于足旁，天未明即问昼间所学，若不能答，即掐足使其早起温习。14岁至武昌考入启黄中学。

1927年，黄焯毕业于武昌中山大学中文系。次年，随叔父黄侃赴南京中央大学中文系任助教，跟随八载，直至黄侃去逝。焯随叔父黄侃治经学及语言文字学，同时尚借教书以磨砺，学识日益渊深，且于"章黄之学"，亦渐通其精要。自1939年秋起，任教于武汉大学凡45年。所教课程有诗经、文选、文学概论、国学概论等。历任讲师、副教授、教授、博士生导师，并任中国语言学会理事、中国训诂学研究会顾问等。"文化大革命"中，虽处境恶劣，甘冒风险，自投资两千元，请人刻黄侃遗著油印出版，使之得以保存传世。80高龄，仍指导青年教师，培养研究生，坚持著述。

黄致力教学 56 年，堪称"学而不厌，诲人不倦"。每临课堂，所授内容必先熟稔于胸，讲解时行云流水，舒卷自如，徐疾顿挫，宛如天籁，学生受教甚深。焯于大学授经学、文学，其叔父黄侃尝诲曰："读经不从《经典释文》入手，始终是门外汉。"黄自 1941 年起，凡与《释文》有关资料，即留心收集，以用于教学与著述。受业学生评"先生之学，莫邃于经"。1980 年，其《经典释文汇校》三十卷，历时 50 载始成。堪为工具要书，凡研究古代文献、古文字音韵、词义变迁者，皆可得其裨益。1980 年中华书局出版后，颇受海内外学术界好评。焯于《诗经》研究，造诣亦高。著《毛诗郑笺平议》《诗疏平议》，旨于《诗经》诸篇意义讲述明白。"平议"时，凡宋、元、明、清诸家诗说一二百种皆囊之，选其述评、解释精当者用之。

焯为"章黄之学"嫡传继承人。于黄侃学术成果，尽平生之力，收集、保留并传播。黄侃曾自誓五十岁前不著书，唯潜心准备巨著资料，然侃不足五十即去世，所留大量资料，均保留于手批文献及授课笔记中，且大都分散诸处，焯留心搜集，精心保存，并予以整理出版。黄侃遗著，经焯整理出版者有：《尔雅音训》3 卷，《字通》1 卷，《广韵校录》10 卷，《文选平点》6 卷。

焯一生治学严谨，学识渊博，所著尚有《诗说》六卷，《说文新附考原》四卷，《古今声类通转表》十二卷等，均梓行。1984 年 6 月，逝于武汉。

闻钧天

闻钧天 （1900～1986），字亦遵，号劬庐。浠水县巴河望天湖人。早年毕业于南京美术专科、东南大学，先后受聘为南京美术专科、武昌美术专科、西南美术专科教授。共和国成立后．曾当选为武汉市人民代表、武汉市政协委员；历任"民革"武汉市委常委、"民革"湖北省委顾问、中央文化部国画创作组成员、中国美术家协会湖北分会顾问、武汉画院名誉院长、武汉市人民政府文史研究馆馆员。

闻钧天出生于绘画艺术之家，外祖父及其母均熟谙绘画。堂兄闻一多曾与同堂共读，互有薰陶。其绘画艺术受江南名家肖俊贤、现代国画大师梁公约及陈师曾指导。山水画受肖影响，花鸟画则师承梁、陈，运笔、用墨、用水、着包自有独到处。作品注重写意，不落陈套，曾送往美国、法国、日本及东南亚诸国展出。1980 年创作《樱花牡丹图》，并附题画诗："相依衣带水，互赏光荣花。朝晖春正好，笃谊颂无涯。"选作礼物，赠送日本大公使。闻钧天喜画花草山石，常于画中题诗，以抒其情志。其宋柏唐梅题画诗曰："宋柏翠欲滴，唐梅发古香。春城花事胜，处处沐祥光。我欲取朽木，镌上新文章。我欲培新蕾，摘枝插斋房。千秋人与事，惟有颂其芳。"闻曾攻文科，30 年代有文艺理论专著问世，或译为英文出版。1985年后，仍于病中坚持完成《张裕钊年谱》《杨守敬思想研究》等著作。对考古、金石、书法等亦深于研究。

廖居仁

廖居仁 （1906～1991），黄梅县小池口人。出生书香门第。1924 年东渡日本求学，次年考入东京高等工业学校。1926 年因学资困窘而停学归国。次年再渡日本求学。1930 年学成归国。次年秋，为谋生计，廖往江西九江五邑中学（后改濂溪师范）任教。1932 年 8 月，返县受聘于黄梅县立初级中学（黄梅一中前身）任数学教员。1936 年，聘为教导主任。1938 年后，因日军入侵，学校几度停办，日伪政府多次向廖高薪聘请，廖皆拒绝而务农于乡，兼教私塾以谋生。1944 年，国民黄梅县政府于独山黎家岭，创办孔垄区联合小学，任廖为校长。次年，黄梅县立初级中学聘廖为教导主任。

1949 年 8 月 19 日，黄梅县人民民主政府县长蔡琼、副县长王守愚委任廖居仁为黄梅县中学校长。1951 年 1 月，中国教育工会黄梅县筹备委员会成立，廖为主任委员。1953 年，因身体不支，廖辞去校长，然仍讲授数学。1960 年 11 月，廖代表黄梅县教师出席湖北省文教群英会，受到毛泽东主席接见。1961 年夏，廖所教数学学科于高考中人均分数居全省第一。1964 年 6 月，廖居仁出席第三届湖北省人大会议，当选为第三届全国人大代表。同年 12 月，廖出席第三届全国人大第一次全体会议。因历史原因，"文化大革命"期间，廖遭严重冲击，受到不公待遇，却矢志不改，忠于教育。廖居仁从事教育五十余年，淡泊名利，不慕权贵，胸怀坦荡，言传身教，诲人不倦，倍受世人景仰。1985 年 9 月，黄梅县举行首届教师节庆祝大会，廖获"教育世家"称号。

1991 年 8 月 13 日，廖居仁逝于黄梅小池口。1992 年，为纪念其逝世一周年，黄梅出版悼念廖居仁逝世哀思录《一代师表》（李白华主编）。

梅　白

梅白（1922～1992），学名国定，号明正，笔名龚同文、沈沉、一丁。黄梅人。1938 年加入中国共产党，曾任区委书记、军分区宣传科副科长。1944 年主编中共长江分区政治机关报《铁流》，并始文学创作，文章散见于晋冀豫边区《人民日报》、山东《大众日报》、鄂豫边区《七七报》《七七日报》。1947 年后，主编鄂东军区第五分区政治部《战斗报》、地委机关报《农民报》。

1949 年夏，任黄冈专署教育科副科长，并兼任黄冈中学校长，主管全区教育。任期虽三月，然事必躬亲，身体力行，继往开来，启一代之新。后历任鄂东干校副校长、中共湖北省委办公厅主任兼武汉大学教授、省委副秘书长、省委候补委员、《七一》杂志副总编、荆门县委第一书记、湖北日报驻黄冈记者站站长。1960 年加入中国作家协会。长期为党刊党报撰文。仅 1955 年至 1959 年间，即发表杂文、政论文 200 余篇，有 96 篇杂文收入"龚同文"写作组 8 本杂文集中。其杂文短而精，语言鲜活。与张水华、郭小川合撰电影剧本《土地》。有大量新、旧体诗歌、散文及回忆录，见于《人民日报》《光明日报》《诗刊》《长江文艺》《湖北日报》等各大报刊。

1992 年逝于黄州。

骆啸声

骆啸声（1926～1992），笔名胡方。蕲春县刘河镇果子畈人。骆氏世居蕲春，以耕读传家。父南屏，教子甚严。骆幼读私塾 8 年，刻苦向上。1945 年至 1948 年，先后入安徽省立五中、武昌中华大学附中、汉口市立第二男中学习。1948 年秋，考入汉口国立湖北师范学院教育系，1949 年秋转入武汉大学历史系。时方志学者朱士嘉于武大历史系任教，骆得朱先生教导，始有志于方志学研究。1953 年，骆大学毕业，以优异成绩分至中国人民大学中国历史专业作研究生。同年 10 月 1 日，骆与同学一道列队于天安门广场前端，接受毛泽东、周恩来等中央领导人检阅，欢庆活动结束，中国人民大学同学率先拥至金水桥，向毛泽东主席欢呼致敬。

1954 年 2 月，骆调武昌中南实验工农速成中学任历史教员兼班主任。8 月调武昌华中工学院工中任历史教员兼政治、历史、地理教研组组长。1956 年，骆任武汉师专历史科中国现代史教研组教员兼召集人。经一年努力，编成《中国现代史》，其手稿近 60 万字。用于教学，学生反映骆课观点明确，知识新颖，内容广泛，分析透辟。骆倾力于学术研究，1957 年，因"反右"斗争中断，有部分手稿毁于"文革"。1985 年任湖北大学地方志研究室副主任，1986 年任方志专业硕士研究生导师。1988 年为第六届湖北省政协委员、政协文史资料委员会委员。1989 年元月评为教授，8 月任湖北省人民政府文史研究馆副馆长，兼《荆楚文史》副主编。1990 年 9 月任武汉市社会科学院历史所特聘研究员。骆自 1954 年起，先后担任中学、大专、大学历史教学，主讲中国古代、近代、现代史及《中国文献学》《中国方志学》，为研究生开设《方志学通论》《方志理论研究》《古方志整理研究》《新方志编纂》等课。为培养方志学、历史学研究人才，骆倾其毕生精力，深得同仁与学生好评。

骆治学严谨，深得古人先博后约治学之道，博及文史哲，约于文献学、方志学。著述颇丰，1978 年 ~ 1992 年，其中包括 5 次因重病住院 3 年时间，著述达 260 万字，发表论著百万字。其中有中国古代史方面论文《孔子教育思想是为新兴地主阶级服务的》《论王守仁的教育思想》。1990 年 5 月，骆因肝病复发，入武昌梨园医院治疗。住院期间仍勤于研究，发表著述十余万字，有方志人物研究：《甘苦相随四十年——缅怀朱士嘉先生》；近代人物研究：《孙中山思想的主要特色》。

1992 年 8 月因肝癌病逝于武汉。

林育中

林育中　（1921 ~ 1993），黄冈县西乡（今武汉新洲仓埠镇林家大湾）人。1948 年毕业于国立武汉大学法律系。共和国成立前夕，受组织派遣，至黄冈县仓埠镇正源中学任教。1950 年，黄冈专署文教局正式接收正源中学，以所在地命名为湖北省仓埠中学，委派林为首任负责人。1953 年，仓埠中学高中班并入黄冈高中后，改为湖北省新洲县第三初级中学，林任党支部书记兼校长。1956 年与新洲高级中学合并，称湖北省新洲二中。林继任党支部书记兼校长。1960 年，新洲二中评为全省文教战线先进单位。林出席全省文教系统群英会，适逢毛泽东主席来鄂视察，接见群英会全体代表。同年，新洲二中又评为全国文教先进单位。《湖北日报》、新华社《内部参考》均载专文介绍新洲二中办学经验。1962 年，新洲二中列为全国十八所重点中学之一。1964 年，教育部司长肖敬若到校检查工作，并指导该校总结政治思想教育工作经验。同年，林代表学校出席全国中等以上学校政治思想教育会议，再次受到毛泽东主席接见。1978 年，林调任黄冈地区工业学校党委副书记兼校长，任期中，励精图治，身体力行，使学校工作步入正轨。

1985 年，林育中离休，享受行署副专级待遇。1993 年 7 月 11 日，病逝于湖北医学院第二附属医院。

陈　靖

陈靖　（1923～1995），本名刘芳。河北武邑县刘家八公村人。出身农家。早年参加革命活动，改名陈靖。1938 年 12 月加入中国共产党。抗日战争期间，任武邑县区长，后肄业于北方大学。1946 年任北方大学文学院教导员，1947 年随刘邓大军南下至鄂东，历任罗田县大河岸等区区长、区委书记、广济县（今武穴市）委委员、宣传部副部长、黄冈高中校长、黄冈专署文教局长、黄冈师范专科学校党委书记、校长等职。1987 年经组织批准离休，享受副专员级待遇。

陈于黄冈高中、黄冈专署文教局、黄冈师专任职期间，生活俭朴，严于律己，一身正气，两袖清风，不计个人得失。常深入教工家庭，问寒问暖，以尊重教师、尊重知识、尊重人才、办好教育为己任，廉洁奉公，平易近人，颇得师生好评。陈亦注重家人教育，严格要求子女，勤勉劳动，诚实做人，坦诚待人。晚年于病重期间，亦不向组织与本单位，提出任何要求。其德高望重，深得人们敬重。

1995 年 2 月 5 日，病逝于黄州。逝后，教育界诸多同仁纷以挽联、挽诗悼之。有："党性民性个性，一轮明月；青年壮年老年，两袖清风。"尚有："抗日是英雄，打蒋是勇士，建设是尖兵，沙场杏坛，一身正气；更职不计较，晋级不争攀，生活不易俭，度宽操守，两袖清风"（原黄冈地区教育局局长胡珮伟敬挽）。"六十年南征北战，培桃育李，看道范犹存，清风两袖光吾辈；九五春月冷霜寒，驾鹤登仙，幸精神永驻，正气满身留励志后人"（原黄冈师专副校长童士甲敬挽）。"君病，我曾叩上苍。如果吉人真有天相，君应不死；我来，君已见马列。太息弦歌未竟遗曲，我将安归！"（原黄冈中学校长田忠杰敬挽）。"形端影直，源洁流清。哲人其逝，风范长存"（黄冈师专教授黄海鹏敬挽）。

严冠雄

严冠雄　（1924～1995），黄梅人。毕业于宜昌师范。1949 年 4 月任黄梅县小池镇中心小学校长。1951 年任黄梅县孔垅中心小学校长，1953 年任黄梅县城关镇中心小学校长。1954 年加入中国共产党。1955 年入黄冈师范教师进修班学习。1956 年调入黄冈师范附属小学（今黄冈市实验小学）任校长，1963 年任党总支书记，1980 年兼任校长。1985 年离休。任内清正廉洁，严于律己，宽以待人，注重选贤任能，培养骨干，且勤于管理，不辞辛劳。

闻家驷

闻家驷　（1905～1997），浠水县巴河镇人。爱国诗人、学者闻一多胞弟。幼年入私塾，习经读史。1919 年至武汉，先入一美国教会学校学英语，两年后转入汉口法文学校学法语。1923 年考入上海复旦大学预科学习 3 年。1928 年自费赴法国留学，入巴黎大学文科学习。次年春，因经济拮据返回武汉，准备参加湖北欧洲官费生考试。1931 年取得官费留学资格，再赴法国，入格勒诺布尔大学学法国文学。1934 年回国，先后于北京大学、北平艺术专科学校任讲师。1937 年 6 月回武汉探亲后，护送闻一多夫人及其子女至昆明，于西南联合大学外文系任教授。抗战胜利后，随北大师生返北平。1946年起任北京大学西语系教授、系主任，其间曾任中法大学教授、北大校务委员会常委、校学术委员会委员等职。

闻毕生致力教育。50 余年于高等学校从事教学，所授法语、法国 19 世纪诗歌选读及法国文学史等课程，其学识渊博，一丝不苟，颇受学生欢迎。闻专于法国文学，于学术研究及翻译，亦造诣精深，为中国法国文学研究会名誉会长、中国翻译工作者协会名誉理事、中国社科院外国文学丛书及《中国大百科全书·外国文学卷》编委、中国作家协会会员。

闻一生笔耕不辍。抗日战争及解放战争时期写有杂文，颇具影响。共和国成立后参加《欧洲文学史》及《中国大百科全书·外国文学卷》中法国文学条目等多项编撰工作。于法国文学研究方面，对帕尔纳斯派、象征派及著名诗人雨果、波德莱尔、戈蒂野等皆有精深研究；对法国浪漫主义作家雨果研究则尤为突出，向为文学研究界所称道。《中国大百科全书·外国文学卷》中近万言雨果条目及纪念雨果逝世百周年长文《诗人雨果》，皆出其手笔。闻发表大量法国诗歌及散文译作。其译著《雨果诗选》《雨果诗抄》及选编《雨果诗歌精选》等作品，音韵铿锵，诗意盎然，堪称精品。其译著斯丹达尔长篇小说《红与黑》，忠于原著，准确传神，别具风格。晚年出版译著尚有《法国十九世纪诗选》。

共和国成立后，闻历任民盟北京市第一至第三届副主任委员、第四届主任委员、第五至第七届顾问；民盟第一、二届中央委员，第三届中央常委，第四、五届中央副主席。第一至第三届中央参议委员会副主任、第八届中央名誉副主席。政协北京市第五届委员会副主席，北京市第七、八届人大常委会副主任。全国政协第三届委员会委员、第四至第七届委员会常委。中法大学同学会名誉会长，闻一多研究会第一、二届名誉会长，闻一多基金会顾问。

1997 年 11 月 8 日，闻病逝于北京。王汉斌、费孝通、彭珮云、王兆国、钱伟长、苏步青、孙孚凌等领导，以不同方式对其逝世表示哀悼。新华社、《人民日报》《人民政协报》《湖北日报》等多家媒体发表讣告。

骆介子

骆介子　（1902～1998），名宗枝。蕲春县刘河镇曹庙村人。骆为遗腹孤子，家贫寒。6 岁入塾，12 岁随寡母寄居桐梓河孙家湾，砍柴以供家炊，曾赋诗："年方十二岁，砍伐高山头。先上牛屁石，复登老坎丘。再穿峰门洞，更绕圆椅周。爬上高岩壁，越过门朵楼。始临八路舍，到达松树蔸。砍木有选择，操劳未滞留。行程三十里，往返务先筹。道远负荷重，一身满汗流。"后考入九江同文书院。1924 年武昌文华大学毕业留校任教。曾留学澳洲雪梨大学、英国剑桥大学。北伐战争爆发，骆投笔从戎，参加北伐革命军。时董必武主持筹共和国成立民党湖北省临时执行委员会。同年底，骆返蕲春，任国民党县党部干事，并兼任县教育局视察指导员，积极投入国民革命运动。抗战胜利后，骆先后任武昌中华大学、武汉大学教授、广西大学外文系主任、文学院院长等职。在广西，骆与进步学生一道，响应中共地下党号召，积极参加反内战、反饥饿示威游行，受国民党特务恫吓，遂于 1949 年避往香港，任教于香港大学。其间，结识中共派往香港代表乔冠华，并于同年 8 月参加 44 位国民党左派人士联名发表"脱离国民党政府，拥护中国共产党"通电起义。1950 年 4 月，应总理周恩来电邀，骆自香港返京，任外交部外语学院教授。旋由周总理陪同，至中南海拜会毛泽东主席，深为新中国领导人胸怀与风度所折服。骆于生前，尤关怀家乡教育。1984 年仲冬，曾为第一部《蕲春县教育志》题词："树人之旨，教育为先。振兴中华，共策先鞭。"骆一生为人耿介，光明磊落，严于律己，宽以待人，艰苦朴素，廉洁自律，且治学勤奋，学识广博。著有《澳大利亚共和国成立史》《新西兰史》《菲律宾史》。年逾 90 高龄，复重新修订《澳大利亚共和国成立史》出版，为澳大利亚国家图书馆及诸大学收藏。

┌─ 张怀璧 ─┐

张怀璧 （1924～1998），红安县二程土门张家塆人。1949 年 7 月，毕业于国立湖北师范学院数学系，同年 8 月，任教于黄安中学（今红安县一中）。1950 年入国立湖北省教育学院师训部学习。1952 年当选为黄安县第七次人大代表。1953 年 9 月调黄冈中学任教。1982 年湖北省人民政府授予中学特级教师。1982 年、1984 年、1988 年分别当选为黄冈县第一、二、三届政协委员。1988 年评为中学数学高级教师。

张毕生从事教育，知识渊博，基础理论厚实，尤精于中学数学教材，教学臻于"融会贯通，运用自如"之境。张积平生教学经验，提出"双基教学，点点落实，能力培养，步步提高"观点，强调"抓纲（教学大纲）务本（课本）"，并订出具体措施，均行之有效。曾任教黄冈中学 79 届高二（1）班，全班 50 人，高考数学成绩人平 71 分，其中 3 名人大学不久，因数学成绩优异，国家选送至西德留学。

张执教 30 余年，谦虚谨慎，朴实正派，待人诚恳，为学科带头人，颇受同仁敬佩，皆说："业务有张老师把关，我们吃了定心丸。"有青年教师初登讲台，张耐心传授教学经验，并讲示范课，既讲理论，亦讲教学方法，使青年教师迅速步入正轨。1977 年国家恢复高考制度，张连续 4 年任高考阅卷组业务组长。曾任黄冈地区数学研究会会长。

┌─ 田晋祥 ─┐

田晋祥 （1928～1998），女，蕲春县田桥人。两岁随父母外出，共和国成立前与父母离散。1955 年于河南师范学院毕业后，先后任教于河南密县一中、黄冈一中、黄冈师范。1969 年 4 月，因受父母下落不明而株连，下放至蕲春田桥公社劳动，时丈夫李永杰于武汉教书。田孑然一身，昼与社员劳动，晚宿于破祠堂，仍坚持学习《共产党宣言》《政治经济学》及中共党史，并坚持学习《数理地理》《普通自然地理》等大学本科教材。1978 年，田复返讲台，先后于田桥中学、大同高中教学地理。1979 年 9 月，调漕河中学任教（直至去世）。同时，组织已查清其父母下落：其父当年走失后，曾于内蒙古师范学院任教，1953 年因心脏病去世；其母后去上海做工，仍健在。田暗自发誓，一定竭力搞好教学，以报答组织关怀。

田于地理教学中，深钻教材教法，注重课堂教学效果。曾反复阅读五种新编大学本科地理教材，购买数十本新版地理论著，写下 5 万言学习笔记，剪贴地理教学报刊资料 300 余份近 20 万言。尚利用各种机会，凡涉及地理知识有关乡土风情、佚闻趣事、民间歌谣，皆悉心搜集，并适时插入正课教学，增添课堂教学生动性、趣味性。田尚自编自刻自印地理复习资料与习题，如《中国气候资料》《世界气候资料》《填充地图汇编》及《单元复习题集》《解题指导》等 33 种，共 240 万言，以应学生之需。“文革”刚结束，地理教师缺乏，教学质量较差。田向县教育局建议成立全县地理教研中心组，教育局批准田任组长。田尚先后邮购《地理名词解释》《地理教学参考资料》等 6 种书刊 80 余册，分寄全县 14 位高中地理老师。田尚亲自动手，编印《地理教学举例》《时区日界线题解》等资料 30 多份 20 余万字，分发全县高中地理老师，意在提高教学质量。

田深爱学生，胜于子女，尤对后进生关怀备至。有学生经济拮据，常以工资助之；有后进生缺乏信心，耐心鼓励，使之振奋精神，发愤学习。1980 年 5 月，其女于武汉患胃下垂，田竟未前往看望；丈夫李永杰于武汉教书，写信恳望调去武汉，田却要求丈夫调来蕲春。

田一生忠诚教育事业，曾任黄冈地区地理教学研究会第一任理事长、湖北省地理教学研究会常务理事。1981 年评为蕲春县优秀教师，1982 年评为黄冈地区先进教育工作者。1983 年 4 月，国家教育部、中国教育工会全国委员会授予田"五讲四美"为人师表活动优秀教师称号。1986 年 9 月，荣获湖北省教育系统劳动模范称号。曾当选为蕲春县第九届、第十届人大代表及人大常务委员会委员；湖北省第六届、第七届人大代表。为中共党员、漕河中学高级教师。

1998 年 12 月 29 日，病逝于武汉。

汤佩松

汤佩松（1903～2001），浠水县汪岗镇人。出生于诗书世家。父汤化龙为清光绪进士，思想激进，曾与梁启超等从事君主立宪派活动。汤自幼受其父影响。

1912 年，汤随家人至北京上小学。1914 年至日本东京目白中学读书，1916 年入北京师大附中学习，次年考入清华（留美预备）学校。1925 年毕业后，赴美国留学，先插入明尼苏达大学农学院三年级学习，后转文理学院，主修植物学，辅修化学、物理学。1927 年秋，以全校第一名成绩毕业于植物系，取文学学士学位，获文学、自然科学两项最高荣誉学会优等奖励——金钥匙，遂选修生物化学。1928 年夏，入约翰·霍普金斯大学（以培养高级学者为主）研究院深造。1930 年 6 月获哲学博士学位，7 月至伍兹霍尔海洋生物研究所进修普通生理学，9 月至哈佛大学普通生理学研究室任研究员。

1933 年秋，汤离开美国，回国应聘为武汉大学生物系教授，建立细胞生理学及普通生理学研究实验室。1938 年 3 月，任贵阳医学院筹备委员兼生物化学系主任，9 月应清华大学之邀，由贵阳前往昆明，至西南联合大学任清华大学农业研究所植物生理研究室主任。次年 7 月，应联合国教科文组织之邀，赴英国伦敦参加第七届国际生理学会议。1948 年，时国立中央研究院选聘为首批院士。1949 年任北京农业大学教授兼校务委员会副主任委员，同时兼任中科院实验生理研究所研究员。1952 年秋，调任中科院上海植物生理研究所研究员兼复旦大学生物系教授。1954年夏，中国科学院调至北京大学生物系，以中科院植物生理研究所北京大学工作组一级研究员身份兼任北京大学生物系生理教研室主任。1955年当选为中国科学院生物学部委员。1964年推选为第三届全国人大代表。1978年任命为中科院北京植物研究所所长。1979年率中国植物代表团访问美国。1981年率中国植物代表团赴澳大利亚参加第十三届国际植物学年会。1983年选为第六届全国政协委员。1985年再次访美。1992年9月应邀访问台湾。汤先后担任中国植物生理学会理事长、名誉理事长，中国生物化学学会理事，中国生物物理学会筹备委员，美国植物生理学会和植物学会荣誉会员。

　　汤为我国植物生理学奠基人之一，呼吸代谢控制与被控制理论创始人，国内最早开创从氧化还原酸酶开展有关光合作用研究者。1937年于植物中发现细胞色素氧化酶。1951年与外国学者同时证明碳酸酐酶在叶绿体中存在。1956年与同事发现水稻幼苗中存在硝酸还原酶是一种诱导酶，尚证明水稻同时存在EMP、PPP、TCAZ醛酸循环等途径。1958年首次证明高等植物体内适应酶形成。汤尚根据呼吸代谢研究结果，提出"湿润秧田"与"塑料薄膜育秧"等农业生产技术，为水稻生产作出贡献。1979年首次确定，高等植物在底物氧化水平与末端氧化水平上，其途径有多种。1981年发现植物叶绿体类囊体膜等8条叶绿素——蛋白质复合带。汤著述勤奋，发表学术论文200余篇，著有《现代中国植物生理学工作概述》《中国植物生理学50年》、回忆录《为接朝霞顾夕阳》等。共和国成立以来，共获各级各类科学奖9项，1995年获陈嘉庚奖，1997年又获何梁何利奖。1998年授予中科院首批资深院士。

　　2001年9月6日，汤已病卧多年，终因肺炎医治无效，病逝于北京中日友好医院，《光明日报》《中国科学报》等媒体均刊发相关消息。

┌─────────────────┐
│   苏友萱   │
└─────────────────┘

苏友萱 （1930～2002），女，武汉人。1551 年毕业于湖北农学院植保系。1954 年任黄冈专署建设科植保股副股长。1952 年加入中国共产党。1957 年任黄冈地区农业学校教育科副科长，兼授植保课。1979 年出席全省教育工作会议，省委、省政府授予"先进教育工作者"。同年，出席全地区科技大会，黄冈地委、行署授予"农业科技先进工作者"。1981 年评为副教授。同年，选为湖北省中等专业教育委员会委员。1982 年任黄冈地区农校副校长、党委委员。同年，出席湖北省科技大会，当选为湖北省科协委员，省教委聘为高级职称领导小组成员。1984 年兼任黄冈地区农业学校纪委书记。

苏毕生致力于教育，专于农业植保。常深入农业生产第一线，身背挂包，手持放大镜，亲至田间观察，了解病虫动态，探索防治规律，并向农民亲授农业科学先进技术。后调入农校从教，适值学校初创，植保设备及教材，皆一无所有，苏遂忘我工作，夜编昼讲，标本、挂图，亦亲手制作，常废寝忘食，虽目眩嗓哑，从未言苦。及至怀孕临娩腹痛难忍时，仍临堂授课，深为学生感动。苏执著教学，勤于探索，敢于改革，坚持理论联系实际，提出"课堂、田间、实验室三结合"教学方法，应用教学实践，颇受同仁称许。苏亦勤于著述。1978 年任《农作物病虫害防治学》副主编，全书 68 万字，苏撰写一、七两章及实验技术 20 余万字。并负责全书后半部分编审修改。该书为我国南方 13 省中等农业学校第一本试用教材。1983年，参撰《粮食作物病虫害防治学》教学大纲及补充教材 6 万余字，该书为湘、鄂、赣三省统编农民职业技术教材。

┌─────────────────┐
│   吕思俭   │
└─────────────────┘

吕思俭 （1928～2007），谷城人。毕业于某大学经济专业，获硕士学位。1949 年参加工作，后任教于黄冈中学。

吕初习经济，因教学之需，改授语文。为适应教学，吕系统钻研历代优秀古典文学作品、现当代作家及外国作家名著，并涉猎语法、修辞、逻辑、文艺理论等诸内容。为广扩知识，坚持剪报，积累教学资料 10 余本，达千万字，而古典文学造诣尤深。教学之余，积平生之学，编成《古文选抄》，分为政治、经济、军事、文化等九类，共 375 篇（段），涉及 96 种古文著作，并加注释、评点、语译，约 22 万字，以供教学之用。吕知识广博，基础厚实，于高中教材臻于"懂、通、化"境界。亦通英文。

吕从事语文教学 30 余年，积丰富教学经验，形成"严谨、扎实"教学风格：从语文教学目的、任务出发，坚持文道统一原则；强调字、词、句、篇讲解与分析，发掘文章大义，教育学生。坚持少而精，启发学生，循循善诱，提高课堂教学效果。着力于作文教学，尽快提高学生写作能力。强调读与写、学与用结合，指导学生抓住题眼审好题，并谆谆告诫："细心揣摩，字斟句酌，标点符号，切莫放过。""抓住关键，认真琢摩，字词短语，差别很多。"学生受益颇深，收效甚快。1981 年，省教育研究室特请吕于全省中学语文教研会介绍经验，颇得同仁赞赏。其讲稿刊于《中小学教研资料》。1982 年评为特级教师。湖北省语文学会理事。

张庭良

张庭良　（1936～2009），武穴人。1960 年毕业于华中师范学院外语系俄语专业。1962 年调黄冈中学，先后任班主任、年级组长、校办工厂厂长。1978 年至 1983 年，任教育组副组长、教导处主任。任间，深入教学基层，了解教学规律，大胆进行教学改革，敢于拨乱反正，并积极支持教师进行多种改革试验，使学校教学局面，为之一新。

1984 年任校长。任间，大胆进行管理体制改革与工资制度改革，使教职员工积极性高涨，学校多方工作呈现生机。1992 年任党总支书记，此后任名誉校长。任内一身正气，两袖清风，且独具慧眼，选贤任能。其间学校夺得 2 金 2 银 1 铜共 5 枚国际数学奥赛奖牌，使黄冈中学知名国内。张毕生从事教育，多年教学使之形成"少、精、活、实"教学风格，"让每一名学生都抬起头来走路"，是其教育名言。其教育思想于省内教育界颇具影响。

张尤重自身修养，凡事身体力行，身先士卒。虽任校长，仍身不离教学，及时掌握教学信息，发现教学不足，采取有力措施；随时了解教师苦乐，诸如夫妻分居、小孩读书、子女就业、买煤买米，均能想方设法，为之解决。其宽厚仁爱之心，平易近人之性，深受学生爱戴，同行敬重。1987 年张受到黄冈地区行政公署记功奖励，中共黄冈地委授予优秀共产党员称号。为特级教师。曾任湖北省第六届政协委员、黄冈地区教育学会副会长、黄冈地区政治学会名誉会长。

第二章　录

　　毕惠康　（1871～1949），字斗山。浠水县抱儿石人。清光绪三十一年（1905）赴日本留学，于弘文学院师范理化专科学习，参加同盟会。毕业后归国，历任黄州府中学堂学监、武昌理化学堂、文普通学堂、方言学堂教师、湖北省学务公所科长等职。1913年，汤化龙当选为众议院议长，"进步党"机关报《天民报》由毕主持编辑。汤化龙任教育总长，毕亦随之迁任教育部金事、科长、秘书等职。于教育部任职期间，结识鲁迅先生，鲁迅曾书条幅相赠。其间，毕曾于国立北京大学、私立中国大学兼课。1928年北洋军阀政府垮台，毕携眷回鄂。1931年毕应湖北省府主席夏斗寅之聘，任家庭教师，代夏处理私人信件。1938年，日军入侵，武汉危急。毕不愿作亡国顺民，携二子赴恩施。曾任《湖北省通志·兵备志》撰写工作，并先后两届，当选为省参议员。

　　管泽良　（1906～?），蕲春县管窑镇人。1931年毕业于金陵大学农学系。1934年至1938年，留学美国康乃尔大学，获博士学位，归国后，先任金陵大学教授，后筹办湖北省立农学院，任院长。曾任国民党中央监察委员、湖北省政府委员。共和国成立（1949）后，任国家农林部科技主任、国务院参事室参事。

　　於甘侯　（1874～1950），字树棠，晚号幸叟、东山居士。黄梅人。光绪二十六年（1900）举人。毕业于京都大学堂，封中宪大夫。后任江西抚署文案审查员、学务公所科长。辛亥革命后，曾任教于北京交通大学。

余仲甫　（1887～1950），字乐天，亦名丹桂。罗田三里桥人。毕业于两湖师范。初任罗田县国民小学校长。后任罗田县立模范高等小学、县乙种农业学校、县立完全小学教员。大革命时期，任罗田县教育整顿委员会委员。

许纳夫　（1900～1950），字宪章，又名寿雨、昌年。罗田县大河岸许家湾人。曾就学于湖北省第一师范、武昌中华大学经济系。历任省立一师附小教务主任、省立十四小学教务主任、省立第三小学校长。1944年任罗田县立中学校长，亲笔为学校创作校歌："群山叠嶂，浅水萦怀，这里有我们的乐园，我们活跃跃的一群在这里藏焉，休息焉、游焉。我们是新中国的主人，我们是民族生命的源泉，我们要敬业乐群，自强不息，把兴亡责任加上自己的两肩。努力！努力！大家起来竞着祖先鞭。"1946年任省教育会理事长、湖北省国大代表。1948年10月辞职，任教于湖北省高级工业学校、省高级商业学校。

孔庚　（1873～1950），字文轩，号雯掀。浠水县王祠人。清光绪二十四年（1898），因带头殴打学官与劣绅之子，遭捕下武昌府狱，释放后入经心书院。光绪三十三年（1907）于日本陆军士官毕业归国，创陆军小学堂，训练新军。后入京任职于军咨府。留学生考试赐兵科举人。1930年初赴沪，应聘为"国难会议"会员，出席洛阳会议，回汉以湖北省府奉安孙中山灵柩委员赴南京，又遭软禁。由居正、蒋作宾等疏通，恢复自由。回汉与南爨等创办张楚中学，自任董事长，尚创办湖北省国医专科学校。1950年病逝于武昌。

夏建民　（1879～1950），又名泮臣。麻城盐田河鲍家楼人。清光绪三十年（1904）留学日本，就读于东京早稻田大学。次年，结识余诚，经余介绍加入同盟会。秋，余诚回鄂任分会会长，夏任干事，并兼任留日预备学校教员。宣统三年（1911）10月，夏参加武昌起义，拟口号，印传单，上街演说，积极为辛亥革命作宣传鼓动工作。此后，从事教育工作，先后于武昌文华、武汉启黄等中学任教。1926年任通山县县长。1927年秋，国民党当局视为亲共分子，革除其县长职。1928年，夏仍回武昌启黄中学任教，后因遭排挤离校。1950年，夏贫病交加，殁于武昌。

毕晋卿　（1882~1950），浠水县梅河马臼寺人。清末秀才，毕业于两湖书院。1912年返县创办蕲水县（今浠水县）立普通中学，任县中第一任校长，后应江苏省贫儿院邀请，赴南洋群岛爪哇等地向华侨募捐作建院基金，兴办儿童教育，曾受国民党行政院赠与"慈惠及人"题词。抗日战争初期，于浠水县初级职业学校任教。1942年后，双目失明，离职回家。

谢乐康　（1911~1950），曾名凤孙，又名作棋、权麟。黄冈黄州镇人。日本九洲帝国大学研究院毕业，获经济学博士。1938年归国。先后任重庆大学、成都光华大学、四川大学教授、系主任。

刘伯棠　（1888~1951），罗田人。初任教于湖北第三小学、罗田县立完全小学、罗田县中心小学。后任罗田县立农科初级中学校长。曾任罗田县立初级中学教导主任、校长。

胡竞存　（1896~1951），字叔贤。原籍黄陂，后定居麻城宋埠镇。曾留学日本明治大学，获博士。归国后，曾任中华大学教务长、鄂东联中教导主任。1938年，武汉沦陷，胡返麻城办学。1940年，任湖北省鄂东联合中学教务主任。1945年，胡等人于宋埠创办私立新陵中学，成立董事会筹集资金1000万元（旧币）田地共六十余石，以宋埠城西江南会馆为校舍。1947年任私立新陵中学校长。

李言三 （1900～1951），黄冈团风镇人。曾留学美国、瑞典。归国后，历任中央军校长沙分校上校教官、中央警官学校上校主任教官、国民党青年军少将教官及上海法政学院、暨南大学、国立师范学院教授。

陈守元 （1876-1952），号晓山。蕲春县大公寺栗树湾人。毕业于齐安支郡师范，于乡里任初等学堂教员。后经新加坡至荷属东印度（今印度尼西亚）谋职，任西里伯岛、望加锡中华学校监学兼国文教员。曾募捐资助孙中山革命，致书黎元洪力陈兴学校、育人才、设宣讲所、推行法治等。后选聘为蕲春教育会评议，曾复函建议筹经费、办中学，"速示考期，速归校舍，速给教师札子"，表其兴校育才急迫之心。归国后，长期于故里黄粟夹碧云寺设校授徒。陈治学严谨，施教兼合中西，重道兼尚器，教法提倡自学。

石铸英 （1894～1952），原名点金。蕲春县芝麻山人。初任蕲春县立第一高等小学校长、县立中心小学校长、省立武昌十四小学及十一小学教员，后任县师资训练班主任、省联中鄂东分校蕲春分部教员暨蕲春县中教员、校长。于故里创办八斗丘小学。

刘世楷 （1898～1952），字汝擎。麻城铁门凉亭大店村人。1922年，结业于法政大学，返县从事教育，先后于县立高等小学堂、省立鄂东联合中学麻城分部、县立中学及私立新陵中学任教员、教导主任。共和国成立后，执教于歧亭小学。抗日战争告捷时，曾奋笔疾书："台澎依属我中华，海外移民百万家。五十年来思祖国，从今放出自由花。"刘毕生于教育，所教学生，多成为共和国成立后各条战线业务骨干或领导干部。共和国成立后，昔日学生王树声，回乡寻访老师，执刘手说："您几十年如一日，忠诚教育事业，培养了不少人才，真不愧为麻城良师！"

黄勉之　（1878～1953），名泽芳，自号"黄山赘人"。黄冈旧街区黄林墅（今属武汉市新洲区）人。初任教于新洲镇官立高等小学堂。后任教于楚黄学校、赣陆军官佐子弟学校。

朱赓元　（1886～1953），字敏和。浠水县三店朱家堰口湾人。世代耕读，兼业中医。1913年入中国公学，常为报刊撰文，以稿酬付学膳费用，颇得教育总长汤化龙赏识，任朱为秘书，委托筹组湖北旅京学会，汤为会长，朱任干事。学会创办《楚宝》月刊，朱亲编校稿件。后获公赞留学日本，考入明治大学，专攻政治经济。毕业归国，先于湖北省教育厅任职，后于湖北法政、财政两校执教，曾兼任湖北省义务教育研究会总干事。抗日战争期间，先后任湖北省第二专员公署、鄂东行署教育科长。此前，于武汉法租界寓居时，日军搜罗以往留日学生，拼凑傀儡组织，曾多次派人诱劝朱任伪职，皆以严词相拒。本县人士孔庚、南夔等人曾创办张楚中学，因抗日长期停办。战后，旅省人士及原校董会商议复校，推朱出任校长。朱募捐筹款、修整校舍，购置图书仪器，延聘教界名师丰道济、张旋军、李声簧等人执教，恢复张楚中学面貌与声誉。共和国成立后，武汉蔼青中学聘请任教，朱因年老体衰，婉辞未就。1953年春，病逝于浠水故居。

邓友仁　（1891～1953），名矩，字家胜。黄冈团风铁铺人。历任黄冈县府科员，黄州民众教育馆馆长、中小学校长，郧县教育科长，湖北省二师及武昌艺术专科学校教员，湖北省教育厅视导兼统计主任。1947年任国民大会代表、立法院立法委员。

傅淑华　（1900～1953），女。麻城白果区傅兴湾人。傅于武汉中学读书时，受老师董必武教育与影响，接受马列主义，信仰共产主义，宣传妇女解放，积极投入反帝反封斗争。1925年加入共产主义青年团，次年加入中国共产党，受董必武派遣回麻城，参加国民党县党部工作，任妇女协会会长。1930 年于武昌一小学教书。傅曾以"梁生"（邓颖超取）化名，为《抗日教育》撰文，宣传抗日。1938 年于南方局任董必武机要交通员，1940 年任第七战区儿童保育院教导主任，后由泸洲转至乐山做知识分子统战工作。1941 年至1945 年，先后任第三、第一保育院总务主任等职。1953 年病逝，葬于长江南岸第三公墓。

张森楷 （1901～1953），罗田县石桥铺人。1925 年毕业于北京高等警官学校。抗日战争胜利后，张森楷任南京中央警官学校辅导员，兼指纹学教员。

郭泰棋 （1888～1955），字保元，号复初、葆东。广济（今武穴市）郭家冲垸人。清光绪三十年（1904）选送美国留学，由中学而入宾夕法尼亚大学攻读政治学，获美国优秀大学生荣誉，获奖学金入研究院学社会学。归国后，受聘私立武昌英文馆馆长，不久该馆改公立武昌外国语学校，任校长，复任国立武昌商科大学校长。英国牛津大学曾授予郭名誉法学博士学位，美国宾夕法尼亚大学授予法学博士。郭系民国外交家，历任驻英大使、驻巴西大使、外交部长。1946 年 2 月，出任中国驻联合国安理会首席代表（3 至 4 月任安理会主席），又任联合国原子能委员会委员等职。

董少怡 （1898～1955），名毓薰，字廷馥，号馨存。蕲春县董家冲人。历任蕲春县教育局长、潜江县督学、蕲春县督学、蕲春县初级中学校长。共和国成立后，曾当选为蕲春县人大代表、副主席。

饶木公 （1907～1955），又名华松。广济人。上海法政大学毕业，留学法国巴黎大学、南锡大学、波尔多大学，获博士学位。历任重庆市政府专员、四川大学法学院教授、军政部军法司少将副司长。后为湖南大学、河南大学、广西大学教授。擅文史，工书法。

1933 年，为汉口中山公园书写"中山公园"四字，胜众多名笔而获选用。

闻亦齐 （1903～1956），亦名齐，字舒天，号枢乾。浠水县巴河人。1925 年秋，官费留学美国芝加哥大学医学研究院。1930 年获医学博士，并获该校"金钥匙奖章"。

金华存 （1886～1957），字国钧。广济（今武穴市）龙坪镇人。历任宜昌师范、广济县中学、永西农业中学、大公中学教员。共和国成立后，任教于梅川中学。1956 年县政协成立，选为县政协副主席。

毕长林 （1903～1957），字胜山。浠水县枣茨岭人。1934 年武汉大学毕业，曾任省立二高教师及武汉大学物理系助教、讲师。共和国成立后，晋升物理系教授，并任武汉大学民盟支部副主任委员。1953 年高等院校体制调整，毕主持武汉大学物理系教研业务。曾译琼斯《理论力学》原著出版，并于武汉大学学报发表半导体研究论文。1957 年错划右派，含冤而死。中共十一届三中全会后，平反昭雪。

吴子循 （1878～1958），又名奎壁。黄冈堵城人。15 岁中秀才，后于家乡设帐授徒。19 岁补廪生，旋中举人。入省自强学堂，又保送入京师大学堂。毕业后，任教于吉林优级师范学堂、湖北省立第一师范学校。任教务主任、校长达 20 年之久。通数学，著《平面几何》，译著有日本《初级代数》《平面三角》等。

熊子远 （1882～1958），字楚翘。黄冈旦店孔明冲人。共和国成立前，任教于武汉中学、湖北省立第四中学、省立第一中学、省立第二高级中学、省第二师范学校。共和国成立后，任教于武汉市第十四中学。

方达功 （1910～1958），又名子贴。黄冈薛坳戴家塆人。1931年考入德国柏林工业大学，获工科博士学位。时乔冠华亦于德国留学，二人德文成绩皆好，考试常居一、二名。方欲致力德文翻译，乔冠华则指出："你应归国搞冶金业。"1937年，方归国。次年，于重庆航空工业部门任工程师。1941年至广东，任中山大学教授。1943年任江西中正大学教授。1945年任厦门大学教授，此后于武汉大学、湖南大学机械工程系任教授，为我国冶金事业培养大量人才。

胡静一 （1887～1959），字启明，号耀东。蕲春县乌石桥人。1912年，受南洋华侨学务总聘，前往爪哇，任马都拉岛松美漯华侨学校校长。1920年调任爪哇苏拉把雅锦石华侨学校校长。1924年返里，于蕲春翰林冲、胡家咀、乌石桥三地创办光华小学三所。1950年，当选为蕲春县各界人民代表大会代表，兼赈灾委员会副主席。

叶生机 （1902～1959），字绳箕。罗田县梅家冲人。毕业于华北大学文学系。曾任教于潮州广东省立第二师范、宜昌湖北省第四中学、监利县立初级中学、罗田县初级中学。共和国成立后，当选为罗田县人民委员、湖北省代表大会第一、第二届代表、县人民代表大会代表。

李西屏 （1887～1960），原名翊东。黄冈南湖李家寨人。清光绪三十二年（1906）考入黄州府中学堂，尝读革命书刊，与詹大悲、方子樵等人秘密加入反清组织"明德社"。抗日战争爆发，应司法院长居正邀请，就任该院秘书。旋弃职从教。1946年返武昌，筹办首义大学，因官方不准立案，未成。

李彦常 （1894～1960），亦名继术、廉方。黄冈路口祠岗李家寨人。历任湖北省第六中学、省第二女子中学、湖北省立武昌师范学校校长、湖北省农学院教授、中国文化建设协会武汉分会教育事业委员会委员、《教育周刊》总编辑。

方汉章　（1895～1960），英山县大畈河人。曾任教安徽省立实验小学 7 年。1930 年任安徽省霍邱县教育局长。1934 年回英山，任县立中心小学校长，1938 年始兼任县立初级中学校长。

辜庆鼎　（1908～1960），字定村。浠水县望城人。1932 年毕业于国立武汉大学化学专业。任湖北省女子高级中学教员、湖北省立第七中学校长。1935 年以半官费留学英国伦敦大学皇家研究院，获硕士学位。于"七·七"事变后归国。1938 年冬，任国立河南大学理学院教授。1939 年应李四光之请，赴广西共同创建桂林科学馆。1941 年后，历任西北工学院、重庆大学、浙江大学、广州中山大学教授，任中国资源委员会工程师。共和国成立后，任华中师范学院化学系教授、系副主任，兼任中国化学学会理事、武汉化学学会副理事长、武汉科学技术普及协会秘书长、《化学通报》编委。曾主持应山石膏制成硫酸科学研究，获得成功。著有《国防化学工业》。

郑汉英　（1920～1960），英山县草盘镇人。1945 年夏，考入国立湖北师范学院教育系。1947 年 8 月，一蕲春籍学生乘船至国师报到，因故遭国民党江防部队击毙。国师全体师生群情激愤，举行隆重追悼大会。郑撰挽联："蕙兰山，巫峡水，黄鹤月明，十载寒窗与我共；宋玉赋，伯牙琴，青衫泪湿，大江浩荡为君流。"挽联挂于灵堂，各界人士，为之倾倒。1948 年夏，国师毕业返英山，任县初级中学校长。1949 年英山县第一届各界人民代表大会筹委会成立，郑选为筹委会副主任委员。同年 12 月成立英山县中小学教职员联合会，郑选任主席。主持教联第一届代表大会，拟订 22 项提案，大会一致通过，为发展英山教育尽心竭力。任校长期间，以身作则，亲自教授语文、政治课，诲人不倦，深受学生尊敬。1954 年夏，服从组织，调往浠水第一中学，1956 年复调回英山县中学任教，1957 年又调入浠水县第一中学任教。"反右斗争"中，错划为"极右"而受监禁。1960 年病逝狱中。十一届三中全会后，郑冤案得以平反昭雪。

饶校文 （1888～1961），又名汉秘。广济（今武穴市）县人。早年曾任教黄州师范及甲种工业学校。1912 年，与友人募资筹办私立英语馆。不久教育司拨款改英语馆为公立。次年改为武昌外国语学校，饶继郭泰祺后任校长。1919 年，出任湖北省民政厅科长，旋去职从事教育。抗日战争时期，任湖北师范学院中文系教授。共和国成立后，任湖北省立纺织专门学校校长。饶于文字学亦有研究。应中国文字改革委员会之请，代表鄂省出席全国会议讨论有关文字改革问题，有专文发表于《光明日报》。

胡筠仁 （1900～1961），罗田县三里桥栗林嘴人。18 岁以第一名成绩考入两湖师范，时董必武任教该校，深为器重。1922 年，胡于师范毕业，分配至武昌第二小学任教，旋即调任武昌 10 所小学督学。1927 年，蒋介石发动大屠杀，胡获知国民党要抓董必武消息，速告董，使其化险为夷。1939 年，回罗田创办县立初级中学。历任罗田县立初级中学校长、县教育会会长、县志馆总采访、湖北省民教馆馆长等职。1961 年病逝。患病期间及逝世后，董必武办公室曾致函慰问与吊唁。

叶琼书 （1905～1961），女。罗田县梅家冲人。曾任汉口市第46 小学教员、汉口市民众教育馆妇女部主任、罗田县女子小学、滕家堡平民小学、县立中心小学教员。

林佐周 （1882～1962），亦名作舟，字汉雄。浠水县汤铺人。

于蕲水巴驿小学、北京香山慈幼院、保定师范、乡塾任教，提倡学时事，学科学，一生致力教育，达50年之久。

李健侯　（1892～1962），字永年，号光泽。黄安（今红安县）李家湾人。1906年，随董必武至武昌，考入湖北省立中路小学。1911年考入黄州府师范学校。武昌首义后，入学生军。参加汉阳保卫战。南北议和，进南京军官学校第三期炮科。1916年初，投山东反袁世凯民军部队，任教练官。6月，返回军校，年底毕业，任陆军第六混成旅炮兵营见习排长，赴通城、崇阳、平江一带。参加湘军、鄂军边界战争。1918年，调任陆军十八师参谋。次年，考入北京陆军大学第六期。1922年毕业。1926年冬，任国民革命军第十军直属炮兵团少将团长。旋任军委会参谋厅第一局局长兼中央军事政治学校筹备主任。主持制定"西征"、"北伐"军事作战计划。建议将中央军事政治学校改为中央陆军军官学校，另设中央政治学校。1949年12月，应邀参加湖北省各界人士代表座谈会。1962年病逝于武昌。

章水泉　（1892～1962），原籍江西省临川人，世居广济县（今武穴市）武穴镇。自幼以竹器技艺为生，历57载，技艺超群。早于1915年，其竹器，曾分别于日本与巴拿马等国际赛会中获二、四等奖。中共赴巴拿马代表团长周恩来外长发现有"中国武穴"竹器，电询全国，章氏竹器遂闻名遐迩。曾任湖北省政协委员、武汉市政协委员、中国建筑工程学会武汉市分会委员、中国美术协会武汉市分会理事、武汉市工艺美术专业联社理事会副主任等职务。为使其竹艺广传于世，国家尤为重视，为章传艺带徒，提供多方条件。章水泉潜心授徒，不遗余力。其竹艺遂得广传。其竹器作品及其卓越事迹，曾刊于《人民日报》《人民画报》《大公报》及前苏联《真理报》等15种报刊杂志中，并被拍摄于《巧夺天工》影片之中。

陈祺生 （1897～1962），字云祥。红安县七里坪人。1922年，任黄安七里坪完全小学校长。1938年，任黄安县立中心小学校长兼抗日宣传团团长。1955年任湖北师范专科学校讲师。1959年加入中国共产党。1961年晋升副教授。

王印佛 （1898～1962），字觉之。浠水县清泉镇人。湖北省立法科大学肄业，后留学日本。历任蕲水县教育视导员、教育局长、汉口惩教场场长、湖北省商学院、华中师范学院教授、系主任、副教育长，院工会主任诸职。

叶万鹤 （1904～1962），亦名树森，字次珊，别号新文化。黄冈双柳镇中叶湾（今属武汉市新洲区）人。1925年秋，受陈潭秋派遣，返回黄冈，与魏文伯、魏梦龄等于刘家集（刘镇）创办平民小学，免费招收穷苦学生40余名。共和国成立后，当选为武汉市政协委员。

陈潞 （1908～1962），蕲春县株林陈坝人。1932年毕业于天津北洋大学土木工程系。1953年任新疆铁道学院教授。

周义平 （1927～1962），一名其忠。罗田县人。1952年加入中国共产党。历任小学教师、罗田县文教科副科长、县文教局局长。

傅慧初 （1878～1963），一名维心，字维海。英山县金家铺黄林冲人。清光绪二十六年（1900）秋，清政府派赴日本，进警务学校。光绪二十八年（1902）毕业后，入明治大学法科肄业。刚抵日本，由友人田桐介绍，晤识孙中山、陈少白等，遂入兴中会。光绪三十一年（1905），孙中山组织成立中国革命同盟会，傅即加入。至宣统二年（1910），先后任安徽高等警官学校监学，兼随营学校教官及私立法政学校监督。积极策动清朝官吏政变，并与湖北志士密切联系，以备起义。1924 年，国民党实行"联俄、联共、扶助农工"三大政策，成立黄埔军官学校，傅奉命于上海秘密招生，一至第五期止，英山人黄埔军校青年，大都由傅介绍。傅尤器重革命青年，待人谦和，受许多青年爱戴。傅朴实稳健，平易近人，不谋名利，安于贫困，洁身自好，颇为人称道。共和国成立后，任中国国民党中央团结委员会委员，湖北省政府参事。

吴康逢　（1898～1963），红安县桥店雷家村人。1923 年毕业于保定讲武学堂，后任四川省南充县禁烟局副局长。1932 年返乡创办族学，任董事长兼校长。次年春，建成族立延陵小学。后复于二程先后建立延陵小学分部 12 所。吴尤重教师人选，唯德唯才，学生成绩居全县之首。1942 年春，应邀出席陂安南县抗日民主政府召开参议会，因热心教育，受县长表彰。共和国成立后，从事教育。1963 年病逝于故里。

喻任声　（1903～1963），黄梅县城关人。金陵大学毕业后，留学美国西北大学，获教育学硕士学位。归国后，历任江苏社会教育学院、复旦大学、大厦大学教授、系主任、教务长。抗日战争胜利，任农业、卫生部专员及行政院专员。1948 年赴沪，挂名为中国纺织公司参事，实则从事翻译工作。著有成人教育专著。

汪逢楠　（1897～1964），字楚翘。英山县西河人。为书香世家。后考入北平大学，旋转入军需学校学员班学习。1926 年至 1927 年，于黄埔军校第五期任教授部经理教官，后于国民革命军中供职军需。1947 年退役。1949 年至台，受经理学校之聘，任教官十余年。著《中国国军史略》《服制略论》《周代预决算之编报与审核》《清代军需费用之报销》等书文稿。汪长期供职军需界，人多视为肥缺，然于故乡未置田产，至台后，仅居二十余平方楼房，同胞皆以清廉称之。1964 年病逝于台北。

胡建三　（1902～1964），原名胡缄三，化名倪赭香。蕲春县刘公河胡家坝人。莫斯科中山大学毕业，中共"六大"代表，曾任中共广济县委书记。1930年冬，国民党"围剿"蕲黄苏区，胡随"红九团"转战于蕲、黄、广一带。1931年5月2日夜，胡与幸存红军战士突围，潜归故里，苦寻组织未能，痛哭欲绝，以致神经失常。后病势转轻，仍断续发作，以从事教学为掩护，先后于胡凉亭、刘公河设塾多年。1958年于刘河农中任教，于语文、数学、物理、化学、俄语、英语，均能讲授，深得学生爱戴。有人劝胡向周恩来总理写信反映，胡说："革命不能讲私情！"后得一学生代胡向周总理致信，并得复信。省民政厅给予长期生活照顾，直至1964年7月病逝。

王文锦　（1904～1964），红安县高桥区田家畈人。毕业于北京师范大学。历任武汉市特三区小学校长、汉阳高级工业学校教员、鄂东联合中学校教务主任。抗日战争胜利后，任武汉市第二临时中学校长。

陈志纯　（1887～1965），名松梵，号廷壁。蕲春县陆基湾人。1915年赴北京司法部任职，兼政法学堂教习。1919年，于武昌后街开办"陈廷壁律师事务所"。后任武汉、启黄两中学教员，湖北法科大学教授、荆南中学教员、恩施国立湖北师范学院教员、湖北通志馆编纂、武汉市人民法院副院长、省人民政府参事。1965年8月逝于武汉。

袁哕鸾　（1891～1965），字九成。浠水县菱角塘人。国立武昌高等师范大学毕业。历任湖北省第一中学、湖北省立第一女子中学、湖北省联合中学鄂东分校教师。编有《高中中国地理》《高中世界地理》教材。共和国成立后，任教于省立黄冈中学、黄冈师范。

王文枢　（1907～1965），红安县高桥河田家畈人。1935 年毕业于武汉大学外语系。1939 年加入中国共产党。历任湖北革命大学教学研究室主任、中共湖北省委宣传部理论教育处处长、北京师范大学宣传部部长、马列主义教育研究室主任、历史系主任、外语系主任、教授。

陈东儒　（1891～1966），名其鲁，字卓乐。蕲春县檀林河人。历任蕲春第一高等小学校长、省立联合中学鄂东分校蕲春分部及蕲春县初级中学校长。新中国成立，出席湖北省第一届各界人民代表大会。1951 年选为蕲春县各界人民代表大会副主席。

汤少屏　（1895～1966），名又新。蕲春县西河驿人。武昌中山大学毕业。曾任区长、县教育委员会委员、县参议会议员、副议长。共和国成立后，任蕲春县中校长、县文教科长、教育科长。当选为县各界人民代表大会副主席、省人民代表。1957 年任蕲春县副县长，兼管教育。

闻亦有　（1899～1966），字理天。浠水县巴河人。闻一多堂兄。1928 年商科大学毕业后，于上海与著名会计师徐永祚创办会计事务所。1932 年后，历任国民党政府中央财产委员会审计员、中央监察院审计二厅厅长、历届高等文官特种文官典试委员，重庆大学、中央大学、中央政治大学、共和国成立法商学院等院校教授、系主任。1947 年辞去公职，于上海正明会计师事务所工作。同年 8 月，于汉口组成私立浠水巴河初级中学筹备处，成立董事会，孔庚、徐源泉、何成浚、闻亦有、陈卓裁、邓谷、闻修纯等 15 人为董事，闻为董事长。并捐赠袁桥乡可家店田稞 79.17 石，每年纳租谷 81.71 石作为办学经费，于巴河镇创办私立巴河初级中学。上海解放前夕，闻"热爱祖国，愿意接受改造"（日记中语），谢绝友人劝其去台之约。著有《政府会计》《中国战时公债》。

干仲儒 （1904～1966），亦名干旅、王平。广济县（今武穴市）干仕垸人。1926 年加入中国共产党。共和国成立前曾任苏皖第一专员公署教育处长、苏皖第九军分区军政干校副校长、华中公学党委书记、华东革命大学分校主任。共和国成立后，历任安徽大学副校长、安徽农学院副院长、上海市中医学院副院长、院党委常委。

刘文岛 （1893～1967），字永清，号尘苏。广济县（今武穴市）武穴镇人。辛亥武昌起义，赴沪投陈其美部负责训练决死团。参加"二次革命"，失败后亡命日本，入早稻田大学读书。1915 年，留日学生反对"二十一条"，刘推为回国请愿代表。方抵京，即遭袁世凯政府拘押，送湖北看管。此后专力治学，曾将所著文稿，送梁启超审阅，颇得赞赏，因拜梁为师。后随梁启超所率欧洲考察团赴法国巴黎，梁资助刘入巴黎大学深造。1922 年因经济拮据返国，后得蒋百里与湖北督军萧耀南资助，复往巴黎完成学业。1925 年与妻廖世劭（后于北伐时任妇女部长），同获博士学位归国，任教于武昌中华大学教授。著《行业组合与教育思潮》，商务印书馆印行。

卢蔚乾 （1893～1967），单名复。浠水县竹瓦人。早年留学日本，攻读法政。回国后任教于北京。1916 年，协助汤化龙组织鄂省人士出版《楚宝》刊物，以文采出众，为汤化龙赏识，被称为"汤门四杰"之一。不久至山西大学任教授，并应阎锡山之请，为高级文武官员讲授法律知识，后返湖北任国立武昌商科大学校长。卢蔚乾工书善画，曾于重庆、昆明举办书法展览。建国后，董必武赞卢为法学专家，使其赴北京学习。后任中国法学委员会参事。1957 年返湖北文史馆任职。

姜璧桢 （1885～1968），字宝璜。麻城福田河下畈人。清光绪29 年（1903）于家乡设馆教书。光绪三十四年（1908），入武昌文普学堂，与同学董必武友好。董曾赠铜墨砚一方。辛亥革命后，任麻城教育巡视员 8 年。1920 年起，于乡村教私塾。抗日战争爆发后，一直任教于麻城县中学。1955 年，姜选为省政协委员。次年，选为政协麻城县委员会副主席。1957 年划为右派。"文革"中遭受迫害，病逝。1979 年予以平反。

王一飞　（1904～1968），原名国钧。黄梅县大河王新屋人。曾于黄梅任平民教育促进会总干事。后毕业于莫斯科中国共产主义劳动者大学，于苏联远东高级列宁学校任教。归国后，任中共中央东北局俄文编译组长、东北局宣传部俄文编译局长、中共中央马恩列斯著作编译局副局长兼北京俄语专科学校副校长。

林成一　（1908～1968），化名徐国良朗。罗田县滕家堡人。1942 年，任省立八高校长，后任省立二师范（后改称省立黄冈师范）教员、教导主任。1960 年回县，任教于罗田师范、罗田一中。"文革"中受迫害致死。

王成章　（1923～1968），蕲春县人。中共党员。历任启明中学校长、黄冈中学党支部委员、教导处副主任。1960 年出席湖北省文教群英会，评为湖北省先进工作者。文革中遭受冲击，迫害至死。

傅盐梅　（1891～1969），亦名训民。黄冈回龙山人。历任黄埔军官学校教官、黄埔军校燕塘分校主任、四十四军军官讲习所中校学生队队长、鄂东游击总指挥部干部训练队上校教务主任。

冯祖荫　（1898～1969），字德生，号少岩。广济（今武穴市）梅川人。1930 年留学美国叙拉古大学，获教育硕士。1943 年赴四川嘉定任武汉大学外文系教授，后随武大迁回武昌。共和国成立后，一直于武汉大学任教授。著《英文语法》。

颜少仪 （1909～1969），女。麻城义井街人。1926 年于湖北省立女子中学毕业，至麻城县女子小学教书。同年秋，麻城县农民协会建立，颜任妇联秘书。旋入中国共产党。1927 年 1 月，出席董必武在汉主持召开省党部全省代表大会。"4·12"政变后，颜避上海。1932 年，返麻城出任中心小学教员。1956 年，选为麻城县政协委员，先后执教于西张店、阎河等地小学。"文化大革命"（1966）中多次遭批斗，致重伤，病逝于家。

李清 （1924～1969），浠水县玉泉人。曾任教于浠水玉泉小学、浠水县初级中学。1954 年调入黄冈中学任教，授俄语课。1969年为"极左路线"迫害至死。

梅繁 （1926～1969），黄梅县孔垄镇人。历任广济县（今武穴市）武穴中学教师、梅川中学副校长、中共党支部书记、广济县文教局长。

饶汉祊 （1893～1970），号继宗。广济（今武穴市）人。曾留学日本东京大学。归国后，历任湖北省法政专业学校、商科大学、河南大学教授。共和国成立后，任职于湖北文史馆。

闻亦博 （1906～1970），又名一波，笔名普涵，号普天。浠水县巴河人。早年入河南大学攻读医学，后于杭州之江大学学新闻学。留学日本东京帝国大学，专攻经济学。归国初，先后任湖北省女子职业学校教员、黄河水利委员会专员。"七·七"事变后，避难重庆，潜心明史及哲学研究。著有《中国粮政史》《力行哲学论证》《民族英雄夏存右（夏完淳）》《论张江陵》。抗日战争胜利后，迁居南京，任考试院铨叙部专员兼《中央日报》主笔。1947 年返武汉，任教于武汉工商专科学校，曾参与筹建家乡私立巴河中学，推选为该校名誉校长。1951 年任教于武汉市干部文化学校，1953 年学校并入市委党校，闻任教导主任。病逝于武汉。

张国威 （1895～1972），字旋平。浠水县竹瓦人。北京大学毕业。任华中师范学院历史系教授。著《中国田庙制度》。

冯力生 （1895～1972），亦名文清。黄梅县城关人。毕业于湖北省第一师范学校。初任小学教师，后任省立武昌完全小学校长。1929 年，聘为武昌艺专校董，并于该校授课。1941 年，任黄梅县教育科长。次年，任黄梅县立中学校长。

屈祖培 （1902～1972），号绳武。麻城福田河镇人。历任麻城县立中心小学教员、麻城福田河中心小学校长、麻城县立初级中学教务主任、麻城县立初级中学校长。

於润华 （1898～1973），黄梅县大河人。留学日本庆应大学经济系，获硕士。归国后，历任黄埔军官学校政治教官、暨南大学、大厦大学、上海商学院、湖北农学院、中华大学工商管理系教授兼系主任。

陈时伟 （1907～1973），英山县东庄畈集风村人。1931 年毕业于南京中央大学化学系。1938 年至 1940 年，于南京中央陆军军官学校任上校理化教官。1941 年至东北大学任化学教授。1945 年末赴美国伊里诺大学访问。1949 年春携眷归国，应聘任兰州大学教授兼理学院院长、化学系主任。共和国成立后，先后任兰州大学教授、兰州大学副校长、甘肃省人民委员会委员、省政协委员、中国化学学会理事及兰州分会理事长等职。陈治学严谨，潜心钻研。共和国成立前，即与左宗杞先后译编出版《化学战剂》。任兰州大学副校长期间，分管业务，多方努力，克服困难，倾力改善教学科研条件，为兰州大学建设与发展作出重要贡献。"反右斗争"中，错划"右派"，"文化大革命"中复惨遭迫害。1973年5月1日，因患脑溢血病故。十一届三中全会后，其冤案得以平反昭雪。

王国声　（1884～1974），字育楚。浠水县团陂花埠山人。幼时曾师从何焜阁，与黄冈熊十力、同乡王汉、严书田等交游。18岁留学日本，清光绪三十三年（1907）毕业于日本东京哲学馆，归国任河南午阳县师范学堂监督兼教员，常以王阳明即知即行论，激发学生上进，振兴学风。宣统三年（1911）武昌起义，王任《大汉报》编辑，常发表文章，振奋人心，鼓舞士气。1914年至1915年，任直隶省（今河北省）临城县知事，以兴学、凿井、造林为施政要务。去职时，临城县人民为王树碑纪绩。1917年，王受聘为总统黎元洪私人秘书，兼北京政法学校教员。著《治临文牍笔存》等书出版。

王树声　（1905～1974），原名宏信。麻城乘马岗项家冲人。民国12年（1923），于麻城县立高等小学就读，时王幼安组织"马克思主义研究小组"，王树声得老师引导，阅读《新青年》《湘江评论》《武汉星期评论》及苏俄十月革命书籍，始接触新思想，曾率同学大闹洋人教堂。火烧日货。民国13年（1924），高等小学毕业。民国15年（1926）春，王任乘马岗初级小学校长。秋，加入中国共产党。民国16年（1927），中共麻城县委成立，任县委委员、县农协会组织部长、乘马岗区第二乡党小组长。王树声一面教书，一面从事农民运动。为适应革命之需，王于麻城考棚举办农民运动训练班，专门培训区、乡农村协会骨干及青年农民，共三期600余人。1959年任国防部副部长，兼任军事科学院副院长。1974年病逝于北京。

易明九　（1914～1974），又名零九。团风县溢流河易家垉人。22岁从嗣父易怀青（祖传挖蚁土专家）学挖蚁。1938年，复拜师方渭成（当地有名蚁师）学挖蚁。经10余年探索，掌握白蚁生活习性，研究出"判断蚁巢，挖窠擒王"诀窍。共和国成立后，先后于省、地、县"防治白蚁训练班"任教，将30余年从事防治白蚁理论及实践知识编成教材，倾力传授学员，受到社会广泛重视，人称"挖蚁专家"。

郭养拙　（1918～1974），浠水县关口人。安徽大学英语系毕业。曾任教于浠水县立初级中学、汉阳县立初级中学、黄冈县立初级中学。1949年入黄冈中学任教。曾当选为黄冈县人大代表。

涂羽卿　（1895～1975），黄冈县人。毕业于美国麻省理工学院，获博士学位。历任东南大学物理系教授、沪江大学物理系主任、上海圣约翰大学校长。共和国成立后，任上海师范学院物理系主任。

梅龚彬　（1901～1975），原名电龙。黄梅县黄梅镇梅新屋人。1924年夏，上海学生联合会成立，梅选为副会长。同年秋，加入社会主义青年团，任团上海地委学委委员。1927年，梅奉令调往武汉总工会，主持职工教育，兼任国民党中央军校武汉分校政治教官。1941年年，至广东韶关，任坪石中山大学法学院教授、系主任、学院主任、院长。1949年6月，参加新政协筹备会议，9月，参加第一届中国人民政治协商会议。

裴炳垣　（1902～1975），字司直。浠水县鱼塘角人。毕业于私立武昌中华大学理学院数学系。初任教于浠水县立初级中学、私立武昌张楚中学，后任浠水县立森林染织两科初级职业学校校长。共和国成立后，任教于浠水县立中学、黄冈中学。

程道衡　（1895～1976），字雅权。黄梅县苦竹口程伯达村人。毕业于湖北政法专门学校。1936年秋，始受聘于黄梅县立初级中学，任国文教师，此后终身执教。宛希俨、宛希先、邓雅声、赵辛初、桂林栖、梅白、蔡琼，皆受教于程。共和国成立后，当选为黄梅县人代会代表。

徐太素 （1899～1976），字干珍。英山县杨柳区老林冲人。毕业于南京两江师范学校，于历史、语文、经济学颇有研究。1939年，魏文伯、杨必声于英山创办模范学校，徐太素任教员。期间，任英山县战时学校教材编辑委员会主编，主持编写《战时国语读本》《战时史地读本》《妇女识字班读本》《成人识字班读本》《抗战常识》等教材。1939年任英山县立中学校长。1940年至金寨皖干团任教师。1942年后，于安徽大学任教。1949年任安徽大学教授。1951年大学调整，即调往上海，任同济大学教授。1976年病逝于安庆。

王良知 （1912～1976），名寿华，别号师武。黄冈上巴河人。历任湖北省第四中学、湖北省第二高级中学、第二师范学校、湖北省艺术专科学校教员、黄冈县初级中学校长。共和国成立后，任教于中南民族学院、华中师范学院。主编出版《中国现代文学》教材3册。

张书缳 （1916～1976），亦字舒凡。麻城歧亭镇张家洲人。6岁始读私塾，1941年毕业于武汉大学化学系。初任湖北省第二高级中学教员，1943年受聘麻城县立初级中学训育主任、物理教师。为欢送志愿从军学生赴抗日前线，曾赠诗："举目河山恨未平，毅然投笔事长征。射潮弩到军心振，挥日戈摧贼胆惊。"1944年至1947年，先后任麻城县初级中学校长、私立新陵中学校长。期间，曾拒绝接受县教育局长、县参议员等职务。任校长期间，常深入教室查课，如遇教师缺课，无论语文、数学、外语、理化、史地，张亲自讲授。1948年，受聘启黄中学教师。1957年，划为右派分子。1966年10月，下放回家。1976年含恨逝世。中共十一届三中全会后，得以平反昭雪。

黄念田 （1918～1976），女。蕲春青石镇芭茅街黄大樟树人。黄季刚次女。毕业于南京金陵大学化学系。曾任四川大学中文系教授、四川省政协委员。

魏明 （1931—1976），女。黄冈人。任教于武汉。全国特级劳动模范。

张彬希 （1884～1977），又名文焕。黄梅县下新镇人。毕业于海参威东方大学，初任哈尔滨吉林铁路交涉总局俄文翻译。后历任湖北师范学院、中华大学、湖北教育学院、华中师范学院俄语教授。

万耀煌 （1891～1977），亦名迪奇，字武樵，晚号砚山老人。黄冈万家大湾（今属新洲）人。武昌首义时，任鄂军政府战时总司令部督战参谋，参加阳夏战斗。后由居正荐入同盟会。民国建立，继续上陆军大学。1937年抗日战争爆发，率部驻守上海沪西广福镇一带，8月13日与侵华日军展开阵地战，持续20余天。次年率部参加保卫武汉之战。后任陆军大学教育长。1948年8月任中央训练团教育长。1949年去台湾，任"革命实践研究院"院务委员兼主任。

张实之 （1896～1977），亦名实。蕲春县蕲州镇人。历任县立第一小学、省立第七、第四、第三小学教员、湖北省立中等学校鄂东中学分校蕲春分部副主任、蕲春县立初级中学校长。共和国成立后，任教于湖北实验师范（汉川）、武汉十五中学。

桂迪黄（ 1903～1977），蕲春县蕲州镇人。毕业于法国格威城电工学院。共和国成立后，当选为长沙市人民代表大会代表，长沙市人民政府委员。历任中南电业局总工程师、郑州电力学校副校长、西安动力学院电力系主任、北京电力学院（今华北电力学院）教务处主任。

燕大明 （1893～1978），团风县溢流河马家垮人。幼从师熊十力，为熊得意门生。1927 年，任教于美术专科学校，并加入中国共产党。1928 年任武汉市第一完小校长。1935 年春，东渡日本，于东京某大学攻读数学。1937 年归国。1941 年由西安至湖南郴县，于公立、私立中等学校任教多年。1948 年，于郴县创办益湘农业学校（共和国成立后改为湖南省立郴州农业学校），自任校长。1953 年秋，受聘任山西大学数学讲师。著有《三统术发微》《广方言》《论中国语言文学》，日译有《资本论》《共产党宣言》等。

沈云孩 （1905～1978），黄冈周铺镇沈家大湾（今属武汉市新洲区）人。1951 年任中南戏曲学校校务委员。1952 年，出席毛泽东主席于怀仁堂举行之宴会。1953 年任武汉戏曲学校副校长。当选为中国戏剧家协会武汉分会副主席。

李汝寿 （1927～1978），红安高峰人。1958 年加入中国共产党。历任红安第一中学副校长，红安师范学校党支部副书记、校长。

蔡勉之 （1892～1979），黄冈（今属武汉市新洲区）人。共和国成立前，曾任黄冈中学校长。

王家宏 （1896～?），罗田县大河岸人。1933 年获柏林大学博士。归国先后任中央大学商学系教授、四川大学经济学史特约教授、国立武汉大学西洋文学系德文教授。1964 年至 1979 年，任华冈中国文化学院德文系主任兼教授。1979 年后，寓居西德。

张锡胤 （1897～1979），字常仁。蕲春黄土岭邵家垄人。曾留学美国，获博士学位。共和国成立前任南京农学院教授。

黄念容 （1904～1979），女。蕲春青石镇芭茅街黄大树人。黄季刚长女。毕业于南京金陵大学文学院。曾任香港中文大学教授。

张泰祥　（1907～1979），黄冈县人。中央军校、国防研究院毕业。去台湾后，任《中央日报》董事长。后为私立中国文化学院中国文学系主任、教授。长于演讲，工诗、词、曲、赋。

熊寿农　（1910～1979），黄冈县上巴河人。毕业于日本帝国大学。归国后，任武昌中华大学教授。

彭灏　（1922～1979），一名炎初。黄冈县人。1948年安徽学院中文系毕业。1949年任教于黄冈中学。1958年调入黄冈大学任教。1961因黄冈大学撤销而返黄冈中学任教。

梅远谋　（1897～1980），字一略。黄梅县人。1932年赴法国留学，获巴黎大学经济硕士、南镯大学经济博士。归国后历任四川大学、东北大学、云南大学、相辉学院教授，兼任东北大学经济系主任、云南大学文法学院院长。

吴伯厚　（1900～1980），字德忠。麻城北正街人。1923年于湖北省立第一中学毕业，返麻城县立第一小学任教。1929年任校长。1931年，辞校长职，退当教员，执教诸校。1941年任国民党县教育科长。1951年任县教育工会副主席。1954年任麻城副县长，选为第三届省人大代表。晚年，撰《麻城教育六十年》，记述麻城教育。1980年病逝。麻城人民政府举行追悼会，确认吴为"对人民革命事业有贡献的爱国民主人士"。

程坦　（1907～1980），黄安县箭场河乡（今属河南新县）人。共和国成立后，历任湖北革命大学校长、北京大学党委第一书记兼副校长、中国人民政治协商会议第四、五届常务委员。

张保罗 （? ~1980），名常礼。蕲春县赤东汪垅村人。山东齐鲁大学医科暨长沙湘雅医科大学毕业。共和国成立后，曾于内蒙古呼和浩特医学院任教授。

胡寿秋 （1917~1980），广济（今武穴市）人。1943年毕业于武汉大学电机系，后留学英国，学空军雷达。历任南昌中正大学、南昌大学、华中工学院教授。1964年加入中国共产党。对雷达建设有特殊贡献。

蔡礼成 （1897~1981），字闻佛。罗田县泗泊河人。留学日本回国，于省立女二中任教，后为湖北科学实验馆馆长。抗日战争期间，奉命创办省立联合中学鄂东分校，后改省立第二高级中学（简称"省二高"），任副校长。培养人才数以千计。抗日战争后任湖北省教育厅督学。共和国成立后，仍从事教育。

王紫云 （1924~1981），浠水县团陂人。1953年加入中国共产党。先后任团陂中心小学校长、浠水城关小学校长、浠水一中副校长、党支部书记、浠水师范党支部书记等职。曾选为中共浠水县第二次代表大会代表、中共湖北省第二次代表大会候补代表。1960年浠水一中评为湖北省教育战线先进单位。王代表浠水一中出席湖北省文教群英会，时值毛泽东主席来湖北视察，全体与会代表均得到接见。

闻立鹤 （1927~1981），亦名高克。闻一多长子。清华大学肄业。浠水县巴河人。1946年7月，李公朴遭国民党特务杀害，昆明市处于白色恐怖中。7月15日下午，闻一多主持记者招待会，揭露国民党特务杀害李公朴暴行。之后，由立鹤护送，返回宿舍途中，遭国民党特务开枪射击。立鹤奋不顾身，掩护其父，身中5弹，终身致残，然仍为革命进行英勇斗争。1948年加入中国共产党。共和国成立后，倾力为党工作。然于 1957 年至 1959 年政治运动中，却遭受"批判"。立鹤仍坚定信念，忠诚于党。中共十一届三中全会后，其冤案得以平反。时立鹤于天津外国语学院任副处长，负责英语教学，成绩显著。1981 年 3 月 13 日，病逝于北京。

林薰南 （1892～1982），黄冈周铺镇（今属武汉市新洲区）人。历任广东西江讲武学校上校教育长、黄埔军官学校第三、四期上校步兵科长及训练处副处长、南京陆军大学教官、参谋班主任、中将衔研究院院长。

刘铁琴 （1893～1982），字文翰。黄冈淋山河金铺山人。早年师于黄冈塾师罗晓梅。后终身执教，亦为知名塾师。

黎翔凤 （1895～1982），字丹池。黄梅县独山人。历任湖北省教育学院、贵州大学、长春大学、武汉中华大学、沈阳师范学院副教授、教授。著《周易探源》《万有乾行论》《儒术论》。

赵合俦 （1902～1982），团风县回龙山赵家店人。1928 年，任教于武昌省立第三小学。1933 年，东渡日本，研习日本画法。擅画花卉、禽鸟、草虫及各种小动物，尤喜画八哥、苍鹰。共和国成立前后数十年间，致力美术教学。先后任教于省实验中学、一师、二师、武汉艺师，培养美术人才。并积极参加对外文化交流，影响及于国外。为中国美术协会湖北分会理事。1982 年逝于武汉。

叶国芝 （1909～1982），黄冈县阳逻余集（今属武汉市新洲区）人。湖北中医学院毕业，留学院从事中医理论教学。1970 年出席省科学大会与省文教战线积极分子大会，获优秀教师称号。撰有《柳选四家医案选评》。1978 年晋升副教授，任中医基础教研室主任。

南本农 （1911~1982），字昆松，别号蓼虫，晚号南圃凉人。浠水县人。6 岁丧父，随母寄居舅父汤化龙家。14 岁时，返归本家，先从祖父南雨霖学医，后改行学农。阅读表兄汤佩松自日本明治大学带回《农业全书》《森林学》等汉译本及康有为、梁启超合编《时务通考》，深受启发，大开视野。1949 年 9 月后，南先后担任浠水县农林场技术员、县人民政府建设科科长、黄冈专区农科所所长、黄冈专区农林局副局长。1962 年后，兼任黄冈专区农校副校长，获农艺师职称，1982 年晋升为高级农艺师。南生平主攻生态农学，撰有《花椒的实验》《不能用机械唯物论指导农业》《中草药的种植与生态平衡》等论文。曾率学生亲赴黄冈邻近诸县及鄂西山区实地考察，于浠水、英山两县，以生态学规律作指导，于石头山上试验花生、甘蔗、红苕、西瓜共生成功，编有《草木虫鱼四十年》。晚年身患食道癌，仍潜心农业科技研究，手不能撰，以录音机录下研究成果，长达 30 万言。1982 年 6 月 7 日病逝。9 月，《湖北科技报》以《一位高级农艺师的遗言》为题，分期连载全部录音记录。

伍辉文 （1914~1982），麻城人。1935 年春，参加强渡嘉陵江战役，于四川北川县中顶山战斗中负伤。伤愈至中共中央党校学习，留校工作。1938 年至冀中，任军区军政干校政治处主任。1942 年至北方党校学习，1943 年入延安中央党校二部学习，后留组教科工作。1951 年调马列学院（中央高级党校）任党委副书记兼组织处长。"文革"期间，受隔离审查，下放"五七"干校劳动。1977 年，中央党校复校，任校务部主任，1979 年任中央党校顾问，1981 年任中国人民政治商会议第五届全国委员会委员。1982 年病逝于北京。

万年青 （1923~1982），黄冈黄州镇人。1947 年，毕业于南京中央大学农学院农艺系。1948 年末，至武汉大学农学院农学系任助教兼教学农场场长。1953 年，院系调整，调华中农学院农学系，先后任助教、讲师、副教授、实验室主任。华农期间，致力遗传学研究，于小麦育种、棉花细胞遗传等方面，有显著成绩。先后主讲《遗传学》《数量遗传学》及《遗传育种基础》等课程。尤专于数量遗传学研究，曾编写《作物育种的数量遗传学基础》及《遗传学实验》等教材，为国内众多高等农业院校采用。

熊寿文 （1904～1983），字靖恭。浠水县天堂人。1925年高中毕业即赴日留学，于东京高等师范专修教育心理专业。1931年毕业归国，毕生从教。历任武昌师范校长、省立第五师范校长、省立第二师范校长、浠水县立初级中学校长。1981年选为浠水县政协常委。熊受"五·四"运动新思潮薰陶，以振兴科学救国为己任。选定教育为终身职业。一生洁身自好，生活艰苦简朴，教学一丝不苟。退休后，随次子希贤寓居国营滨江原种场子弟学校时，虽年逾古稀，仍不计报酬，要求担任教学。后年老多病，步履艰难，闻初中三年级缺英语教师，要求校长允许至教室，或坐或躺，进行教学。闻者无不为之感动。编有《英语必读讲义》。1983年病逝。

居浩然 （1917～1983），本名伯庄。广济（今武穴市）居文胜垸人。居正次子，孙中山为其命名浩然。毕业于中央陆军军官学校16期步兵科。历任陆军大学编译科长、淡江英语专科学校（淡江大学前身）校长、澳大利亚墨尔本大学东方语言系教授。著有《论全球战略计划》《中国兵书五种》《论正轨战术》《论游击战》《儒家学术的非宗教性》。

章夷白 （1905～1984），原姓姜，名梦熊、佐文，曾名炎培、慕勇。英山马家垴人。中共党员。历任中央党校分支总书记、干部处长、秘书长、中央干部教育部副部长、中央宣传部秘书长、副部长兼民政干校校长。1956年后，当选为中共"八大"代表。

查树兰 （1910～1984），广济（今武穴市）县松阳十里铺村人。1941 年毕业于贵阳医学院。1948 年赴美进修，1949 年回国。50 年代初，在广州最早进行胸腔外科、创伤外科手术，1954 年获华南直属机关二等模范工作者，1956 年获全国先进工作者。1960 年致力于心血管疾病研究，撰有专业论文及专著。"文化大革命"中遭受迫害，下放粤北山区，救治患者，数以百计，深受山区人民敬爱。查先后任教于光华医学院、岭南医学院、中山医学院，为中华医学会第五届委员会委员、中华医学会广东分会副理事长、广东省第五届人民代表大会代表。1984 年 4 月 12 日，查为患者治病时，突患脑溢血逝世。

赵炳伦 （1912～1984），麻城人。1929 年，参加中国工农红军，曾参加二万五千里长征。曾任湖北军区荆州军分区司令员，第二政治学校副校长、校长，防化兵学院副院长，青海、宁夏、河南等军区副司令员。1961 年晋升为少将军衔。1984 年病逝。

石联星 （1914～1984），女。黄梅县黄梅镇人。初于高尔基学校（瑞金）、华北联大戏剧系（张家口）任教。后于电影学校、电影学院教授表演、导演课。

徐绪丞 （1916～1984），红安县城关区茅屋岗人。共和国成立后，初任中学教师、教导主任、校长。1952 年后，历任红安县教育科长、教育局长。1959 年加入中国共产党。1983 年当选红安县首届政协常委。

张维 （1926～1984），黄冈人。武汉一中体育特级教师，全国优秀体育教师。

张贞嘉 （1895～1985），名贞利，字吉斋，号拙斋。浠水县走马岗人。毕业于湖北省立法政专科学校。弃政从教 30 年。任教于黄冈中学。编有《经义辑要》《读史评议》《文法丛谈》《诸子寓言教养》《中国历代政治思想史略》。

胡雪　（1909～1985），字鹤梅。黄冈淋山河胡桥人。1926年秋，考入黄埔军校。后考入日本早稻田大学。1948年任武昌中华大学教授兼中文系主任。1952年任华中师范学院教授兼外国文学教研室主任。译著有《高尔基评传》《现代世界文学小史》。著有《帮闲文学》《论鲁迅的创作道路》。

李德邦　（1911～1985），蕲春县人。毕业于中央陆地测量学校。去台湾后，历任"总统府"档案库主任、国立艺专印刷科教授。

游少龙　（1900～1986），浠水县斗方山人。1952年任本村夜校扫盲教师。1953年夜校转为民办小学，继任教师。常借节假日及课余时间，带学生拣桐子木子、采掘野生中草药材出售，以作学校费用，并献出自家楼板作校具用材。为胜任教学，刻苦自学。学校开办时，学生仅19名，经游努力，未越两年，增至89名，村中学龄儿童全部入学。1979年游所教高小毕业生，全升入初中。1960年加入中国共产党。同年5月，出席湖北省文教精英会，会上作典型发言。时毛泽东主席来湖北视察，与会代表均得到接见。6月，出席全国文教群英会，并获奖品。曾作为湖北省教育厅组织10人报告团成员，至鄂西诸县作巡回报告。其事迹曾载于《长江文艺》《湖北教师》等刊物，并拍成新闻纪录片。

张伯箴　（1902～1986），原名绵勖。黄梅县人。共和国成立后，曾任大厦大学法学院院长兼经济系主任。1951年，院系调整，调任上海复旦大学经济系教授及世界经济系教授。译著有《金圆外交》《德国农民战争》《第一国际史》《货币银行学》。

卢光合 （1911～1986），红安高桥河高楼村人。1930年参加中国工农红军，长征途中加入中国共产党。曾任长沙铁道学院副院长。

戴克明 （1915～1986），红安戴家塘人。共和国成立后，历任第五步兵学校政委、信阳步兵学校校长、湖北省军区副司令员。1964年授予少将。

夏蕙南 （1930～1986），浠水县松山人。历任黄冈地区农业学校、湖北医学院黄冈分院党委书记。

陈耕道 （1900～1987），浠水县梅河人。历任浠水县立初级中学校长、武昌实验中学教导主任。共和国成立后，任咸宁高中副校长。

程隆政 （1904～1987），字拔南。浠水县新铺竹根塘人。1932年中华大学教育系毕业。初任浠水县教育局局长、浠水县第三科科长。1936年任浠水县立初级森林染织两科职业学校校长。1948年任浠水县立初级中学校长。共和国成立后，任教于浠水县中学、黄冈中学。

江波 （1914～1987），亦名仕应。红安县高桥西边湾人。共和国成立后，历任中央军第一通讯学校政委、中国人民解放军高级通讯学校政委、陕西军区副政委。1961年晋少将。

梁启杰 （1917～1987），原名梁起家。黄冈县榆杜人。1938年加入中国共产党。1958年创办黄冈大学，开办医疗、中文、机械、农机等系，任党委书记。1961年后，相继任黄冈地委工交部副部长、地委组织部副部长、黄冈地委地直机关党委书记。1978年7月，调任黄冈地区文教办公室党组书记、副主任。

叶世林　（1938～1987），麻城县中馆驿镇人。历任城厢小学校长兼党支部书记、麻城县一中政治处主任、校长兼党支部书记。1978 年调任麻城县（今麻城市）教育局副局长。

库书　（1896～1988），字珍四。广济县（今武穴市）大金镇人。1923 年毕业于湖北省第一师范学校。共和国成立前，历任广济县国民政府教育局局长、广济县立初级中学校长。共和国成立后，历任广济县立初级中学校长、广济县各界人民代表会议常务委员会秘书、副主席，政协广济县委员会第一、二、三、四届副主席。

涂俊明　（1897～1988），女。黄冈回龙山涂家垮人。张浩夫人。1926 年加入中国共产党。1938 年至延安，从事儿童保育工作，人称"涂妈妈"。共和国成立后，从事幼儿保育领导工作。1980 年补选为第五届全国政协委员。

陶希圣　（1898～1988），名汇曾、慕曾、希曾、利泽。笔名方峻峰。黄冈孔埠陶胜六湾（今属武汉市新洲区）人。1918 年考入北京大学政法系。1927 年任武汉中央军事政治学校总教官，1928 年任中央陆军军官学校政治总教官。1929 年始于上海复旦大学、暨南大学、劳动大学、中国公学、上海法政学院、南京中央大学、武昌中华大学、北京清华大学任教授。1938 年任湖北省教育厅厅长。1949 年赴台。1970 年，任国际关系研究所董事、台湾政治大学东亚研究所教授。生平著述甚丰。

李良　（1927～1988），曾用名毓鹏、修身。罗田县人。1953 年加入中国共产党。历任罗田县人民政府文教科科长、黄冈地委文教部干事、黄冈地委宣传部副部长。

吴昌宣 （1927～1988），红安县占店长丰村人。1965 年加入中国共产党。历任小学教导主任、校长，红安县一中教导主任，麻城一中教导主任、校长，麻城师范教导主任、党支部书记、名誉校长。

熊志生 （1919～1989），红安县人。1931 年参加中国工农红军。曾任军卫生部副部长、炮校政治委员、炮兵学院副政治委员、第二炮兵学院政治委员。

阮宝洲 （1927～1989），红安县人。1953 年毕业于武汉大学中文系。曾于麻城师范主管教学，主讲《现代汉语》《形式逻辑》，学生评议："好学，易懂，会用。"曾任黄冈地区教育学院教务处长、副教授。1984 年选为鄂州市副市长，兼任鄂州职业大学校长。为湖北省第六届人大代表、中国逻辑与语言研究会理事。撰有《现代汉语简明教程》《形式逻辑基本知识》。

鲁桂珍 （1902～1991），女。蕲春县清水河马骑畈村人。1936 年至英国剑桥大学求学，毕业留校任教。获博士学位。后于东亚科学技术历史图书馆任馆长（英国李约瑟博创立）。为李约瑟博士合作者。

刘永诚 （1921～1991），湖北武昌人。历任大冶师范教导主任、黄冈师范校长、广济师范校长、黄梅师范校长。

周世忠 （1918～1992），红安县人。1930 年参加中国工农红军。历任中国人民解放军军事学院高级兵团战术教授会主任、高等军事学院战术教授会主任、福州军区参谋长、副司令员、武汉军区副司令员。1955 年授予少将。

谢声坤　（1936～1992），麻城人。1958 年毕业于武汉师范学院。曾任湖北省中学历史研究会会长。先后执教于麻城一中、麻城三中。曾获全国模范班主任称号。1983 年，中宣部评为全国"五讲四美为人师表"先进教师。1990 年 9 月，评为特级教师。

陶述曾　（1896～1993），黄冈孔埠（今属武汉市新洲区）人。北京大学毕业。历任开封工程测绘养成所教员、黄河水利专科学校、河南大学、武汉大学教授、中国土木工程学会副理事长、湖北省水利学会理事长、省科协副主席。

何德庆　（1916～1993），红安县人。1930 年参加中国工农红军。历任抗日军政大学政治指导员、昆明军区后勤部长、军政大学副政委兼校务部政委、后勤学院副院长兼院务部部长。1955 年授予少将。

项汉良　（1923～1993），麻城张家畈人。共和国成立后，历任麻城宋埠中学副校长、麻城第一中学副校长，麻城师范学校副校长、党支部书记，麻城教师进修学校校长。

王延杰　（1911～1994），罗田县大河岸镇人。毕业于北平（今北京）师范大学中文系。1941 年任湖北省督学。次年以督学兼任省立实验民众教育馆馆长。同年调任省教育厅第四科科长。1943 年调第三科科长。1977 年后聘为罗田县中专函授教师、大河岸中学英语教师。曾选为罗田县第一、二、三届政协委员。

陈是迩　（1930～1994），黄梅县新开镇下舟尾村人。1956 年加入中国共产党。历任黄梅县土桥中学副校长、黄梅县二中党支部书记、黄梅县第六届党代表会代表、黄梅县第一届政协委员会常委、黄冈教育学院党委书记（1884～1990）。

毕光甫 （1941～1994），麻城人。1963 年毕业于华中师范学院化学系。1973 年调入黄州中学任高中化学教师，1989 年评为中学特级教师。曾任黄冈地区教育学会中学化学研究会副理事长。

詹云 （1928～1995），黄梅县孔垄镇人。历任扫盲工作组长、中共黄梅县委宣传部理论教员、县教育工会主席、黄梅县文化教育局副局长、中共黄梅县委党校副校长、黄梅县文化教育局长。

陈小华 （1944～1995），麻城铁门岗乡人。曾任教于湖南师范学校，后返麻城市委宣传部工作，曾任市委副书记。后调任省公安厅副厅长兼省公安学校校长。

袁捷 （1919～1997），英山县红山镇金家墩人。1930 年，于县苏维埃童子团中加入中国共产党。1939 年 7 月，至安徽庐江游击指挥部教导队受训。1978 年 3 月，袁任北京军区步兵学校（石家庄陆军学院前身）校长、党委书记。发扬抗大艰苦创业精神，既抓教学，亦抓营建，实现邓小平关于"三月开步走"要求，上级机关称为奇迹。袁深入教学一线，实行面对面领导，探索教学规律，研究治校之道，于全军第十一次院校工作会议上介绍经验。袁立足现实，着眼未来，面向世界，改革教学内容，优化教学手段，完善教学设施，不断提高教学质量，使学校三年初具规模，四年对外开放，在校五年任内，为军校创办与发展，奠定良好基础。袁勤奋好学，善于吸收新知识，钻研军事理论，编著出版《简明军事教育学》《参谋业务基础知识大全》等 10 余部著作。发表学术论文 50 余篇，部队誉为儒将。

丁永淮 （1936～1997），笔名园丁、尔左。麻城县张家畈王家山人。幼读私塾。1949 年秋起，先求学于麻城县中、宋埠中学、大冶师范。1959 年毕业于华中师范大学中文系。毕业后，任教于黄冈中学，后调黄冈师范专科学校中文科，教授古典文学，并任辅导员。1962 年调回黄冈中学任教。1969 年 10 月后，调黄冈地区文教局、中共黄冈地委、中共黄冈市委宣传部工作。先后任宣传科副科长、副部长。1987 年后，兼任黄冈地区文联主席、黄冈市文联主席、湖北省诗词学会副会长、湖北省作家协会副主席、湖北省文联委员、中国苏轼研究学会理事、中国闻一多研究学会理事、中国乡土诗歌学会常务理事、《东坡赤壁诗词》主编。著有诗集《杜鹃红》、评论《诗之论》《贺敬之诗歌论》、诗词选注《东坡赤壁诗词选》、长篇小说《东坡情趣录》、传记《苏东坡的故事》《大江东去》、儿童文学《红鸟》，古籍整理《景苏园帖》。主编《鄂东文艺家辞典》《当代诗词家大辞典》。参加编写高校教材《中国当代文学》。两次获湖北省社会科学成果奖。

田明庚　（1915～1998），湖北襄樊人。1949 年毕业于湖北师范学院化学系。历任黄冈中学高级教师、特级教师，黄冈地区物理学会名誉会长、黄州区第一届政协副主席。

叶君健　（1914～1999），笔名马耳、马利亚。红安县八里湾下叶家河村人。幼入私塾，学习四书五经，课余务农。1932 年考入武昌华中大学，次年转入武汉大学外国文学系。1936 年毕业，因无以谋职，得老师之助，赴日本东京教授英文与世界语。归国后，在武汉参与组织中华全国文艺界抗日救国协会。香港沦陷，得国际友人之助，回至重庆，先后受聘为重庆大学、中央大学教授。其间，翻译大量外国著名文学作品，享誉译林。1944 年，应邀至英国讲演，并撰文介绍中国人民抗日斗争。战后，进剑桥大学，从事研究与文艺创作。1949 年归国。1980 年后，多次出席国际笔会，并先后去丹麦、委内瑞拉、瑞典、挪威、英国、美国讲学。英国剑桥大学皇家学院赠以"名誉讲座"称号。所译《安徒生童话全集》，丹麦女王于 1988 年授予"丹麦国旗勋章"，为中国获此荣誉第一人。尚有译著：《朱童和朱重》《豆蔻镇的居民和强盗》《神奇的石头》《阿伽门农王》《南斯拉夫当代童话选》。1999 年 1 月 5 日逝于北京。

蔡梦琳 （1934～1999），女，浠水县人。曾先后任黄冈师范附属小学幼儿园（今为市实验幼儿园）园长、党支部书记。1981 年至华中工学院幼儿园，先后任主任、党支部书记。1996 年赴美北卡州考察，次年 5 月归国。1960 年 5 月作为省代表，参加全国文教群英会。1962 年受到毛泽东主席接见。

何定华 （1908～2001），原名方天逸，学名方翰，化名田静、方沛、林渊。祖籍蕲春县赤东镇东福村，清光绪三十三年（1907）8 月出生于广东省广州市。1929 年东渡日本留学，于东京早稻田大学肄业。1933 年于东京加入中国共产党。

共和国成立后，曾任武汉大学党委常委、副校长职。撰有《统一战线论》、《完善共产党领导的多党合作制度》《湖北英烈传》《张体学传》，深受各界好评。晚年，关心家乡文教事业，为第一部《蕲春县教育志》题词："得天下英才而教育之是为志。"2001 年 2 月 6 日病逝于武汉。

方道南 （1929～2001），罗田县人。历任罗田县委副书记、黄冈中学党支部书记、黄冈地区文教局长、地委宣传部副部长、地委委员、地纪委书记等职。

陈楚才 （1923～2002），麻城人。曾任"五·七"农业大学、张广河高中校长、副校长等职。1958 年春参加全国"群英会"，于庐山休养时受到毛泽东主席接见。1962 年，湖北省人民政府授予"劳动模范"称号。

尹斌庸 （1930～2003），四川荣县人。曾任教于四川荣县第五中学。尹会多国语言文字，著作颇丰。有《语文现代化论文集》《学生实用组词词典》。1955 年，调国务院文字改革委员会，任《文字改革》杂志编辑。1957 年划为右派，1958 年全家下放麻城，于麻城二中、麻城黄土岗高中（麻城第五中学前身）任教。1989 年调回北京，于国家语言文字工作委员会任研究员，后专攻数理语言学。2003 年病故。

王水姣　（1941～2004），女。麻城人，中共党员。曾任教于麻城三河口区吴河中学。1986 年始任麻城市政府副市长，分管文化教育、体育卫生等工作，任期 14 年。1998 年任麻城市政府正处级督学。

田忠杰　（1915～2006），潜江人。曾任黄冈中学副校长、校长、名誉校长。省政协第三、四、五届委员。

翟攀蟾　（1928～2008），黄梅人。共和国成立前毕业于国立社会教育学院。历任黄梅第一中学校长、黄冈中学副校长、广济师范学校校长、武穴中学校长、黄冈教育学院副院长、副教授、黄冈广播电视大学副校长。

主要参考文献

［1］ 清・陈梦雷. 古今图书集成医部全录（第二十册）. 上海：会文堂新记书局，1937 年第 1 版

［2］ 方诗铭. 中国历史纪年表. 上海：上海辞书出版社，1980 年第 1 版

［3］ 张润生，陈士俊，程蕙芳（编著）. 中国古代科技名人传. 北京：中国青年出版社，1981 年第 1 版

［4］ 明・万全（密斋）. 万氏家传幼科发挥. 湖北科学技术出版社，1986 年第 1 版

［5］ 陈梦赉（编著）. 中国历代名医传. 北京：科学普及出版社，1987 年第 1 版

［6］ 浠水县卫生局，湖北中医学院. 《〈伤寒总病论〉释评》，湖北科学技术出版社，1987 年第 1 版

［7］ 钱远铭（主编）. 李时珍史实考. 广东科技出版社，1988 年第 1 版

［8］ 李经纬（主编）. 中医人物辞典. 上海辞书出版社，1988 年第 1 版

［9］ 余彦文（编撰）. 鄂东著作人物荟萃. 湖北科学技术出版社，1990 年第 1 版

［10］ 庄树藩（主编）. 中华古文献大辞典·医药卷. 长春：吉林文史出版社，1990 年第 1 版

［11］ 白战存（编著）. 民国前的鄂东教育. 武汉大学出版社，1991 年第 1 版

[12] 余彦文（主编）. 鄂东人物志. 黄冈地区地方志编纂委员会办公室（现代人物卷）. ［1994］鄂黄地图内字第35号

[13] 汤铭（编著）. 鄂东当代名人录. 武汉：中国地质大学出版社，1994年第1版

[14] 张国祚，周溯源，杨志超，廖育群，等. 中华骄子·医圣药王. 北京：龙门书局，1995年第1版

[15] 白战存（主编）. 鄂东教育名人荟萃. 湖北省黄冈市教育学会编. 鄂黄地图内字［1996］58号

[16] 熊济民，叶向荣，程家玉（主编）. 陈沆状元诗文选. 北京：华艺出版社，2001年第1版

[17] 白战存（编著）. 鄂东百年留学生名录（1892-2001）. 黄冈市老区教育学会编. 鄂黄冈图内字［2002］第61号

[18] 白战存（编著）. 黄冈古今教育. 北京：人民日报出版社，2005年第1版

[19] 宋·张果（撰），王旭光，张宏（校注）. 医说. 北京：中国中医药出版社，2009年第1版

[20] 王建学，杨优秀（主编）. 黄冈市教育志. 武汉：湖北人民出版社，2012年第1版

[21] 黄州府志. 黄冈市地方志办公室，黄冈市档案局，重刊. 2009年8月第1版

[22] 刘善桥（主编）. 黄冈市志. 崇文书局，2004年第1版

[22] 黄冈市各县县志

[23] 黄冈市各县简志

[24] 黄冈市各县教育志

后 记

历经两个寒暑，多次讨论，数易其稿，本书终于付梓，编者倍感欣慰。本书是编写团队集体智慧的结晶，也是在众多领导、同仁、挚友关怀的产物。

本书编写团队早年即特别关注"黄冈教育现象"，团队成员曾从不同角度，对黄冈教育进行过不同形式、不同层次的研究，并就各自的研究心得不断进行交流。通过交流，大家决定将研究方向统一到研究黄冈教育名人方面。因为，研究黄冈教育，必然要研究学校、名师、高徒、文化传承等多方面内容。研究教育名人，是研究教育的重要内容。研究教育名人，是研究黄冈教育的一个方法，一种途径，一个视角。通过活生生的教育名人，研究他们的教育思想、教育活动和教育历程，可以提供一个鲜活的对人的研究视角，给现实生活的教育活动提供许多生动的教育案例。2011年11月，蔡新职、南东求、刘东山等组成课题组，尝试从研究职业教育名人入手，向黄冈职业技术学院申请人文社会科学研究课题《黄冈职业教育名人研究》，被批准立项为院级重点课题。在课题研究过程中，课题组成员一致认为，仅仅研究黄冈职业教育名人，还不足以展示别具特色的黄冈教育结出的累累硕果。因此，课题组商定并报经学校学术委员会同意，在前期研究的基础上，将该课题的研究对象扩展到黄冈教育名人。基于这些认识，课题组对原来的研究范畴、研究任务进行了适当调整，着手编写《黄冈教育名人传录》，期许成书后能够作为原课题的研究成果之一。

黄冈教育名人是黄冈教育史上的杰出代表，他们或才华出众，桃李满天下，或有杰出的教育思想，或有突出的教育创举，有非凡的业绩。研究黄冈教育名人，从中可以看出一位杰出的教育家的成长轨迹，感受到他的思想的魅力，能够感受到他的智慧的精彩，对后来的教育研究，特别是关于人的成长过程及其心理历程的变化，对当代教育活动的开展，都会有重要的参考价值。所以，编写团队在编写《黄冈教育名人传录》时，广泛搜集资料，对黄冈教育名人标准多方求证，惟恐将对黄冈教育做出贡献的人物，以及对中外教育做出贡献的黄冈人物有所遗漏。本书收录的552人，没有局限于传统的教育人物范围，而是遍及文、艺、理、工、农、医、军事等诸领域对文化、技艺传承有突出贡献者，这是编写团队的刻意所为。由于资料收集艰难，编写团队视野局限，对收录的黄冈教育名人定会存在遗漏，我们深表愧意，希望在后期研究中能够有所弥补。

在本书编写过程中，南东求先生对全书编写体例的确定、人物的筛选、具体词条的撰写倾注了大量心血。他严谨治学，经常为考证某个人物教育经历中的某个细节而不惜牺牲休息时间，奔走于黄冈各县市图书馆、档案馆和方志办。他精益求精，对书稿中的一字一词、一个标点符号，都精斟细酌，力求准确恰当。他用默默的奉献和严谨的态度，为编写团队其他成员树立了标杆，为本书的编撰出版奠定了基石。

在本书出版之际，编写团队特别感谢黄冈广播电视大学原校长白战存先生、黄冈知名方志专家余彦文先生、黄冈市教育局雷中怀先生，以及其他为本书提供资料的单位和学者，他们辛勤研究的成果为本书的撰写提供了宝贵的材料支撑。我们还要特别感谢黄冈职业技术学院院长陈年友教授。他在本书编写过程中多次提出高屋建瓴的建议，并在百忙之中审阅书稿，为本书撰写序言。同时，还要衷心感谢黄冈职业技术学院科研处处长王梓林教授，他不以我们课题研究程度的浅显，而欣然出任本书的主审，且多次对书稿提出明确而具体的修改意见，对编写团队给予了激励和支持。本书编写团队成员分别来自于黄冈职业技术学院、黄冈市教育局、湖北省黄州中学，各单位在时间上和业务上对编写团队的工作给予了大力支持，在此深表感谢。

武汉大学信息管理学院教授、博士生导师方卿先生，我的至交陈伦升先生，为本书顺利出版提供了大力帮助和支持。在此，我向他们一并表示深深的敬谢之意。

由于我们水平有限，时间紧迫，本书难免存在诸多不足，恳请大家批评指正。

蔡新职

2013 年 4 月 16 日